1부 ——

국가와 형벌

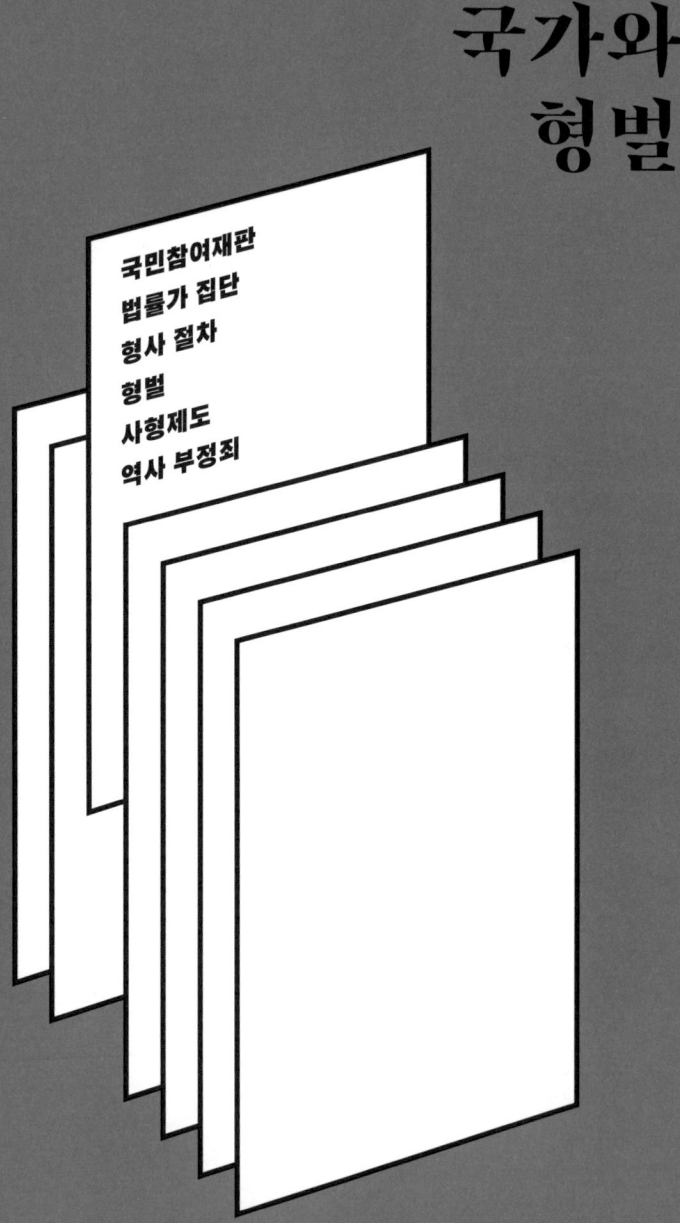

국민참여재판
법률가 집단
형사 절차
형벌
사형제도
역사 부정죄

1장 법정에서 정의가 실현될 수 있을까
───── 국민참여재판

흔히 재판을 통해 정의를 구현한다는 말을 합니다. 정의로운 판결을 기대하며 소송을 제기하는 것이니까요. 그런데 소송을 통해 정의를 실현하려다가 좌절을 겪는 사람이 적지 않고, 사법에 대한 신뢰는 높지 않은 것 같습니다. 언론에서도 사법 현실을 비판하는 기사들이 자주 나옵니다. 물론 실제로 그런 부분도 있지만 소송이라는 방법 자체가 가진 한계도 있습니다. 아무리 선진적인 사법 시스템을 갖춰 놓아도 법이 모든 것을 해결해 줄 수는 없다는 얘기죠.

만약 소송 자체의 내재적 문제가 핵심이라면, 정의를 실현하고 분쟁을 해결하는 것은 법정이 아닌 다른 곳에 맡겨야 할 겁니다. 예컨대 정치적·사회적으로 풀어야 할 문제였다면 법정에 가져오기보다는 다른 해법을 찾아야죠. 이때는 법이 아니라 사회 혹은 정치의 문제인 겁니다. 반면 한국의 사법 자체가 문제라면, 그 사법 현실을 바꿔야 할 겁니다. 물론 두 가지 문제는 서로 중첩되어 있고,

때로는 구별하기가 쉽지 않은 경우도 있습니다.

이 장에서는 손아람 작가의 소설 『소수의견』, 그리고 이 소설을 바탕으로 제작된 영화 〈소수의견〉(2013)을 가지고 법정에서 정의를 실현한다는 것의 문제를 살펴보려고 합니다. 영화는 소설의 내용을 충실히 반영하고 있지만, 아무래도 소설에서 문제의식을 전달하기 위해 설정된 장치들이 더 정교합니다.

영화는 2009년 용산참사를 다루고 있습니다. 용산 재개발에 반발한 철거민들이 강제 철거에 저항하기 위해 망루에 올라가서 점거 농성을 벌이며 경찰과 대치했죠. 경찰이 점거 농성을 해산시키려고 진압하는 과정에서 망루에 불이 붙었습니다. 그 과정에서 6명이 사망하고, 24명이 부상당했습니다. 사망자는 철거민 5명과 경찰 1명이었죠. 참으로 안타까운 사건이었습니다. 저는 당시에 스페인의 한 작은 마을에 머물고 있었는데, 거기서 이 진압 장면을 인터넷 라이브 방송으로 보게 되었습니다. 경찰이 컨테이너를 케이블에 달아 망루에 접근하는 방식으로 진입을 시도하는데 너무 위험해 보였습니다. 그러던 중 망루에 불이 붙어 활활 타오르기 시작했습니다. 나중에 알게 된 것이지만 내부에 인화 물질이 있었다고 하더군요. 저 망루 안에 분명히 사람이 있을 텐데, 불이 너무 크게 나서 구출 시도조차 하기 어려워 보였습니다. 그냥 그렇게 사람들이 뻔히 지켜보는 가운데 망루 안의 철거민들은 죽어 간 것이죠. 왜 그런 무리한 진압을 해야 했는지 너무 화가 나고 서글퍼서 이역만리에서 눈물을 펑펑 쏟던 기억이 납니다.

사건 발생 후 검찰은, 철거민들이 사용한 화염병이 화재의 원인

이었고 경찰의 진압은 정당한 공무 집행이었다는 수사 결과를 발표합니다. 그리고 철거민 20명과 용역 업체 직원 7명을 기소하고, 진압 경찰에 대해서는 무혐의로 결론 내렸습니다. 2009년 10월 서울중앙지방법원은 철거민 전원에게 유죄판결을 내렸고, 2010년 11월 대법원에서 유죄가 확정되었습니다.

영화 〈소수의견〉은 용산참사를 모티프로 하지만 세부적인 내용은 실제와 다소 다릅니다. 영화에서의 재개발 현장은 용산이 아닌 북아현 지역으로 설정되어 있습니다. 용산참사 때는 사건 현장에서 아버지를 잃은 아들이 재판을 받았지만, 소설과 영화에서는 아들을 잃은 아버지가 주인공입니다. 또한 현실에서는 국민참여재판이 기각되었지만, 영화에서는 국민참여재판이 열립니다. 실제 재판에서는 피고인이 던진 화염병이 경찰의 사망 원인인지가 쟁점이었지만, 영화에서는 피고인이 아들을 구하기 위해 경찰을 때려 사망하게 한 것이 문제가 되죠. 반면, 연쇄살인 사건 보도로 철거 사건을 덮으라는 청와대 지시가 있었다거나, 검찰이 수사 기록 열람을 거부한 것은 실제와 유사한 설정입니다.

이러한 설정에서 현실에 벌어진 용산참사를 모티프로 하면서도 이 사건이 단지 용산만의 문제가 아니라 한국 사회에서 언제든 발생할 수 있는 보편적인 문제라는 점을 부각시키기 위한 작가의 고심을 엿볼 수 있습니다.

영화의 제목은 '소수의견'입니다. 대법원이나 헌법재판소에서 판결을 내릴 때 다수결로 판결을 하는데, 이때 다수 의견에 가담하지 않은 재판관들의 의견을 **소수의견**이라고 하죠. 영화는 법정

에서 받아들여지지 않은 소수자의 편에서 문제를 바라보고자 합니다.

그런데 소설 『소수의견』의 목차를 보면 흥미로운 점이 있습니다. 재정신청裁定申請, 사실관계事實關係, 압수수색押收搜索, 최후진술最後陳述, 평의評議, 선고宣告…. 거의 모든 목차가 법률 용어로 되어 있습니다. 게다가 모든 법률 용어는 한자 병기가 되어 있습니다. 제가 1990년대에 법학을 배울 때는 교과서나 법전이 한자 혼용으로 되어 있었습니다. 사법시험에서도 답안을 한자로 적어 내야 한다고들 했었죠. 법대에 입학하면 다들 한자 공부를 하느라 정신없던 기억도 납니다.

법과 법학에서 한자는 법에 권위를 부여하고 일반인들이 범접할 수 없는 대단한 것으로 보이게 하는 하나의 장치라고 할 수 있습니다. 아마 작가도 그 점을 알았을 것이고, 그래서 일부러 한자를 병기하지 않았을까 생각합니다. 권위적인 용어로 가득 찬 법정을 비틀어 보겠다는 의도가 목차에도 담겨 있는 것 같습니다. 법의 권위적인 모습을 의식적으로 극대화하고, 그에 맞서 보겠다는 것이죠.

정당방위는 인정될 수 있는가?

영화에서는 두 종류의 재판이 동시에 진행됩니다. 하나는 철거민 박재호와 용역 업체 직원 김수만의 형사재판입니다. 박재호는 경찰을 살해한 혐의로 재판을 받는 것이고, 김수만은 박재호의 아들을 죽인 혐의로 재판을 받는 것이죠. 또 한 가지는 국가배상 청구

소송입니다. 경찰 진압으로 박재호의 아들이 사망한 데 대한 국가의 책임을 묻는 민사소송입니다.

먼저 형사재판부터 살펴보겠습니다. 박재호는 본인이 경찰을 죽인 것은 맞지만 정당방위이며, 자신의 아들을 죽인 것은 용역 업체 직원인 김수만이 아니라 경찰이라고 주장합니다. 경찰이 자신의 아들을 공격하고 있는 것에 격분해 정당방위 차원에서 경찰을 가격했다는 것입니다. 정당방위는 형법에 이렇게 규정되어 있습니다.

형법 제21조 제1항 자기 또는 타인의 법익에 대한 현재의 부당한 침해를 방위하기 위한 행위는 상당한 이유가 있는 때에는 벌하지 아니한다.

정당방위는 스스로를 지키는 동시에, 법질서 파괴 행위를 저지하는 행위입니다. 박재호의 아들은 경찰에게 폭행당하고 있었으므로 법익을 침해받는 상황이고, 박재호가 그 경찰의 뒤통수를 몽둥이로 내리친 것은 아들을 구하기 위한 행위였다고 할 수 있습니다. 즉 박재호는 아들의 법익에 대한 현재의 부당한 침해를 방위하기 위해 경찰을 공격할 수밖에 없었다는 주장입니다. 사실 정당방위가 무슨 뜻인지는 일반인들도 대략 알고 있을 겁니다. 그래서 정당방위가 법정에서 쉽게 인정되는 것으로 여기기 쉬운데요, 실제로는 그렇지 않습니다. 실무에서 인정되는 정당방위의 범위는 생각보다 상당히 좁습니다. 이 부분을 소설에서는 이렇게 기술합니다.

> 국민참여재판제도가 시행된 후 형사 변호사들은 화석으로 굳어
> 가던 정당방위 규정의 진가를 알게 됐다. 법 위에서 세상을 내려
> 다보며, 법만이 인간을 진정 보호할 수 있다는 교리를 발전시켜
> 온 법조인들은 오랜 세월 정당방위의 필요성을 얕잡아 봤다. 세상
> 을 몸소 살아가는 시민들의 생각은 달랐다. 그래서 시민들로 구성
> 된 배심원들의 생각도 달랐다. [1]

근대 형법이 정립되기 이전에는 사적인 복수를 통해 문제를 해결했지만, 근대사회에서 사적인 복수는 엄격히 금지되어 있습니다. 대신 국가가 처벌을 하죠. 실제로는 공익의 대표자인 검사가 법원에 처벌을 요청하고(기소), 독립적 지위에 있는 제3자인 법원이 최종적인 결정을 내림으로써 처벌이 이루어집니다(판결). 그런데 정당방위는 당사자가 스스로 문제를 해결하는 것입니다. 사후 복수까지는 아니어도 국가 공권력의 도움 없이 당사자가 방위를 하는 것이니까요. 법조인들은 국가법에 의해 수행되는 처벌의 의미를 중요하게 생각하기 때문에 아무래도 당사자가 직접 정당방위를 하는 것에 비판적인 입장을 취하게 되는 경우가 많습니다. 자기방어를 위한 최소한의 조치만 취하고 나머지는 국가에 맡겨야 한다는 거죠.

보통 정당방위의 성립 요건으로 법익 침해의 현재성, 법익 침해의 부당성, 방위 실현의 의사, 상당한 이유 등을 듭니다. 일단 경찰이 박재호의 아들을 폭행하고 있었다면 현재성은 인정됩니다. 그 경찰의 행위가 부당했는지 여부가 문제일 수 있는데, 여기서 부당

성은 '위법'한 것임을 뜻합니다. 경찰관직무집행법에 따르면, 경찰관의 직무상 권한은 그 직무를 수행하기 위해 필요한 최소한도 내에서 행사되어야 하고, 남용되어서는 안 됩니다. 그런데 무방비 상태인 박재호의 아들을 경찰이 마구 구타하고 있었다면 위법한 공무 집행이 될 수 있을 겁니다. 그렇다면 방위 행위를 하려는 의사가 있어야 하는데, 이 부분은 별문제가 되지 않습니다.

문제는 '상당한 이유'라는 부분입니다. 상당한 이유가 있는 경우란, 정당방위가 위험을 제거하기 위한 효과적인 수단이었고, 또 침해자에게 가장 경미한 손실을 입히는 수단이었어야 한다는 뜻입니다. 즉, 박재호가 경찰의 머리를 몽둥이로 내리친 것이 아들의 죽음을 막기 위한 효과적인 수단이었어야 한다는 것이죠. 더불어, 머리를 몽둥이로 내리치는 것 말고, 경찰에게 상해를 덜 입힐 수 있는 다른 방법이 마땅치 않았어야 합니다. 만일 머리가 아니라 몸통이나 다리를 가격할 수도 있었다면, 상당한 이유가 있었다고 볼 수가 없는 것이죠.

'상당성'을 충족시키지 못하면, **과잉방위**가 됩니다. 방위 행위 자체는 인정되더라도 그 방위 행위가 상당성을 넘어 버린 경우를 말합니다. 예컨대 판례에서는 구타를 당하는 것을 막기 위해 칼로 상대방을 여러 차례 찔렀다면 과잉방위라고 봅니다.

그렇다면 박재호의 행위는 정당방위가 될 수 있을까요? 앞에서 법조인들과 시민들의 정당방위에 대한 판단이 좀 다르다고 했는데, 이 사건에서도 그럴 수 있습니다. 아들이 경찰에게 구타를 당하고 있다면, 누구나 그것을 저지해야겠다고 생각하기 마련입니다.

여기까지는 누구나 인정할 겁니다. 그런데 어떤 수단으로 그것을 저지할 것이냐가 문제입니다.

일단 경찰이 무엇으로 구타를 하고 있었는지가 중요합니다. 만약 경찰이 아들을 주먹으로 구타하고 있었다면, 그냥 맨몸으로 달려들어도 얼마든지 제지할 수 있겠죠. 그런 상황인데도 몽둥이를 들고 경찰을 때린다면 정당방위가 인정되기 어려울 겁니다. 만약 경찰이 진압봉으로 구타를 하고 있다면, 각목을 들고 달려드는 것은 인정될 수 있을 겁니다. 그런데 각목으로 다리나 몸통을 가격하는 것만으로도 구타를 중단시킬 수 있었다면, 경찰의 머리를 내리치는 것은 정당방위가 될 수 없을 겁니다.

그런데 일반인들은 대체로 그렇게 경황이 없는 상황에서 무슨 방법을 쓸 것인지를 차분하게 고려하는 것은 있을 수 없는 일이라고 '직관적'으로 생각합니다. 그런 상황에서 손에 집히는 것 아무거나 들고 가서 가격하는 것은 이상한 일이 아닙니다. 또한 몽둥이를 정신없이 휘두르는 과정에서 뒤통수를 칠 수도 있을 거라고 보기도 할 겁니다. 모든 시민들이 다 이런 생각을 하진 않겠지만, 아무튼 아버지의 이러한 행동을 이해할 가능성은 법조인보다는 시민들 쪽이 더 높을 것 같습니다. 그래서 소설에서도 국민참여재판을 통해 시민 배심원들의 판단을 받아 보는 것이 정당방위를 인정받을 가능성을 높인다고 본 것이고요.

영화에서 배심원들은 정당방위를 인정합니다. 하지만 법원은 그 배심원들의 평결을 받아들이지 않고 유죄 선고를 합니다. 판사가 배심원 평결을 꼭 따라야 하는 것은 아니기 때문입니다. 결과적

으로 판사가 유죄 선고를 하긴 했지만, "일반 시민들로 구성된 배심원들이 정당방위를 좀 더 쉽게 인정할 것"이라는 변호인들의 판단은 틀리지 않았습니다. 그렇다면 재판을 국민참여재판으로 하면 소송에서 정의가 실현될 가능성이 좀 더 높아진다고 할 수 있을까요? 이 문제를 본격적으로 짚어 보겠습니다.

시민을 배심원으로, 국민참여재판

소설 『소수의견』에서 중요한 한 축을 차지하는 것이 바로 **국민참여재판**입니다. 국민참여재판은 일반 재판에 비해서 영화에서 드라마틱하게 그려 내기가 좀 더 쉬워 보입니다. 검사와 피고인 측 변호사가 배심원들을 향해 프레젠테이션을 하고, 배심원 한 명 한 명이 심각한 표정으로 고심을 거듭하는 모습은 그 자체로 영화적인 장면이죠. 그래서인지 최근에는 국민참여재판을 담는 영화나 드라마가 속속 등장하고 있습니다. 드라마 〈너의 목소리가 들려〉, 〈굿와이프〉에도 국민참여재판이 등장하고, 영화 〈의뢰인〉(2011)에서는 아예 국민참여재판이 주된 소재로 다뤄지고 있습니다.

한국에서는 국민참여재판이 2008년에 도입되었는데, 국민이 직접 배심원으로 형사재판에 참여하는 제도입니다. 배심원들은 법정 공방을 지켜본 후 피고인의 유무죄에 대한 평결을 내리고, 적정한 형에 대해서도 토의를 합니다. 그리고 재판부가 이를 참고하여 최종 판결을 선고하는 것이죠.

이전까지 재판은 법률 전문가인 판사가 담당해 왔습니다만, 사

법권도 권력입니다. 모든 권력은 국민으로부터 나온다는 원칙에 따른다면 사법 권력도 국민으로부터 나와야 할 겁니다. 하지만 직업 법관인 판사가 하는 재판에 국민들이 관여할 여지는 없었죠. 반면, 다른 나라에서는 다양한 형태로 시민이 사법에 참가할 수 있는 제도가 발달해 왔고, 한국에서도 이러한 제도가 도입되어야 한다는 주장이 대두되면서 국민참여재판제도가 마련된 겁니다.

시민의 사법 참가는 무엇보다 시민들의 판단으로 더욱 공정한 판결을 이끌어 낼 수 있다는 점에 그 의의가 있습니다. 정당방위에 관한 판결에서 봤듯이 전문가의 판단이 꼭 올바른 것만은 아닙니다. 특히 사실인정이 중시되는 형사사건에서는 시민들의 판단이 더욱 공정한 결정을 이끌어 낼 수 있는 것이죠.

또한 시민들이 배심원으로 참여하면서 사법의 투명성과 공정성이 강화되고, 시민과 유리된 사법 현실의 개선도 기대할 수 있습니다. 예를 들어 법정에서 판사·검사·변호사가 자기들끼리 공방을 벌이고 정작 당사자나 시민들은 소외되는 경우가 있죠. 무슨 말인지 알아들을 수조차 없으니까요. 그러다 보면 재판의 공정성을 의심하게 되고, 재판 결과를 수용할 수도 없게 됩니다.

하지만 시민이 재판에 참여하면 이런 일이 상당 부분 사라집니다. 재판은 철저히 '배심원'들을 설득하는 것을 목표로 삼게 되고, 당연히 재판의 모든 것들이 시민 눈높이에 맞춰집니다. 배심재판이 활성화되어 있는 나라들을 보면, 평생 한두 번 정도 배심원이 될 기회를 갖게 된다고 하는데, 그러한 사법 참여 자체가 일종의 시민 법률 교육의 장으로 기능하게 된다고 합니다.

하지만 배심원들이 감정적인 측면에 취약하고, 그런 부분이 판결에 지나친 영향을 줄 수 있다는 비판도 제기되고 있습니다. 소설에서도 배심원들의 감정을 자극하려는 검사와 변호인 사이의 공방전이 잘 묘사되어 있습니다. 흥미진진하게 여기는 이도 있겠지만, 그런 공방을 통해 진실이 제대로 규명될 수 있을지 의심하는 이들도 있을 겁니다.

시민의 사법 참가 제도에는 **배심제**와 **참심제**가 있습니다. 배심제는 일반 국민으로 구성된 배심원이 재판에 참여합니다. 배심원들은 직업 법관의 관여 없이 유무죄를 판단하고, 법관은 이 평결에 따르고 양형을 결정합니다. 미국·영국 등에서 배심제가 시행되고 있습니다. 참심제는 일반 국민인 참심원이 직업 법관과 함께 재판부의 일원으로 참여하는 것입니다. 시민과 직업 법관이 협력하여 판결을 내리는 것이죠. 이 제도는 독일·프랑스 등에서 시행되고 있습니다.

한국의 국민참여재판은 배심제와 참심제가 혼용되어 있습니다. 일단 배심원이 법관의 관여 없이 유무죄를 판단하는데, 이 부분은 배심제의 원리에 따른 것이라고 할 수 있습니다. 양형에 대해서는 판사와 함께 토론을 하고 양형 의견을 내는데, 이건 참심제의 방식입니다.

배심원의 평결은 권고적인 효력만을 갖습니다. 법원이 그 평결을 그대로 따르지는 않아도 된다는 것이죠. 소설 『소수의견』에서도 배심원들은 정당방위 성립을 인정하여 무죄 평결을 하지만, 재판부는 그 평결에도 불구하고 정당방위 성립을 부정하여 유죄를 선

고합니다. 배심원과 재판부의 판단이 각각 달랐던 것이죠.

한편 한국의 국민참여재판은 형사재판에만 적용되고, 대상이 되는 사건이 정해져 있습니다. 〈국민의 형사재판 참여에 관한 법률〉에 따르면, 법원조직법에 따른 합의부 관할 사건만을 대상으로 합니다. 여기에 해당하는 사건들은 사형, 무기 또는 1년 이상의 징역·금고형을 받는 중범죄 사건들입니다. 처음 시행할 때는 대상 사건이 살인죄 등 몇 가지 범죄 유형으로 한정되었는데요. 2012년에 법률이 개정되면서 대상 사건의 범위가 대폭 확대되었습니다.

어떤 사건이 국민참여재판 대상 사건에 해당하면, 법원은 국민참여재판을 할 것인지 여부를 묻는 의사 확인서를 피고인에게 송달하고, 이때 피고인이 국민참여재판을 원한다는 의사표시를 한 경우에만 국민참여재판이 열립니다. 소설에서는 철거민 박재호와 철거 용역 김수민이 공동피고인인데, 박재호의 변호인 측에서 국민참여재판을 신청하기로 하면서, 공동 피고인인 김수민의 동의를 구하는 장면이 나옵니다. 피고인들이 모두 원해야 국민참여재판이 열릴 수 있으니까요.

그런데 법원의 결정으로 국민참여재판이 열리지 않을 수도 있습니다. 국민의 형사재판 참여에 관한 법률 제9조 제1항에 그 사유들이 다음과 같이 나열되어 있습니다.

- 배심원·예비배심원·배심원후보자 또는 그 친족의 생명·신체·재산에 대한 침해 또는 침해의 우려가 있어서 출석의 어려움이 있거나 이 법에 따른 직무를 공정하게 수행하지 못할 염려

가 있다고 인정되는 경우
- 공범 관계에 있는 피고인들 중 일부가 국민참여재판을 원하지 아니하여 국민참여재판의 진행에 어려움이 있다고 인정되는 경우
- 〈성폭력범죄의 처벌 등에 관한 특례법〉 제2조의 범죄로 인한 피해자(이하 "성폭력범죄 피해자"라 한다) 또는 법정대리인이 국민참여재판을 원하지 아니하는 경우
- 그 밖에 국민참여재판으로 진행하는 것이 적절하지 아니하다고 인정되는 경우

다만 법원은 국민참여재판을 열지 않기로 하는 결정을 하기 전에 검사·피고인 또는 변호인의 의견을 들어야 합니다. 소설에도 판사가 검사와 변호인을 불러서 의견을 듣는 장면이 나오죠.

이렇게 국민참여재판이 개시되는 것은 쉬운 일이 아닌데, 국민참여재판을 여는 것으로 결정되어도 아직 갈 길은 멉니다. 영화에서는 검찰 측에서 국민참여재판을 방해하는 장면이 나옵니다. 국민참여재판 준비 기일에 검사가 증인을 60명이나 신청합니다. 하지만 제한된 일정 내에 끝을 내야 하는 국민참여재판에서 증인이 너무 많으면 재판 진행이 불가능합니다. 그래서 변호인 측에서는 "국민참여재판을 막기 위한 술책"이라고 지적하죠. 결국 판사는 증인을 10명으로 줄이자고 하면서 국민참여재판을 속행합니다. 만약 판사가 60명의 증인이 꼭 필요한 재판이라고 한다면, "국민참여재판으로 진행하는 것이 적절하지 아니하다고 인정되는 경우"에 해

당한다고 봐서, 국민참여재판을 열지 않을 수도 있었던 겁니다.

실제 용산참사에서도 피고인들은 법원에 국민참여재판을 신청했습니다. 당시에는 대상 사건이 살인죄, 특수공무집행방해치사죄, 방화죄 등 몇 가지 범죄에 한정되어 있었는데, 특수공무집행방해치사죄의 혐의를 받고 있는 피고인이 4명 있었고, 이 4명이 국민참여재판을 신청한 것입니다. 하지만 소설에서와는 달리 국민참여재판은 무산되었습니다. 검찰은 증인을 61명이나 신청했고, 재판부는 증인 수가 너무 많아서 20일 이상 재판이 소요될 것으로 예상되기 때문에 국민참여재판을 여는 것이 어렵다고 판단했습니다. 그래서 용산참사 형사 법정이 국민참여재판이 아닌 일반 재판으로 열리게 된 것입니다. 만약 이 재판이 국민참여재판으로 열렸다면 어땠을까, 시민의 눈으로 봤다면 결론이 조금 달라지지 않았을까 하는 생각도 해 봅니다.

2009년 10월 18일에는 '용산 국민 법정'이 열렸습니다. 현실에서는 열리지 못했던 국민참여재판 방식으로 모의재판을 해 본 것이죠. 국민 배심원을 신청받아 60명으로 구성한 뒤, 검사 측과 피고인 측의 의견을 듣고 평결을 하도록 한 것입니다. 모의재판에서 다룬 것은 경찰과 국가의 법적 책임에 관한 것이었습니다. 당시 대통령, 서울지방경찰청장, 서울중앙지방검찰청장, 그리고 경찰 관련자들이 기소가 된 것으로 설정했는데, 배심원들은 이들에게 '공무원의 폭행·가혹행위 및 살인·상해 혐의'로 유죄 평결을 내렸죠.

재정신청

　용산참사 당시 경찰의 과잉 진압 문제가 쟁점이 되었지만, 검찰은 진압 작전이 위법하다고 보기 어렵다고 판단해 무혐의 처분을 내렸습니다. 10년 뒤인 2019년에 법무부 산하 검찰과거사위원회가 이 사건에 대한 해석을 다시 내놓습니다. 당시 수사가 사건의 진상을 은폐하거나 왜곡한 것은 아니었지만 당시 경찰이 충분히 사전 준비 없이 진압을 시도한 것은 위법 소지가 있었고, 이 부분을 적극적으로 수사하지 않은 것은 문제라고 지적했습니다. 당시 검찰의 수사에 문제가 있었다는 얘긴데, 이것을 통제할 수 있는 방법이 없지는 않았습니다. 그것이 바로 **재정신청제도**입니다. 일단 재정신청제도를 이해하기 위해서는 검찰의 기소독점주의와 기소편의주의부터 알아야 합니다.

　먼저 **기소독점주의**는 공소를 제기할 권한을 검사만이 가지고 있다는 뜻입니다. 형사소송법 246조는 "공소는 검사가 제기하여 수행한다"고 되어 있습니다. 검사가 아닌 다른 사람은 소추訴追를 할 수 없다는 뜻입니다. 시민들은 고소나 고발을 할 수는 있습니다. 그러나 그 고소와 고발에 따라 수사를 하고 소추를 제기하여 법원에 판단을 구할 권한은 검사가 독점하고 있는 것입니다. 한국은 이렇게 기소독점주의를 채택하고 있지만, 사인私人이 직접 소추할 수 있는 나라들도 있습니다.

　기소편의주의는 형사소송법 제247조에 나와 있습니다. "검사는 형법 제51조의 사항을 참작하여 공소를 제기하지 아니할 수 있다"

고 적혀 있습니다. 제51조는 양형 사유로서, 범인의 연령, 성행性行, 지능과 환경, 피해자에 대한 관계, 범행 동기, 범행 수단과 결과, 그리고 범행 후 정황 등을 말합니다. 이러한 사항들을 참작해서 범죄에 해당하더라도 공소를 제기하지 않을 수 있는 겁니다.

기소편의주의의 반대는 **기소법정주의**입니다. 기소법정주의는 기소할 만한 혐의가 충분히 인정되면 반드시 기소해야 한다는 것입니다. 즉, 검사가 위의 사항들을 참작해서 공소를 제기하고 말고 할 재량과 권한이 없다는 겁니다. 공소는 무조건 제기하는 것이고, 참작할 만한 사유가 있다면 법원이 알아서 판단을 하는 것이죠.

한국은 기소독점주의와 기소편의주의를 택하고 있습니다. 이것이 바로 검찰의 재량이고 검찰의 힘입니다. 검찰의 판단과 무관하게 무조건 기소해야 한다면, 검찰이 각각 사건의 상황을 봐줄 수가 없습니다. 재량이 없으니 힘도 없습니다. 검찰이 아닌 다른 사람이 기소할 수 있다면 검찰의 독점적 권한은 분산되겠죠. 검찰의 힘이 약화될 수밖에 없습니다.

이러한 검찰의 기소 재량을 통제하기 위한 장치가 재정신청제도입니다. 재정신청이란 어떤 사건을 검사가 불기소처분했을 때, 이에 불복하여 불기소처분의 옳고 그름을 법원에서 판단해 달라고 신청하는 제도를 말합니다. 기소독점주의와 기소편의주의를 일부 견제하기 위한 것입니다. 검찰이 기소를 안 하겠다고 해도 법원의 결정에 의해 기소를 강제할 수 있으니까요.

예전에는 공무원 직권남용이나 수사기관의 불법체포·감금과 가혹 행위에 대해서만 이러한 재정신청이 인정되었습니다. 검사가

고문이나 불법체포를 했다면 검찰이 기소하지 않을 가능성이 있기 때문에, 이런 경우에는 법원에 직접 기소를 해 달라고 신청할 수 있도록 제도화해 놓은 것이죠.

2007년 형사소송법 개정으로 재정신청은 모든 범죄로 확대되었습니다. 지금은 어떤 범죄인지와 상관없이 재정신청을 할 수 있습니다. 재정신청은 고등법원에서 관할하고, 법원은 재정신청을 기각하거나 공소 제기 결정을 내립니다. 공소 제기 결정이 내려지면 검사가 공소 유지를 맡게 됩니다. 이후 절차는 검사가 처음부터 공소를 제기한 경우와 동일합니다. 소설 『소수의견』에서도 재정신청이 받아들여져서 공소가 제기되는 장면이 나옵니다.

그런데 애초에 검사가 기소하지 않겠다고 한 사안에 대해 법원이 강제로 공소를 제기하도록 하면, 검찰 입장에서는 그 사건을 어떻게 처리할까요? 이때 딱 떠오르는 말이 '울며 겨자 먹기'죠. 법원에 의해 억지로 공소를 제기하는 마당에 검사로서 역할을 제대로 하겠느냐는 겁니다. 실제로 법원 명령으로 마지못해 기소를 하게 되는 검찰은 공소 유지를 위해 최선을 다하지 않고 재판 과정에 열의를 보이지 않는 경우가 많다고 합니다. 실제로, 2008년부터 2015년까지의 재정신청 사건에서 유죄가 선고된 477건 가운데 430건에 대해서 검찰이 무죄를 구형하거나 구형 자체를 포기했습니다.[2] 재정신청제도의 취지가 무력화되고 있는 것이죠. 영화에서도 재정신청을 하는 장면이 나오는데, 검사가 성의 없이 재판에 임하다가 '무죄'를 구형하는 어처구니없는 장면이 나옵니다. 이 부분을 소설에서는 이렇게 묘사하고 있습니다.

검사는 법원 명령을 따라 공무 중 폭행 치사로 진압 경찰 세 명과 관할경찰서장을 기소했다. 거기에 검사의 의지는 없었다. 추궁의 완곡함은 피고 측 변호인이 원하는 각본을 벗어나지 않았고, 핵심을 비껴난 질문은 피고 측 변호인이 준비한 대답을 이끌어 냈다. 검사와 피고 측 변호인은 짝이 잘 맞았다. 증거는 없었다. 증인도 없었다. 찾아보지도 않았을 가능성이 컸다. (…) 심리는 그 후 10분 더 계속됐다. 아무 일도 일어나지 않았다. 재판장은 이 연극의 무성의함과 설익은 연출을 눈감았다.▶[3]

2007년 형사소송법 개정 논의 당시, 검찰은 재정신청 사건에서 검사가 공소를 담당하게 해 달라고 요청을 했는데, 그것이 받아들여진 겁니다. 2007년 이전에는 지정된 변호사가 공소를 담당했는데 그것이 검사 담당으로 바뀐 것이죠. 학계나 시민 단체에서는 예전처럼 검사가 아닌 지정된 변호사가 공소 유지를 담당해야 한다고 주장하고 있습니다.

실제 용산참사 때는 철거민 사망자 유족들이 '진압 작전을 지휘한 경찰 간부'에 대한 재정신청을 했습니다. 유족들의 주장은 철거민이 불을 지른 것이 아니라 경찰의 무리한 진압 작전 과정에서 불이 났다는 것인데, 그 과정에서 사상자가 발생했으니 경찰이 '업무상 과실치사'의 책임을 져야 한다는 것이었습니다. 하지만 검찰은 경찰에 대해 무혐의 처분을 내렸고, 이에 대해 고등법원에 재정신청을 한 것입니다. 하지만 이 재정신청은 최종적으로 기각되었습니다.

기피제도

기피제도라는 것도 잠시 살펴볼 필요가 있는데요, 기피제도는 자의성을 배제하고 공정성을 기하려는 취지입니다. **제척**除斥은 법관이 피해자 등과 관련이 있을 때 당연히 직무 집행에서 배제되는 것입니다. 그리고 **기피**忌避는 검사나 피고인이 법관의 직무 배제를 신청하는 것입니다.

여기에는 두 가지 경우가 있습니다. 형사소송법 제18조를 보면 먼저 제척 사유에 해당할 때 기피 신청을 할 수 있다고 되어 있습니다. 제척 사유에 해당하면 당사자가 굳이 신청하지 않아도 법관이 직무 집행에서 배제됩니다. 그런데 경우에 따라 그 판단이 좀 애매한 경우가 있습니다. 그렇더라도 법관이 제척 사유에 해당하지 않는다고 판단하면 그대로 재판은 진행됩니다. 이때 당사자가 직접 직무에서 배제해 달라고 요청할 수 있습니다. 그것이 제18조 제1항 1호의 취지입니다.

제18조 제1항 2호는 "법관이 불공평한 재판을 할 염려가 있는 때"에도 기피를 신청할 수 있다고 되어 있습니다. 이건 해석의 여지가 열려 있고 구체적인 상황을 보고 판단할 수밖에 없습니다. 법관이 피고인을 모욕하거나 피고인에게 진술을 강요하거나 유죄를 유도하면서 재판을 진행한다면 기피 사유에 해당한다고 할 수 있습니다. 하지만 단순히 법관의 성별이나 신념을 문제 삼거나 법관과 검사·변호인의 친분을 문제 삼을 수는 없습니다.

소설에서는 검사와 판사가 대학 동기라는 이유로 기피 신청을

내는 장면이 나오는데요. 예상대로 법관에 대한 기피 신청은 기각됩니다. 사실 한 다리만 건너면 동문이고 동기인 한국 법조계에서 대학 동기라는 이유로 기피 신청이 받아들여진다면 너무 많은 사건에 적용될 것이고 재판 업무가 마비될지도 모릅니다. 하지만 법조인이 아닌 작가의 눈에는 도저히 이해할 수 없는 현실이었을 것이라 이렇게 소설을 통해 항의하고 있는 것 같습니다.

실제 용산참사 재판에서도 피고인 측에서 재판부 기피 신청을 합니다. 법원은 검찰에게 피고인 측에 수사 기록을 열람·등사하게 하라는 결정을 내렸는데, 검찰이 이를 이행하지 않습니다. 그래서 피고인 측에서는 법원이 압수 명령 등 적절한 조치를 취해야 한다고 주장을 했는데, 담당 재판부가 이를 받아들이지 않았습니다. 그래서 이번에는 재판부가 '불공평한 재판을 할 염려가 있다'는 이유로 소속 법원에 재판부 기피 신청을 한 겁니다. 물론 이러한 기피 신청을 법원이 쉽게 받아들일 리는 없습니다. 법원이 재판부가 불공평한 재판을 할 염려가 있음을 인정하게 되는 것이니까요. 실제로도 불공평한 재판을 할 염려가 있다는 이유로 기피 신청이 받아들여지는 경우는 거의 없는 것으로 알려져 있습니다. 사실상 유명무실한 것이죠.

영화에서는 검사가 변호인이 신청한 수사 자료의 열람·등사를 거부하는 얘기가 나옵니다. 형사소송법 제266조의 3 제1항에 따르면, 피고인 또는 변호인은 검사에게 자료의 열람, 등사 또는 서면의 교부를 신청할 수 있습니다. 하지만, 형사소송법 제266조의 3 제2항에는 "검사는 국가 안보, 증인 보호의 필요성, 증거인멸의 염려,

관련 사건의 수사에 장애를 가져올 것으로 예상되는 구체적인 사유 등 열람·등사 또는 서면의 교부를 허용하지 아니할 상당한 이유가 있다고 인정하는 때에는 열람·등사 또는 서면의 교부를 거부하거나 그 범위를 제한할 수 있다"고 되어 있죠.

홍재덕 검사는 바로 이 조항을 들어 수사 자료에 대한 열람·등사를 거부합니다. 수사기관이 취득한 정보를 피고인에게 제출하는 것은 피고인의 방어권 보장을 위해 꼭 필요합니다. 수사기관이 어떤 자료는 내놓고 어떤 자료는 감추고 있다면 피고인 입장에서는 불리할 수밖에 없습니다. 그래서 일정한 예외를 제외하고는 수사 자료를 열람하도록 되어 있는데, 검사가 이 예외 조항을 걸어서 거부한 겁니다.

홍재덕 검사는 변호인에게 그 이유를 이렇게 설명합니다. "정치적으로 민감한 부분이 들어 있어서 보여 줄 수가 없다." 변호인은 검찰에 어떤 정치적 외압이 있었거나 아니면 수사 자료에 결정적인 구멍이 있기 때문에 검사가 열람을 거부했을 거라고 추정합니다. 하지만 끝까지 그 사정이 무엇인지는 밝혀지지 않죠.

실제 용산참사에서도 검찰은 수사 기록 열람·등사를 거부했습니다. 용산참사 재판 진행 중에 이것이 아주 중요한 쟁점으로 부각되었습니다. 열람·등사를 거부한 검찰은 수사 기록을 열람하게 되면 관련 사건의 수사에 방해가 된다는 이유를 댔죠. 그래서 수사 종료 시까지 열람·등사를 제한한 것이라고 했고요. 수사 기록은 무려 1만 쪽에 달한다고 알려져 있었는데, 이 중 경찰 핵심 지휘관들의 진술 조서 등 3000쪽에 대한 열람이 허용되지 않았습니다. 검찰은

"변호인 측 주장대로 피고인에 유리한 증거가 아니라 사건과 직접 관계가 없거나 정치적 사안이어서 재판 진행을 오히려 지연시킬 수 있어 거부한 것 뿐"이라는 이유를 제시했습니다.

그런데 변호인단은 용산참사 당일 경찰의 무리한 진압 작전이 사고 발생의 원인이라고 주장하고 있는 상황이라, 경찰 관계자들의 진술 조서는 매우 중요한 자료였습니다. 특히 사건이 특정한 방향으로 유도되었다는 의심을 하고 있었던 터라, 경찰 관계자들이 처음 조사를 받았을 때 특별한 의도 없이 털어놓은 진술이 결정적인 근거가 될 수 있다고 생각하고 있었죠. 그래서 수사 기록 열람·등사를 거부한 검찰에 강력하게 항의하고, 이 문제를 적시에 해결해 주지 못하고 있는 법원에 대해서도 큰 불신을 갖게 되었습니다. 그래서 재판부 기피 신청도 내고 변호인을 사임하기도 하는 등 강력 항의하기도 했었던 것입니다.

이 수사 기록 열람·등사 거부 사건은 대법원과 헌법재판소에서도 다뤄집니다. 검찰이 수사 자료를 공개하지 않자, 변호인단은 법원의 수사 자료 공개 명령을 받아 냅니다. 하지만 법원의 명령에도 불구하고 검찰은 이를 거부했습니다. 그래서 피고인들은 국가를 상대로 손해배상청구소송을 제기합니다. 대법원은 원고 4명에게 각각 300만 원씩 배상하라고 판결하면서, "법원이 수사 서류 열람·등사 허용 결정을 내렸는데도 검사가 9개월여 동안 수사 기록 공개를 거부해 원고들이 열람·등사권과 신속·공정한 재판을 받을 권리를 침해당했고, 이로 인해 상당한 정신적 고통을 받았을 것"이라는 입장을 내놓습니다. 그리고 헌법재판소도 검찰의 이러한 행위

가 위헌이라고 판단했습니다. 용산참사의 철거민들은 결국 유죄판결을 받았지만, 수사 서류 열람·등사 신청권에 대한 아주 중요한 판결을 받아 낸 것입니다.

국가를 상대로 한 손해배상청구소송

헌법 제29조 공무원의 직무상 불법행위로 손해를 받은 국민은 법률이 정하는 바에 의하여 국가 또는 공공단체에 정당한 배상을 청구할 수 있다.

영화에서 피고인 박재호는 진입 과정에서의 불법행위로 손해를 입었다며, 국가 즉 '대한민국'을 상대로 손해배상을 청구합니다. 또한 소설에서는 경찰에 대해, 할 일을 하지 않았다는 '부작위不作爲' 책임을 묻습니다. 용역 깡패들이 박재호의 아들을 죽이는 과정에서 경찰이 불법 폭력을 방지해야 할 의무를 위반한 책임을 묻겠다는 겁니다. 이때 '소수의견'이 언급됩니다. 부작위로 인한 국가의 배상 책임을 인정한 것은 대법원에서도 대개 소수의견이었지만, 그 소수의견을 적극적으로 주장하기로 한 거죠.

그 과정에서 재밌는 아이디어가 나옵니다. 바로 청구 배상액을 '100원'으로 하는 것입니다. 청구가 받아들여진다고 해도 어차피 불법 농성을 한 피고인들의 과실을 상계하고 나면 배상액 자체는 얼마 되지 않을 것이고, 국가의 법적 책임이 있음을 확인받는 차원에서 배상액을 100원으로 하자는 것이었습니다.

실제로 이런 전략적인 소송은 몇 차례 있었습니다. 천성산 터널 공사에 반대하며 단식투쟁을 벌였던 지율 스님은 허위 보도를 한 『조선일보』를 상대로 10원과 1원을 청구하는 소송을 냈죠. 1원 소송에서는 졌지만, 10원 소송에서는 지율 스님이 승소했습니다.

제주해군기지 반대 운동을 폈던 강동균 마을 회장도 정부가 허위 답변을 했다며, 당시 국무총리를 상대로 1원을 청구하는 소송을 냈습니다. 긴급조치 9호로 유죄판결을 받았던 고은광순은 국가를 상대로 1억 8000만 원의 손해배상청구소송을 냈지만 1심과 2심 모두 패소를 했습니다. 그러자 소송 가액을 1원으로 낮춰 대법원에 상고했던 적이 있죠.

이러한 소송들은 손해를 실질적으로 배상받겠다는 것보다는, 국가의 불법행위를 인정받겠다는 차원의 상징적인 소송입니다. 액수에 관계없이 국가의 책임을 묻겠다는 의지가 담긴 것이지요. 하지만 재판을 희화화시켜 대중투쟁의 도구로 삼겠다는 의도로 비칠 수 있고, 이것은 재판부에게 부정적인 인상을 줄 수 있기 때문에 이런 전략은 신중하게 판단해서 사용해야 합니다.

실제 용산참사에서도 국가배상책임을 묻자는 얘기가 나왔지만, 당사자들은 민사소송을 제기하지는 않았습니다. 대신 경찰 책임자의 업무상 과실을 묻기 위해 형사 고소를 하고 재정신청을 하는 등 경찰의 형사책임을 묻는 데 주력했습니다. 결과적으로는 실패했지만요.

국가의 책임을 묻는 불순한 내용을 담고 있어서인지, 영화 〈소수의견〉은 2013년 5월에 촬영을 마치고 개봉 일정까지 잡았지만,

특별한 이유 없이 2년이나 개봉이 미뤄졌습니다. 정말 영화가 그런 민감한 문제를 담고 있기 때문이었을까요?

 소설의 마지막 장면. 검사를 그만두고 변호사가 된 홍재덕이 윤 변호사에게 이런 말을 건넵니다.

> 상상한 것과는 달리 내가 기소를 결정하는 데 어떤 외압도 없었네. 그렇게는 나를 움직일 수 없어. 나는 국가에 그런 식으로 복종하지 않아. 내가 국가에 복종하는 방식은 더 깊은 곳에서부터 작용하지. 나한테 이 나라는 종교일세. 다시 말하지만 어떤 외압도 없었어. 모든 판단은 내가 내렸네.▶4

영화에서는 조금 다른 대사가 나오는데요.

> 국가라는 건 말이다. 누군가는 희생을 하고 누군가는 봉사를 하고, 그 기반 위에서 유지되는 거야. 말하자면 박재호는 희생을 한 거고, 난 봉사를 한 거지. 근데 넌, 결국 넌 뭘 한 거냐? 네가 아는 게 뭐야, 인마….

 청와대의 음모에 의해 모든 사건이 조작된 것으로 결론이 내려진다면 깔끔하겠죠. 하지만 『소수의견』은 어느 한 개인의 책임으로 문제를 몰고 가지 않습니다. 그리고 검사 홍재덕의 말을 통해, 어떤 개인에게 책임을 귀속시킬 수 없다는 점을 애써 강조합니다.

 소설에도 현실에도 '주범'은 없습니다. '피해자'만 있을 뿐이죠.

그리고 소설과 현실은 우리에게 과연 정의를 '법정에서' 찾을 수 있는지 묻고 있습니다. 결국 박재호는 유죄판결을 받았고, 국가를 상대로 한 100원 소송은 패소했습니다. 그리고 변호인들이 주장한 소수의견은 역사의 뒤안길로 사라져 버렸습니다. 하지만 이 영화가 문제로 제기하고 있는 의제들이 사라지지 않는 한 그 소수의견은 언젠가 다시 빛을 볼 것입니다.

    법이 정의를 실현하는 데에 늘 성공하는 것은 아닙니다. 법정이라는 공간 자체가 정의를 가려내는 데 한계가 있는 것이죠. 그래도 저는 법정이 정의를 실현하는 데 상당히 유용한 공간이라고 생각합니다. 언론에 보도되거나 책에서 다루는 소재들이 대개 법을 통한 정의 실현에 실패한 사례들이기 때문에 그런 사례들이 커 보이는 것일 뿐입니다. 이런 사례들을 보며 법을 불신하거나 사법절차를 통한 정의 실현에 회의적으로 생각하기보다는 그 부족한 부분을 어떻게 채워 나갈지 고민하는 것이 더 맞다고 봅니다. 영화에서 언급된 국민참여재판, 재정신청제도, 국가배상 청구, 기피제도 등도 조금만 가다듬으면 그 부족함을 채울 수 있는 훌륭한 대안이 될 수 있습니다. 그 속도가 조금 답답할지 모르겠지만 법은 그런 식으로 꾸준히 정의를 향해 조금씩 진화해 왔습니다.

2장   사법 불신은 어디에서 비롯되었을까
───── 법률가 집단

1995년, A 교수는 본인이 재직 중인 대학 입시의 수학 문제를 채점하던 중 문제에 오류가 있음을 발견하고 출제 위원들에게 이를 지적합니다. 그러나 오히려 학교의 명예를 실추시켰다는 이유로 승진 심사에서 탈락하고, 그해 말 정직 3개월의 중징계 처분을 받습니다. 이듬해 3월, A 교수의 재임용 탈락이 확정됩니다. 학교에서 쫓겨나게 된 것입니다.

A 교수는 자신의 승진·임용 탈락이 부당하다는 취지의 소송을 제기합니다. 그리고 2007년, A 교수는 항소심에서 패소하고 담당 판사 집에 석궁을 들고 갑니다. 그리고 담당 판사는 석궁 화살에 상처를 입습니다. 이른바 '석궁 사건'입니다. 최종적으로 A 교수는 해고 사건에서 패소가 확정되었고, 석궁 사건에서도 유죄가 확정돼 징역 4년 형을 선고받았습니다. A 교수는 끝까지 억울함을 호소했고 2012년 책을 한 권 내는데, 제목이 『판사 니들이 뭔데』입니다.

영화 〈부러진 화살〉(2012)은 이 중 석궁 사건의 항소심, 즉 2심 재판에 바탕을 두고 있습니다. 영화에 등장한 '김경호 교수'가 실존 인물 A 교수입니다. 개봉 당시 사회적으로 큰 반향이 있기도 했었죠.

극장에서 이 영화를 봤을 때, 관객들 반응이 뜨거웠습니다. 탄식하거나 분노하는 느낌이 뒤통수에 그대로 전달되더군요. 영화가 끝나고 관객들이 우르르 몰려 나가는데 석궁 사러들 가는 것 같았습니다. 저는 당시에 학생들과 같이 영화를 봤는데요. 그때 대담한 내용이 기사화되기도 했습니다.▶1

그런 분노가 당시 사건에 대한 진실 규명 요구로 이어지기도 했습니다만, 저는 영화를 근거로 하여 진실 규명에 나서는 것은 매우 부적절하다고 봅니다. 영화는 영화일 뿐이고, 아무리 사실에 기반하고 있다고 해도 감독이 만들어 낸 창작물입니다. 만약 A 교수 사건의 진실 규명에 관심이 있다면, 영화는 잊고 당시의 여러 기록들을 찾아 나서야겠죠. 영화가 공감을 불러일으키는 것은, 있는 애기를 사실대로 담았기 때문이 아니라 '있을 법한 사실'을 담았기 때문입니다. 그렇다면 왜 관객들은 이 영화를 보고 '있을 법한 이야기'라고 생각했을까요?

이 영화는 사법에 대한 국민들의 불신을 다루고 있다는 점에서 의미가 있습니다. 구체적인 사건을 단초로 삼아 사법에 관한 일반적인 질문을 던지고 있죠. 영화에서 밉상으로 나오는 판사들처럼 여전히 고압적인 판사들이 현실에 존재하고, 이해할 수 없는 공판 진행이 시민들의 분노를 사고 있는 것 또한 사실입니다. 도대체 법

률가 집단과 사법부는 무슨 일을 하는 사람들일까요? 왜 시민들의 사법부에 대한 불신이 이토록 심해졌을까요?

사법 불신

이 영화가 다루고 있는 큰 주제는 바로 '사법 불신'입니다. 2015년 OECD 보고서[2]를 보면, 한국은 사법제도에 대한 신뢰도가 27퍼센트로, OECD 회원국 평균 신뢰도 54퍼센트의 절반 수준이고, 우리보다 낮은 국가는 칠레밖에 없습니다. 덴마크와 노르웨이가 83퍼센트, 일본이 65퍼센트, 인도가 67퍼센트인 것에 비하면 참담한 수준입니다.

2015년에 대법원 사법정책연구원이 조사한 자료[3]에 따르면, "법원을 어느 정도 신뢰하는가"라는 질문에 대해 60.8점이 나왔습니다. "법원의 재판 절차가 공정하게 진행된다고 생각하는가"라는 질문에 대해서는 58.6점이었고요. "재판 절차가 공정하게 진행된다고 생각하는가"라는 질문에는 71퍼센트가 "사회적으로 힘 있는 사람들이나 절차를 악용하는 사람들에게 유리하게 돼 있다"고 답했습니다. '2015 국민의식조사'[4]에서는 각 기관별 신뢰도를 조사했는데요, '불신한다'고 응답한 비중이 국회 79.5퍼센트, 사법부 55.4퍼센트, 정부 51.9퍼센트, 대통령이 48.9퍼센트로 나왔습니다. 가장 부조리가 심한 공공 기관을 묻는 항목에서도 사법부는 14.2퍼센트로 정당, 기업, 국영기업체, 언론에 이어 5위를 차지했습니다. 2018년 여론조사[5]에서는 사법부 판결을 신뢰한다는 의견이 27.6퍼

센트, 불신한다는 의견이 63.9퍼센트가 나왔습니다.

재판은 '법정'이라는 '한계' 내에서 '최대한'의 진실을 찾는 과정입니다. 굳이 '한계', '최대한'이라는 표현을 사용한 것은, 인간이 아무리 최선의 노력을 다해도 실체와 100퍼센트 일치하는 진실을 발견하는 것은 불가능하기 때문입니다. 더욱이 법정은 정해진 규칙과 제한된 시간 내에 진실을 가려내야 하는 공간입니다. 일정한 시간이 지나거나 물리적 한계에 도달하면 일단 결정을 내려야 하는 곳이기도 합니다. 이러한 한계가 엄연히 존재하는 것이 바로 현실의 법정입니다.

하지만 그 제약을 인정하더라도 법정은 최선을 다해 최대한 진실을 찾아내야 합니다. 문제는 그 '최대한'이 도대체 어느 정도여야 하는가입니다. 이 부분에서 법관들의 생각과 시민들의 생각에 괴리가 꽤 있는 것 같습니다. 많은 시민들이 판사가 자기가 원하는 증거신청을 받아 주지 않고, 할 말을 못 하게 한다고 문제를 제기합니다. 법관들은 '최대한'이라고 생각한 것이 시민들에게는 여전히 '부족한' 것이죠. 물론 판사들도 모든 발언과 증거신청을 다 들어줄 수는 없습니다. 필요하지 않은 증거신청은 기각하고, 할 말을 못 하게 막아야 할 때도 있습니다. 그래도 시민들은 법정에서 더 많은 말을 하고 싶어 하고, 법관이 내 얘기에 좀 더 귀를 기울여 주길 바라는 것입니다. 법관에게는 자신이 담당하는 여러 사건 중 하나이겠지만, 당사자에게는 인생을 결정하는 일생일대의 사건일 수 있는 것이고요.

영화 〈부러진 화살〉에서 재판장이 끊임없이 "채택하지 않겠습

니다", "이미 기각했습니다", "불필요합니다", "받아들이지 않겠습니다"라고 말하죠. 영화에서의 특수한 상황, 특수한 판사여서일 수도 있겠습니다만, 많은 시민들이 공감할 수 있었던 권위적인 법원의 모습이기도 했습니다.

법원이 시민들의 요청을 100퍼센트 다 들어줄 수 없는 것은 어쩔 수 없는 부분입니다. 중요한 것은 시민들이 납득할 수 있는 충분한 '설명'입니다. 얼마나 설명해야 하는지에 관한 명확한 규칙은 없습니다. 형사소송법상 증거의 증명력은 법관의 자유 판단에 의하는데, 이걸 **자유심증주의**라고 합니다. 필요한 증거를 채택하거나 실질적 가치를 평가하고 사실을 인정하는 것은 법관의 자유 심증에 속한다는 것이죠. 그런데 왜 그런 심증이 형성되었는지를 얼마나 자세하게 어떤 방식으로 설명해야 하는지에 관한 규칙은 없습니다.

사정이 이렇다 보니, 시민들은 뭔가 설명이 부족하다고 느끼고 법관은 이 정도면 충분하다고 생각하는 것이죠. 많은 사람들이 법원의 권위주의가 심각하다고 합니다. 권위주의가 만연해 있는 곳에서는 굳이 설명하려고 들지 않습니다. 스스로 진리를 알고 있고 그것을 선언하면 될 뿐이지, 굳이 그 이유를 시민들에게 설명할 필요는 없다는 식이죠. 만약 스스로의 권위를 내세우지 않는 태도를 갖고 있다면, 신중하고 겸허한 자세로 당사자들의 얘기를 들어 주고 그들을 납득시키기 위해 최선의 노력을 다할 겁니다.

재판의 결과는 어쩔 수 없는 부분이 있습니다. 재판은 승패를 가리는 게임이고, 진 쪽은 불만일 수밖에 없습니다. 그래서 생기는

불만이야 전 세계 어느 법원에서도 어떻게 할 수 없을 겁니다. 하지만 할 말도 제대로 못 하고 재판에서 진다면 그 '불만'의 수준이 완전히 달라집니다. '얘기도 제대로 못 해 보고 졌다', '설명도 제대로 못 들어 보고 졌다' 이렇게 되면 자연스럽게 사법 불신이 커질 수밖에 없는 것입니다.

전관예우 문제도 마찬가지입니다. 개인적으로 한국 법조계의 전관예우가 시민들이 생각하는 것만큼 심각하지는 않다고 봅니다. 문제가 없는 것은 아니지만 실제 현실에 비해서는 다소 부풀려진 측면이 있다는 것이죠. 그런데 그렇게 문제가 과장되는 것을 시민들의 '오해' 탓으로 돌려서는 안 됩니다. 시민들 잘못이 전혀 아닙니다. 증거신청을 제대로 안 받아 주고 그 이유조차 설명을 안 해 준다면, 당사자 입장에서는 뭔가 숨기는 게 있는 것 같다는 생각이 들겠죠. 법정에서 보이는 것 말고 당사자가 모르는 어떤 다른 힘이 작동하고 있다는 의심을 지울 수가 없을 겁니다.

민사재판에서 마침 상대 변호사가 전관 변호사이고 재판장과 잘 아는 사이라고 가정해 봅시다. 본인의 대리인 변호사는 그냥 평범한 변호사고요. 재판장이 설명도 잘 안 해 주고 알아서 하겠다고만 하는 그런 상황에서 결과적으로 소송도 졌다면, '전관예우' 때문에 졌다는 생각이 안 드는 것이 이상하다는 겁니다. 즉, 재판이 투명하고 공정하게 진행되지 않을수록 전관예우를 의심하게 될 가능성이 커진다는 것입니다.

〈부러진 화살〉에서는 한 판사가 다른 판사에 관련된 사건을 재판하는 장면이 나오는데요. 이것도 같은 맥락에서 문제를 지적해

볼 수 있습니다. 석궁 사건은 판사가 재판 당사자는 아니지만 피해자입니다. 아예 판사가 피고인인 경우도 있을 겁니다. 과연 이런 경우에도 재판의 정당성을 보장할 수 있을까요? 현행 헌법상 법관이 아닌 자가 재판을 할 수는 없기 때문에 쉽게 해결될 수는 없는 문제입니다만, 이런 경우에 국민참여재판을 강제적으로 실시하는 등 재판의 공정성을 담보할 방법을 모색할 필요가 있습니다.

결국, 납득하기 어려운 공판 진행이 사법 불신으로 이어지는 구조가 문제입니다. 재판을 납득 가능하도록 만드는 것은 사법 불신을 해소하는 사법 개혁의 가장 일차적인 과제라고 할 수 있을 것입니다.

그런데 사법 불신이 단순히 법원이 충분히 설명하지 않았기 때문에 발생하는 문제는 아닙니다. 제가 이 영화를 학생들에게 보여주고 "이 정도로 혐의가 입증된 사안에 대해 유죄가 선고되어야 할까?"라고 물으면, 대개는 부정적인 답을 합니다. 영화는 김경호 교수의 억울함을 부각시키고 있기 때문에, 영화에는 나오지 않는, 유죄로 볼 수 있는 자료들을 몇 가지 더 학생들에게 제시해 주곤 하는데요. 그래도 반응은 크게 달라지지 않습니다. 실제로도 부러진 화살은 없어졌고, 석궁 등이 적법하게 압수된 것인지가 문제가 되었고, 피해자의 진술은 일관되지 않았습니다. 하지만 대부분의 법조인들은 이 정도로 입증되었으면 유죄 선고를 받는 데 큰 무리가 없다고 봅니다. 이 정도로 입증된 사건에서 무죄가 나오면 형사사건의 상당수가 무죄일 거라는 '현실론'을 얘기하는 법조인들도 있었습니다. 즉, '어느 정도로 확실히 입증되어야 유죄 선고를 하는가'에

관해서도 인식 차이가 꽤 있습니다. 더 많은 논의가 필요하고 사회적 합의가 필요한 부분이 아닐 수 없습니다.

시민들의 말에 귀를 기울이는 법정

〈부러진 화살〉에 대하여, 이용훈 당시 대법원장은 법원에 대한 불신이 큰 탓이라며, 해방 후 60년간 재판을 받아 본 국민은 '판사들이 너무 권위적이다. 백성의 아픔을 어루만져 줄 줄 모르는 사람들이다'라고 생각하며 분노와 불신을 쌓아 왔다고 말했습니다. 지금부터라도 재판을 효율로만 생각하지 않고, 판사들이 법정에 와 있는 국민의 아픔을 어루만져 줄 수 있는 재판을 해야 한다는 것이지요. 또 지금까지의 재판은 판사가 검찰의 수사 기록에만 의존한 채 법정에서 제대로 심리도 하지 않았다고 지적합니다.▶6

이 정도면 사법부의 수장으로서 문제의 핵심을 충분히 인식하고, 자성하고 스스로 노력하려는 의지를 보여 주었다고 생각합니다. '공판중심주의', 즉 법정에서 심리를 제대로 해서 모든 것이 투명하고 납득 가능하도록 진행되어야 한다는 것입니다. 그 반대의 극단에 〈부러진 화살〉이 보여 주는 재판 장면이 있습니다. 〈부러진 화살〉이 실화냐 아니냐, 법원 현실을 과장했냐 아니냐를 다투지 않고, 왜 이런 영화가 나오는지, 국민들이 왜 이런 영화에 공감하는지를 물어야 한다는 지적도 인상적입니다.

판사는 법정에서 말을 잘 들을 줄 알아야 한다. 무조건 들어 준다

고 재판을 잘하는 게 아니다. 당사자들은 하소연도 하고 호소도 하고 많은 애기를 하고 싶어 한다. 유능한 판사라면 이들이 조리 있게, 사건 구성에 필요한 진술, 즉 '요건 사실'을 정리해 애기하도록 유도할 줄 알아야 한다. 그러려면 판사를 잘 뽑아야 한다. 그간 우리 법원은 판결문 잘 쓰는 사람이 판사가 됐다. 실은 법정에서 말도 잘하고, 심리도 잘하고, 재판 진행도 잘하는 사람이 판사가 돼야 한다.▶7

이것은 공판중심주의의 한 요소인 '구두변론주의'에 관한 내용입니다. 사실 지금까지 판사를 임용할 때는 주로 시험 성적, 즉 이 대법원장 표현대로라면 '판결문 잘 쓰는 사람'을 뽑아 왔던 것이죠. 하지만 공판 진행도 아주 중요합니다. 공판을 어떻게 진행하는가에 따라 재판의 신뢰도도 높아지고, 또 전관예우 등의 시비도 줄어들 수 있습니다. 당사자들이 자신의 이야기를 충분히 할 수 있도록, 그래서 '내가 하고 싶은 애기는 다 했다'는 느낌이 들 정도가 되어야 한다는 겁니다. 그러려면 '문서' 위주로 진행되던 기존의 재판은 재고되어야 합니다. 공개된 법정에서 '말'로 공방을 벌이는 것이 재판의 중심이 되어야 한다는 것이죠.

이것이 잘 안 되는 이유가 법원의 권위주의, 즉 사법 문화와 개별 판사들의 권위 의식 때문만은 아닙니다. 사실 현재 우리 사법부는 열심히 공판을 진행하려는 판사들이 소신을 펼치기도 쉽지 않은 것이 현실입니다. 한마디로 업무가 너무 과중합니다.

법원의 사건 수는 기하급수적으로 늘어 왔습니다. 대략 30년

전에 비해 민사사건이 10배 가까이 늘어났고, 1인당 GDP는 12배 늘었는데, 법관은 3~4배 정도 증원되었습니다. 지금 법관들은 30년 전보다 3~4배의 일을 처리하고 있는 셈이죠. 30년 전보다 사건 1개당 난이도는 사회가 발전한 만큼 훨씬 더 올라갔겠죠. 그것을 '계산'에서 제외하고도 참 많은 일을 하게 된 거죠. 인구 대비 판사 수는 독일에 비해 5분의 1에 불과하고, 미국의 3분의 1 수준입니다. 인구당 소송이 이미 선진국 수준에 도달했는데도 판사 수가 충분하지 않은 겁니다. 실제로도 판사 숫자가 충분하지 않아 판사 업무가 과중하고 사법 서비스에도 악영향을 끼치고 있다는 지적이 계속되고 있고요.▶8

판사 한 명이 이렇게 많은 일을 처리하는 상황에서 시민들의 눈높이에 맞는 재판이 진행될 것을 기대하기는 쉽지 않습니다. 실제로 공판 진행에는 많은 시간과 힘이 듭니다. 법관 입장에서는 문서 보고 재판하는 것이 가장 편리하면서도 시간을 절약할 수 있는 방법입니다. 공판을 열어 당사자의 이야기에 귀를 기울이게 되면 훨씬 더 많은 시간이 들 것입니다. 그리고 이 일은 지금껏 해 오지 않았던 일이고, 법조인 양성 과정에서도 특별히 강조되었던 것이 아니었기 때문에 판사 입장에서는 더 많이 힘든 일일 겁니다.

사법 개혁, 무엇부터 시작해야 할까?

그렇다면 우리의 사법, 무엇을 바꿔야 할까요? 일단 법관 양성 및 임용 과정 개선이 필요합니다. 좋은 판사를 뽑아야 한다는 겁니

다. 그런데 앞서 이용훈 전 대법원장도 지적했듯이 좋은 판사의 상이 예전과는 많이 달라졌습니다. 시민들의 눈높이에서 생각할 수 있는 판사, 공판 진행을 잘할 수 있는 판사, 당사자의 이야기를 잘 들어 줄 수 있는 판사는 예전에 시험으로만 뽑을 때는 검증되지 않던 능력을 지닌 사람입니다.

이제 이미 법조 일원화가 되어 변호사 경력을 갖춘 자 중에서 시험 이외의 여러 가지 요소를 바탕으로 법관을 선발하는 시대가 열렸습니다. 지금은 과도기라 2~5년 차 변호사 중에서 법관을 임용하고 있습니다만, 2026년부터는 10년 이상 경력을 갖춘 변호사만이 법관이 될 수 있게 됩니다. 이제 이 제도를 잘 활용해서 좋은 법관을 선발할 수 있는 시스템을 갖춰야 할 것입니다.

또한 경력 변호사를 법관으로 임용하는 법조 일원화의 시대에는 예비 판사 풀도 중요합니다. 즉, 좋은 법관의 자질을 갖춘 변호사가 충분히 있어야 그중에서도 좋은 법관을 뽑을 수 있다는 것이죠. 현재 법조인 양성은 로스쿨이 맡고 있으니까 로스쿨에서 좋은 자질을 갖춘 변호사들을 양성하는 것이 중요합니다.

판사 인원 확충도 중요합니다. 한 사건 한 사건 공을 들이고 시민의 눈높이에서 재판할 수 있도록 고심할 수 있으려면 지금 수준으로는 많이 부족합니다. 지난 2016년 인도 대법원장이 정부 관계자들이 있는 앞에서, 판사 숫자를 늘려 달라며 눈물의 호소를 한 장면이 보도되어 화제가 된 적이 있습니다. 우리도 판사 증원과 관련하여 진지한 고민을 해야 할 시기가 왔습니다.

법관이 일을 잘하고 있는지 감시·평가하는 시스템도 중요합니

다. 오래전부터 법관 평가 제도가 논의되어 왔는데, 아직 외부로 열려 있지는 않습니다. 변호사협회에서는 우수 법관 명단 발표, 재임용 대상 법관에 대한 평가 등 나름대로의 역할을 다하고 있습니다만, 이러한 외부 평가 제도가 아직 제도화되지는 않았습니다. 실제로 내부 평가를 다면화하고, 내부 모니터 제도를 강화하는 것과 함께 변호사 단체, 시민 단체, 소송관계인, 시민 모니터단 등 여러 외부 평가 제도를 동시에 활용하는 방안을 찾아야 한다는 목소리가 높습니다.

평가 외에도 시민의 참여와 통제를 강화하는 방안을 모색해야 합니다. 국민참여제도 활성화가 대표적인 과제입니다. 예전에 한 TV 토론 프로그램에서 한 판사가 이런 유의 발언을 했던 기억이 납니다. "법원은 정말 깨끗하고 공정하다고 생각하지만, 시민들이 못 믿으시겠다면 직접 들어오시라고 하고, 재판도 직접 하시라고 하는 수밖에 없다."

사법부 입장에서는 좀 억울한 부분이 있을 수도 있을 겁니다. 그래도 '믿어 달라'고 호소한다고 될 일은 아닙니다. 시민들이 직접 참여할 수 있는 요소들을 늘려서 스스로 통제받는 수밖에 없습니다. 그리고 앞으로 사법부의 인적 구성에서 절차적으로 또한 실질적으로 민주성을 강화해야 할 겁니다. 대법관추천제도의 실질화라든가 법관 인사 외부 참여, 통제 등의 방안이 더욱 모색되어야 할 것입니다.

사법절차와 관련해서는 여전히 공판중심주의는 중요한 과제입니다. 구두변론주의를 실질적으로 강화하는 것이 일차적으로 중

요합니다. 시민들에게는 글보다 말이 익숙할 수밖에 없습니다. 모든 심리가 형식적으로 그리고 실질적으로 공개된 법정에서 말로 주고받는 공방을 통해 이루어질 수 있도록 해야 할 것입니다. 재판 공개를 여러 가지 측면에서 강화하는 것도 중요합니다. 재판 기록을 가능한 한 광범위하게 공개하고, 방청뿐 아니라 인터넷 중계 등을 통해 지금보다는 공개의 대상과 범위를 넓혀야 할 것입니다. 사생활 보호에 관련된 것이 아니면 모두 공개하는 방향으로 나아가야 합니다.

사법절차에서는 실제로 공정한 것도 중요하지만, 외관을 공정하게 만드는 것도 매우 중요합니다. 그것이 바로 사법부에 대한 신뢰와 직결되기 때문입니다. 수사 과정에서도 똑같은 문제가 제기됩니다. 예컨대 검찰이 피의자인 사건을 검찰이 수사하도록 되어 있는데, 시민들에겐 공정해 보이지 않을 수 있습니다. 그래서 검사의 비위 사실에 대해서는 고위공직자비리수사처를 둔다거나 특별검사를 둘 수도 있고, 경찰이 수사하게 하는 방안을 검토해야 합니다.

사실 법원이나 검찰 입장에서는 '자기 식구'라고 해도 공정하게 수사하고 재판할 수 있다고 자신할지 모릅니다. 하지만 사법에서 중요한 것은 공정한 외관입니다. 외관상의 공정성이 실질적인 공정성을 낳는다고 가정하는 것이 사법입니다. 실제로 공정한 결과를 만들어 낼 자신이 있더라도 외관상 문제가 있으면 바꾸는 게 맞습니다.

이와 관련해서 A 교수의 재판 중에 법원은 이해하기 어려운 대응을 합니다. 〈부러진 화살〉에서도 "수석부장 판사회의 석궁테러

엄단 재천명"이라는 신문 헤드라인으로 나오는 장면인데요. 수석 부장판사들이 회의를 열어 "석궁 테러 엄단"의 의지를 밝힙니다. 이때가 2007년 1월이었으니 수사 중인 사건이었습니다. 기소도 되기 전에 판사들이 회의를 열어 판사가 피해자인 사건의 엄단을 천명하는 상황에서 재판이 공정하게 진행될 거라고 믿을 수 있을까요? 물론 판사에 대한 테러는 법치주의에 대한 중대한 도전이고, 법원에서 격앙된 반응을 보이는 것은 자연스러운 일입니다. 하지만 당시에 피의자는 무죄를 주장하고 있었고, 재판이 열리기도 전이었습니다. 법원이 이렇게 대응을 하는데, 피해 당사자가 판사인 사건의 재판이 어떻게 공정할 수 있겠냐는 것이죠. 이렇게 되면 재판의 공정성을 의심할 수밖에 없습니다. 법원이 엄단 의지를 밝혔는데, 그 법원 소속의 판사가 그 재판을 소신대로 진행할 수 있겠냐는 것입니다.

이런 문제도 있습니다. 저는 다른 것은 몰라도 혈흔 감정은 실시해야 했다고 봅니다. 물론 그 혈흔이 박홍우 판사의 피라는 점에 대해서는 별다른 의심이 없습니다. 혈흔 감정 없이도 피해자를 특정하는 데 별문제가 없다고도 봅니다. 그래도 이렇게 판사가 피해자인 사건에서는 모든 의혹을 말끔히 해소하는 것이 맞는다고 생각합니다. 그렇게 해서 오해를 풀어야 했다는 것이죠. 그런데 판사는 그렇게 하지 않았습니다. 물론 테러를 당한 동료 판사에게 혈흔 감정을 강제하는 것이 부담이 됐을 것입니다. 어쨌든 판사가 피해자인 사건이라면 법원이 좀 더 신중하게 대응하고 재판해야 했다는 아쉬움이 듭니다.

사실 사법 개혁 문제와 무관하게 영화 〈부러진 화살〉의 영화적 재미는 법을 전도시키는 김경호 교수의 블랙코미디에 있습니다. 김경호 교수는 법에 의해 구속되어 있는 상태이지만, 오히려 법을 신뢰한다고 말합니다. 변호사와 피고인이 누가 법률가인지 모르게 반대 입장으로 서로 이야기를 나누는 장면이 있습니다. 변호사는 법은 아름답지 않다고 하는 반면, 김경호 교수는 이렇게 말합니다.

규정은, 있으면 지켜야 합니다. 다 법을 안 지켜서 문제가 되는 거죠. 법은 아름다운 겁니다. 법은 수학하고 똑같아요. 문제가 정확하면 답도 정확하죠. 모순이 없어요.

김경호 교수의 요구는 늘 '법대로 하라'는 것이었습니다. 수학처럼 명확하고, 지킬 때라야 아름다운 '법'을 따르라고 요구합니다. 재판장을 향해서도 "지금 이 법전에 있는 법조문대로 하실 생각이 없는 거죠"라고 묻고, "법조문대로 하겠습니다"라는 답을 받아 냅니다. 사법 역사상 피고인이 법대로 하라고 요구하고, 법관이 법대로 하겠다고 답하는 상황은 없었을 겁니다. 하지만 김 교수는 끝까지 법원이 '법대로 하지 않는다'라고 생각합니다. 그리고 결국 그 유명한 말을 남깁니다.

이게 재판입니까, 개판이지.

법의 모순을 온몸으로 웅변하는 김경호 교수의 모습이야말로

이 영화를 블랙코미디로 만드는 요소이며, 영화적 재미의 극치가 아닌가 합니다. 영화는 법이 아름답고 법이 수학이라고 말하는 주인공을 통해, 거꾸로 법의 모순과 사법 현실의 문제점을 드러내고 있는 것이죠.

영화를 보고 사법 불신이나 사법 개혁이 필요한 당위성에 대해 생각할 기회를 갖는다면 좋겠습니다. 그런데 좀 진득해야 합니다. 사법 개혁은 당장 표가 나는 일이 아닙니다. 그래서 항상 인기 없는 개혁 과제죠. 부단히 끈기 있게 추진해야 하고, 시민들도 꾸준한 관심을 가져야 비로소 나아질 수 있을 겁니다.

2018년 사법 농단 사건도 마찬가지입니다. 대법원이 자체 조사를 하고, 검찰이 수사와 재판을 하고 있지만 아직 갈 길이 먼 상황입니다. 사건 초기만 해도 획기적인 개선안이 나올 줄 알았는데 생각보다 지지부진하고, 국민의 관심도 크게 떨어져 있는 상황입니다. 불행한 일이었지만 사법부 개혁을 위한 절호의 기회가 온 것인데 생각보다 성과가 많지 않을 수도 있을 것 같습니다. 다시 한 번 힘을 모아야 할 시기입니다.

3장   국가가 괴물이 되지 않도록
──── 형사 절차

이 글을 읽는 분들 중에 형사 절차를 경험해 본 분은 많지 않겠죠. 하지만 형사재판 장면이 그리 낯설지는 않을 겁니다. 언론에 보도되는 법 절차는 대개 형사 절차입니다. 영화에서도 자주 다뤄지는 소재 중 하나이고요. 범죄자와 그를 쫓는 경찰, 그리고 수사와 형사재판 과정은 영화의 단골 소재입니다. 한국에도 형사 절차를 다룬 영화가 셀 수 없이 많습니다. 아쉬움이 있다면 수사나 형사재판 과정에서 발생할 수 있는 인권침해의 문제들을 꼼꼼하게 그려 낸 영화를 찾아보기 어렵다는 것입니다. 그런 점에서 〈그래도 내가 하지 않았어それでもボクはやってない〉(2006)라는 일본 영화는 꼭 챙겨 볼 만합니다. 이 영화는 사건이 발생해 법원에서 유죄판결을 내릴 때까지, 전 과정을 거의 빠짐없이 담아낸 '형사 절차의 교과서' 같은 영화입니다.

주인공 뎃페이는 지하철에서 성추행을 저질렀다는 의심을 받

고 수사를 받아 법정에 서게 되는데요. 영화는 그가 어떤 과정을 통해 범죄자로 '탄생'하는지를 아주 꼼꼼하게 보여 줍니다. 영화의 메시지는 한마디로 '국가권력이 무고한 시민 한 명을 범죄자로 만드는 것은 일도 아니다' 정도가 될 것 같습니다.

공포 영화가 아닌데도 정말 무섭게 느껴집니다. 현실에서 범죄자는 물론, 범죄의 의심을 받는 사람들도 그럴 만한 이유가 있다고 간주될 때가 많거든요. 억울한 일을 당한 사례가 있어도 '남의 일'로 여기는 경우가 많죠. 그런데 이 영화의 주인공은 정말 평범한 시민입니다. 이를 통해 영화는 '당신도 이 이야기의 주인공이 될 수 있다'고 말합니다. 우리도 얼마든지 멀쩡히 길을 걸어가다가 엉뚱한 혐의를 받고 유치장에 수감될 수 있다는 것입니다.

억울한 스토리를 담은 영화는 종종 있죠. 그런데 이 영화는 단순히 '오심'을 다루고 있지는 않습니다. 흔히 오심이라고 하면 증거가 고의로 조작되었다거나, 판사가 무능하다거나, 검사나 판사가 어떤 의도를 가지고 잘못된 재판을 했다거나, 비리를 저질렀다거나, '봐주기 수사'를 했다거나 하는 이야기가 떠오르죠. 억울한 수형자가 나중에 혐의를 벗고 자유를 찾는 것은 극적인 영화의 아주 전형적인 스토리입니다. 영화 〈자백〉(2016)도 형사 절차를 통해 사건이 어떻게 조작될 수 있는지를 잘 보여 주는 좋은 작품입니다. 한 탈북자에게 간첩 혐의를 씌운 특수한 사건인 데다가, 국가가 특정한 의도를 가지고 사건을 조작했다고 볼 수 있는 부분이 다분해서, 조금은 특별하게 느껴지는 부분이 있습니다.

그런데 〈그래도 내가 하지 않았어〉에서 잘못된 결정이 내려지

는 것은 의도적인 조작이 아니라, '구조적'인 이유입니다. 예외적인 큰 사건이 아니라, 일상의 작은 사건이고요. 특정한 사람의 잘못된 판단이 아니라, 형사 절차의 구조에서 발생할 수 있는 문제를 다룹니다. '구조적 한계'는 인간이 인간을 재판하는 한 어쩔 수 없는 부분이기도 합니다. 그런 부분을 날카롭게 그려 내고 있기 때문에 이 영화가 수작으로 손꼽히는 것이죠. 이 영화는 국가의 형사 절차 앞에서 시민은 도대체 무엇인가, 국가에 맞서 시민의 권리를 보장받을 방법은 없는가 하는 거시적인 차원의 질문을 던지고 있습니다.

이 영화에는 일본의 특수한 사법 현실이 반영되어 있는데요. 사실 한국의 사법 현실은 일본과 유사한 점이 많습니다. 그래서 이 영화가 한국 사회에 시사하는 바가 큰 것 같습니다. 예전에 한국의 사법연수원에서 이 영화를 함께 보고 토론했다는 이야기도 들었습니다.

범죄 혐의가 있는 자를 국가에서 잡아 가두고 처벌하는 것은 당연히 필요한 일입니다. 사회정의의 실현을 위해서, 다른 범죄를 막기 위해서, 또한 그 범죄자를 교화하기 위해서라도 국가의 처벌은 불가피합니다. 그런데 이 영화는 그런 당연한 책무를 다하는 국가가 때로는 무고한 자를 잡아 가둘 수도 있다는 끔찍한 현실을 보여 줍니다. 사실 국가권력 앞에서 시민들은 항상 힘없이 초라한 모습일 수밖에 없습니다. 민주주의국가에서 오로지 국가만이 합법적으로 물리력을 행사해 압수하고 수색하고, 사람에게 수갑을 채워 강제로 가둘 수 있습니다. 국가에 권력을 집중시켜 놓았다면 당연히 통제도 필요합니다. 통제의 고삐를 놓는 순간, 국가는 시민들의 권

리를 침해할 수 있습니다. 그래서 국가는 '괴물'로 표현되곤 합니다.

토머스 홉스Thomas Hobbes의 『리바이어던The Leviathan』(1651)에 나오는 '리바이어던'은 성경에 등장하는 무시무시한 괴물입니다. 홉스는 국가를 인간이 만든 무시무시한 절대 권력으로 묘사하면서, 국가가 시민의 생명과 안전의 보호라는 목적을 수행할 때만 정당화될 수 있다고 주장했습니다. 실제로 근대국가가 성립될 당시 시민들의 구호는 '자유'로 집약되었고, 그 자유의 적은 국가였습니다. 근대국가의 법과 여러 제도적 장치는 국가라는 괴물을 적절히 통제하는 데 초점이 맞춰져 있다고 해도 과언이 아닙니다.

시민이 함부로 잡혀가지 않을 권리

최초로 시민의 권리를 확인한 문서는 무엇이었을까요? 바로 1215년에 제정된 영국의 대헌장, 마그나카르타Magna Carta입니다. 영국의 존John 왕의 압제에 고통받던 시민들이 왕에게 받아 낸 약속을 문서화한 것이죠. 마그나카르타는 영국뿐만 아니라 미국, 영연방 국가들의 헌정 질서, 세계인권선언, 유럽인권조약 등의 중요한 기초가 되었습니다.

마그나카르타는 63개 조문으로 되어 있지만, 현재 시점에서 특히 중요한 의미를 갖는 조항은 제39조입니다.

지위가 동등한 사람들의 합법적인 판단이나 나라의 법에 의한

것 말고는, 그 어떤 자유민도 체포 또는 구금되거나 점유한 것을 박탈당하거나 법의 보호를 박탈당하거나 추방되거나 어떤 식으로든 해를 입어서는 안 되며, 또한 짐도 직접 혹은 누군가를 보내서 그에게 강제로 법을 집행하지 않을 것이다.▶1

제39조는 한마디로 의회가 제정한 법에 의하지 않고서는 국가가 함부로 사람을 잡아 가둘 수 없다는 내용입니다. 이것이 바로 근대 헌법의 핵심적인 가치라고 할 수 있습니다.

'함부로 잡혀가지 않을 권리'가 그렇게 중요한 것인지 조금 의아할지도 모르겠습니다. 가장 중요한 권리라고 하면 생명권, 재산권, 양심의 자유 등이 먼저 떠오를 겁니다. 물론 이 권리들도 중요합니다. 그런데 함부로 잡히고 갇힐 위험이 있는 사회에서 시민의 자유와 권리가 온전히 행사되기란 불가능합니다. 어떤 자유든 일단 타의에 의해 갇혀 있지 않아야 실현될 수 있겠지요. 근대사회로 이행하는 과정에서는 그것이 다른 권리를 위한 가장 기초적인 전제라고 생각되었고 시민들의 요구도 바로 '자유', 더 구체적으로는 '함부로 잡혀가지 않고 갇히지 않을 권리'로 집약되었던 것입니다.

국가가 시민을 함부로 잡아갈 수 있는지 여부가 '선진국'의 척도라 해도 과언이 아닙니다. 시민들이 억울하게 구금되지 않는 국가가 곧 선진국이죠. 그렇다면 한국은 어느 수준일까요? 1990년대 이전까지는 아주 심각한 문제가 많았죠. 공권력이 시민을 함부로 잡아갈 수 없다는 생각이 자리 잡은 게 그리 오래전 일이 아닙니다. 민주화 이후에도 집회·시위·인터넷 등을 통해 자신의 생각을 말하

다가 처벌받은 사례가 종종 있었습니다. 과거 권위주의 정부 시절처럼 노골적이진 않지만 시민의 '함부로 잡혀가지 않을 자유'가 완전히 보장되었다고 보기는 여전히 어려울 것입니다.

이는 한국에만 있는 특수한 문제는 아닙니다. 영국과 미국에서는 2001년 9·11 테러 이후에 테러범을 잡는다는 이유로 불법적인 감시와 자의적 구금이 늘어나 크게 문제가 되었죠. 인권과 민주주의가 충분히 성숙했다고 알려진 나라에서도 국가에 의해 억울하게 잡혀갈 가능성은 늘 있습니다. 시민을 잡아 가둘 수 있는 권한을 국가에 부여한 이상 멀쩡한 시민을 범죄자로 만들어 구금할 가능성은 제아무리 민주주의국가라고 해도 완전히 사라지지 않습니다. 영화 〈그래도 내가 하지 않았어〉는 일본의 사법 현실을 다루고 있지만, 공권력을 가진 국가에서 언제든 나타날 수 있는 보편적 문제를 보여 주고 있습니다.

근대 헌법이 보장하는 것

다시 근대 헌법 이야기로 돌아가 봅시다. 근대 헌법은 시민들이 함부로 잡혀가지 않을 권리를 보장받고자 하는 '문서'에서 출발했고, 그 원형 가운데 하나가 바로 마그나카르타입니다. 대한민국 헌법은 1948년에 제정된 비교적 새로운 헌법이지만, 서구의 여러 근대 헌법에 영향을 받았고, 그 흔적이 지금도 남아 있습니다. 우선 헌법 제10조부터 제39조까지만 한번 살펴보죠. 국민의 기본권을 규정한 부분입니다. 대부분의 기본권 항목들은 간략하게 규정되어

있습니다. "제19조, 모든 국민은 양심의 자유를 가진다", "제20조 1항, 모든 국민은 종교의 자유를 가진다"처럼 그 취지만 추상적이고 일반적으로 규정되어 있는 거죠. 헌법상 기본권은 어차피 법률로서 구체화되기 때문에, 한 국가의 최고 규범인 헌법에는 추상적으로 규정해 놓아도 충분하거든요. 이러한 헌법의 특성을 '추상성'이나 '개방성'으로 설명하기도 합니다. 헌법에는 그 전반적인 취지만 간략하게 규정하고, 해석 가능성을 열어 둔 채 법률로 구체화하는 것이 더 바람직하다고 보는 겁니다.

그런데 좀 이상한 조문이 눈에 띕니다. 바로 제12조 '인신 보호의 자유'에 관한 규정입니다. 헌법 조문치고는 지나치다 싶을 정도로 자세합니다. 제19조나 제20조 같은 추상 수위로 규정한다면, "모든 국민은 신체의 자유를 가진다" 정도로 하고 구체적인 내용은 법률에서 정해도 될 겁니다. 하지만 우리 헌법은 여기에 그치지 않고, "법률에 의하지 않고는 체포·구속·압수·수색·심문받지 않는다", "고문을 받지 않는다", "불리한 진술을 강요당하지 않는다", "체포·구속·압수·수색 시에는 영장이 있어야 한다", "체포·구속을 당했을 때는 변호인의 조력을 받아야 하고, 구속 이유와 변호인의 조력을 받을 권리를 고지받으며, 구속적부심사를 청구할 수 있다" 등등 아주 세세한 규정을 두고 있습니다.

상식적으로 생각해 보면, 특별히 중요하니까 그만큼 자세히 규정한 것이겠죠? 헌법은 추상적이다 보니 그것을 구체화하는 과정에서 그 취지가 왜곡되는 경우가 생길 수 있습니다. 그런데 헌법에 아예 구체적으로 규정해서 못을 박아 버리면 그런 왜곡을 최소화

할 수 있습니다.

예컨대 "신체의 자유를 가진다"는 내용을 조금 더 구체화한다면, "체포·구속·압수·수색을 할 때에는 영장을 제시하여야 한다"는 정도일 겁니다. 그런데 우리 헌법은 여기에서 한발 더 나아가, "적법한 절차에 따라 검사의 신청에 의하여 법관이 발부한 영장을 제시하여야 한다"고 규정하고 있습니다. 즉, 헌법을 개정하지 않는 한 검사가 아닌 자가 신청할 수도 없고, 법관이 아닌 자가 영장을 발부할 수도 없게 정해 버린 것입니다. 국회에서 검사 이외의 사람에게 영장 신청·발부 권한을 확대하려면 헌법 개정 없이는 불가능하다는 얘깁니다.

헌법 제130조에 따르면, 헌법 개정은 국회 재적 의원 3분의 2 이상의 찬성과 국민투표에서 과반수 투표에 과반수 찬성을 얻어야 가능합니다. 개정 절차가 아주 높은 수준의 합의를 요구하고 있습니다. 한마디로 헌법은 함부로 바꿀 수 없습니다. 그런데 헌법에 인신 보호에 관하여 이렇게 자세하게 규정해 놓으면 국가권력이 헌법을 자의적으로 해석하거나 헌법 개정을 통해 이 조항을 무력화시킬 수 있는 가능성이 차단됩니다. 우리 헌법이 인신 보호에 관한 권리를 얼마나 중요하게 생각하고 있는지 이제 이해가 되지요? 인신 보호에 관한 권리조항들은 국가가 시민을 함부로 잡아갈 수 없도록 국가의 손과 발을 묶어 놓고 있습니다. 우리 헌법은 언제든 '괴물'이 될 수 있는 국가를 견제하기 위해 이렇게 자세한 규정을 두고 있는 것입니다. 형사 절차를 집행하는 경찰·검사·판사가 자의적 판단에 따라서 함부로 시민들을 구금할 수 없게 해 놓은 것이죠.

헌법 제12조는 마그나카르타의 영향을 받은 조항이기도 합니다. 마그나카르타의 "재판 또는 국법에 의하지 않는 한 체포·감금되지 않는다"라는 내용이 여러 권리장전과 세계 각국의 헌법에 영향을 주었고, 그것이 다시 우리 헌법에 영향을 미쳤습니다. 그만큼 이 조문은 중요하고, 역사가 깊습니다.

이쯤 되면, 범죄자를 잡는 것도 중요한 일인데 굳이 이렇게까지 해야 하느냐는 볼멘소리도 나올 법합니다. 실제로 수사에 관여하는 공무원들을 만나 이야기를 들어 보면, 인권이 중시되면서 수사하기가 너무 어려워졌다는 하소연을 하기도 합니다.

일선 현장에서 고생하시는 분들을 보면 그런 하소연이 인간적으로 이해되는 부분은 있지만, 법이 여기에 타협할 수는 없습니다. 앞에서 국가는 언제든 '괴물'이 될 수 있다고 했지요. 국가가 괴물이 되지 않도록 촘촘하게 법으로 규제해야 합니다.

다르게 설명하면, 형사 절차에 관한 법은 조문 자체로는 국가에 매우 '불리'하게 되어 있습니다. 그렇게 불리하게 정해 놓아야 국가와 시민 사이 힘의 불균형이 해소될 수 있기 때문입니다. 영화에서 국가는 불리한 규제들을 뚫고, 한 시민을 범죄자로 만듭니다. 법이 국가에 불리하게 규정되어 있어도, 국가가 결코 불리하지 않다는 이야기입니다. 만약 그런 제한이 없다면 얼마나 국가에 유리할지를 반증하기도 합니다. 피의자와 피고인에게 변호인을 선임할 수 있게 해 주는 것도 같은 이유에서입니다. 법률 전문가의 조력을 받아야 겨우 힘의 균형을 보장받을 수 있습니다.

무고한 시민을 잡아 가두지 않도록 규제를 받는 상황임에도 '불

구하고' 범죄자를 잡는 것이야말로 민주국가의 과제입니다. 영화 〈그래도 내가 하지 않았어〉에서 판사는 형사재판의 최대 사명을 "죄가 없는 사람을 벌하지 않는 것"이라고 말합니다. 형사재판의 최대 사명이 '진실을 규명하여 진범을 잡는 것'이 아니라, '죄가 없는 사람을 벌하지 않는 것'이라는 판사의 설명. 이제는 조금 더 마음에 와닿으실지 궁금합니다.

형사 절차의 모든 과정은, 어떻게 하면 무고한 사람이 처벌받지 않도록 할 수 있을까를 생각해서 설정된 것이라고 해도 과언이 아닙니다. 공권력의 입장에서 보면 아주 불편하겠지만 말이죠. 이제 그 장치들을 하나하나 살펴보겠습니다.

형사 절차 관련 용어

형사 절차에서 가장 기초적인 용어를 한번 정리해 보겠습니다. 범죄 혐의가 있어 입건된 사람을 '피의자'라고 하고, 검사가 기소하여 재판에 넘겨지면 '피고인'이 됩니다. '원고'와 '피고'는 민사소송에서 소를 제기한 자와 소를 당한 자를 뜻하는 말이고요. '변호사'는 자격을 가진 전문인을 뜻하는 것이고, '변호인'은 형사 절차에서 피의자 또는 피고인을 보조하여 그 정당한 이익을 옹호하는 자입니다. 민사소송에서는 '소송대리인'이라는 표현을 사용하지요. 즉, 변호사는 형사소송에서는 변호인, 민사소송에서는 소송대리인으로 일한다고 할 수 있습니다.

영장주의

형사 절차에서는 억울한 사람을 벌하지 않기 위한 다양한 제도적 장치를 마련해 놓고 있습니다. 먼저 '영장주의' 입니다. 수사를 할 때, 구속 상태에서 수사하면 공권력에게 매우 유리합니다. 구속된 시민은 더욱 취약한 상태에 놓이게 되고, 그걸 이용해서 쉽게 자백을 받아낼 수 있기 때문이죠. 영화에서는 '인질 사법'이라는 얘기가 나옵니다. 변호사는 구금된 상태에서 범죄자로 내몰리고 있는 피의자 뎃페이에게 이렇게 얘기합니다.

혐의를 부인하면 계속 구금하면서 자백을 독촉하죠. 이런 걸 '인질 사법'이라고 합니다. 그런 비열한 수법에 꺾이면 안 됩니다.

당연히 잡아 놓고 수사하는 게 수사하는 입장에서는 편리할 수밖에 없죠. 유죄를 입증하기도 쉽고요. 문제는 그런 편의를 그대로 봐주면 바로 시민의 권리가 침해되는 일이 발생할 수밖에 없다는 것입니다. 외부와 완전히 단절된 낯설고 좁은 방에서 난생처음 보는 형사들과 마주하면 어떨까요? 주인공 뎃페이는 느닷없이 경찰서에 감금되어 심문을 받습니다. 제아무리 강심장이어도 그 순간만큼은 위축될 수밖에 없을 겁니다. 형사들과 검사는 강압적인 분위기를 조성하며 끊임없이 자백을 강요합니다.

'영장주의'라는 원칙이 바로 이러한 문제를 미연에 방지합니다. 즉, 체포나 구속은 '영장'에 의하는 것이 원칙이라는 뜻이죠. 헌법 제

12조 제1항과 제3항을 보면, 체포와 구속은 반드시 '법률'과 '적법한 절차'에 따라야 하고, 검사의 신청에 의해 법관이 발부한 영장을 제시해야 한다고 규정되어 있습니다. 설사 범죄 혐의가 확실하다고 해도 구금 기간은 꼭 필요한 만큼으로 최소화되어야 합니다. 일단 법원의 최종 확정판결이 있기 전까지는 불구속 상태에서 수사하는 것이 원칙입니다. 유죄가 확정될 때까지 무죄로 추정하는 헌법상 원칙이 있는 한 당연하기도 하고, 구속해서 수사하는 것은 어디까지나 필요한 경우에만 가능한 예외적 조치여야 합니다.

그런데 영장주의의 예외도 있습니다. 헌법 제12조 제3항에는 '현행범'인 경우와 '장기 3년 이상의 형에 해당하는 죄를 범하고 도피 또는 증거인멸의 염려가 있을 때'에는 일단 잡고 영장은 나중에 청구해도 된다고 규정되어 있죠. 이 내용을 구체화한 형사소송법은 전자를 '현행범인의 체포', 후자를 '긴급체포'라고 명명합니다. 현행범을 잡는 데 영장이 필요 없다는 것은 굳이 설명할 필요가 없겠고요. 긴급체포는 피의자가 사형·무기징역 또는 장기 3년 이상의 징역이나 금고에 해당하는 죄를 범한 것으로 의심할 만한 상당한 이유가 있고, 긴급한 사유로 영장을 발부받을 수 없는 상황에서 일단 체포하는 것입니다. 예컨대 경찰관이 순찰을 하다가 피의자를 우연히 발견했는데, 중범죄를 범했다고 의심할 만한 상당한 이유가 있고, 지금 잡지 않으면 도망갈 것 같다고 판단되면 일단 체포해 경찰서로 데려올 수 있습니다.

이렇게 현행범이 체포나 긴급체포가 되었을 때는 48시간 내에 영장을 청구해야 계속 구금할 수 있습니다. 만약 영장을 발부받지

못하면 석방해야 합니다. 영화 〈추격자〉(2008)를 보면, 연쇄살인범 지영민(하정우 분)을 긴급체포하지만 48시간 내에 범죄 혐의를 찾아내지 못하죠. 그래서 누가 봐도 범인임이 확실해 보이는 지영민을 석방할 수밖에 없었고, 그는 미소를 띠며 경찰서를 걸어 나오죠. 안타깝고 무서운 장면이지만, 어쩔 수 없는 상황이기도 했습니다.

영화에는 나오지 않지만, 구속영장을 발부받을 때 구속영장실질심사(구속 전 피의자 심문 제도)라는 것을 거칩니다. 예전에는 검찰이 신청한 자료만 보고 법원이 구속영장을 발부했는데요. 이 제도가 도입된 이후로는 판사가 피의자를 직접 불러서 심문을 한 뒤에 구속영장을 발부하고 있습니다. 피의자 입장에서는 변호인의 조력을 받아 직접 판사에게 소명을 하는 것이 훨씬 유리하겠죠? 판사도 이런 절차를 거치면서 구속영장 발부에 신중해질 수 있을 겁니다.

구속영장이 발부된 이후에도 구속의 부당함에 대하여 이의를 제기할 수가 있는데 이것이 바로 '구속적부심사제도'입니다. 기소된 후에는 일정한 보증금 납부를 조건으로 구속의 집행을 정지하고 피고인을 석방하는 제도인 '보석'을 통해서도 석방될 수 있습니다. 〈그래도 내가 하지 않았어〉에서 뎃페이는 보석 제도를 통해 석방이 되죠. 이렇게 국가가 영장을 발부받기도 어렵게 해야 하지만, 영장이 발부된 이후에도 중간중간 불구속 재판을 받을 수 있는 기회를 열어 놓는 것도 중요한 일입니다.

또한 영장 발부에 여러 기관이 관여되어 있는 것도 중요한 지점입니다. 경찰이 수사를 하지만, 법원에 영장을 신청할 수 있는 권

한은 검사만 가지고 있습니다. 영화 〈추격자〉에서도 얄미운 이미지의 검사가 경찰의 영장 신청을 거부하면서 수사에 제동을 거는 장면이 나오죠. 영화에서는 부정적으로 묘사가 된 장면입니다만, 사실 영장의 남용을 막기 위해 수사하는 경찰과 영장을 청구하는 검사를 분리해 놓은 것입니다. 또한 영장을 최종적으로 발부하는 것은 독립된 제3자인 '법원'입니다. 세 기관이 업무를 분담해 영장을 발부하는 것은 영장이 무분별하게 발부될 가능성을 최대한 차단하기 위함입니다. 즉, 기관 간 견제와 균형을 통해 권력 남용을 막는다는 것이죠. 예컨대 경찰이 일단 구속하겠다는 판단을 내려도 검사의 판단이 다르면 법원에 구속영장을 청구할 수조차 없습니다. 또한 검사가 구속이 필요하다고 판단해도 법원이 영장을 발부하지 않으면 구속할 수 없습니다.

구속된다고 해도 구속 기간은 무한정이 아닙니다. 사법경찰관이 피의자를 구속할 수 있는 기한은 10일, 다시 검사가 구속할 수 있는 기한도 10일이며, 이 기간 내에 공소를 제기하지 않으면 석방해야 합니다. 다만, 수사에 필요하다고 인정되는 경우에는 1차에 한해 10일 이내에서 구속 기간을 연장할 수 있는데, 이때에도 판사의 허가를 얻어야 합니다.

변호인의 조력을 받을 권리

형사 절차는 피의자에게 불리하게 짜인 '기울어진 운동장'입니다. 경찰이나 검사는 피의자를 취조하는 것이 직업인 사람입니다.

반면 피의자는 난생처음 경찰이나 검사라는 전문가와 마주하게 됩니다. 어렸을 때부터 권투를 해 온 프로 선수와 난생처음 글러브를 끼고 링 위에 오른 일반인이 권투 시합을 하는 것과 다를 바가 없습니다. 한마디로 '게임이 안 되는' 것입니다.

피의자와 피고인의 불리함을 상쇄할 수 있는 중요한 장치가 바로 **변호인의 조력을 받을 권리**입니다. 헌법 제12조 제4항에는 "누구든지 체포 또는 구속을 당한 때에는 즉시 변호인의 조력을 받을 권리를 가진다. 다만, 형사피고인이 스스로 변호인을 구할 수 없을 때에는 법률이 정하는 바에 의하여 국가가 변호인을 붙인다"라는 조항을 두고 있습니다.

즉, 헌법은 '변호인의 조력을 받을 권리'를 명문 규정으로 정해 놓고 있습니다. 피의자나 피고인은 형사 절차에 대한 법률 지식이 부족해 당황스러울 수밖에 없죠. 전문적인 지식과 경험을 가진 변호인이 함께해야 비로소 공권력에 맞서 자기 권리를 옹호할 수 있습니다. 앞서 국가와 피의자·피고인의 관계를 '기울어진 운동장'으로 비유했는데, 이것이 다시 평평하게 되도록 돕는 역할을 하는 것이 바로 변호인이죠.

그런데, 피의자·피고인이 불리한 것은 단순히 법률 지식이 부족해서는 아닙니다. 검사, 판사, 변호사 등도 본인이 피의자가 되는 경우가 있습니다. 그들도 피의자가 되면 최우선적으로 변호사를 찾습니다. 법률 지식이야 본인이 너무 잘 알겠죠. 하지만 막상 형사 절차에 들어가면 법조인들도 당황하게 되고 취약한 지위에 놓이게 됩니다. 구속은 말할 것도 없고, 입건되어 수사를 받는 순간부

터 패닉에 빠지기 마련입니다. 형사 절차에 임하면서 냉정하고 객관적인 판단을 하기도 어렵고요. 그래서 법조인들도 변호인의 조력이 필요합니다. 그러니 법을 잘 모르고 형사 절차에 익숙하지 않은 일반인이라면 말할 것도 없습니다.

앞서 제12조 제4항에서 '즉시'라는 표현에도 주목할 필요가 있습니다. 체포나 구속이 되면 '즉시' 변호인의 조력을 받아야 합니다. 영화에서 뎃페이도 처음에는 변호사 없이 혼자 심문받았죠. 어차피 본인이 하지 않은 일이니 형사에게 잘 설명해서 난관을 헤쳐 나갔을까요? 정반대죠. 형사의 노련하고 고압적인 심문에 말려서 조서에 지장을 찍었습니다. 변호인이 선임되고 나서야, 본인의 결백을 주장할 수 있었죠. 그래서 체포·구속을 할 때는 반드시 변호인의 조력을 받을 권리가 있음을 고지하여 변호인을 선임하도록 유도하는 것입니다.

변호인의 조력을 받을 권리는 변호인과의 '접견교통권'과도 연결됩니다. 신체 구속을 당하면, 변호인과 자유롭게 접견할 수 있어야 한다는 것입니다. 이때 관계 공무원의 참여 없이 비밀이 보장된 상태에서 변호인과 상의할 수 있어야 하며, 그럴 때만이 변호인의 조력을 받을 권리가 온전히 보장된다고 할 수 있습니다.

체포 구속된 이후 경찰이나 검찰이 신문을 시작할 때도 변호인의 조력은 매우 중요합니다. 주인공 뎃페이는 변호인의 조력 없이 홀로 밀폐된 방에서 심문을 받다가 하지도 않은 일이 적혀 있는 조서에 서명을 하게 됩니다. 변호인이 배석했다면 상황은 많이 달라졌을 겁니다. 형사가 유도하는 방향으로 흘러가지 않았을 가능성

이 얼마든지 있습니다.

수사기관의 신문 과정에 변호인이 참여할 수 있는 권리를 **변호인의 수사 참여권**이라고 부릅니다. 이것은 피의자의 권리를 보호할 수 있는 가장 중요한 장치지만, 수사기관의 입장에서는 가장 불편한 부분이기도 합니다. 한번 상상을 해 보세요. 형사가 신문을 하는데, 피의자가 일일이 변호인에게 물어 가며 답변을 한다거나, 피의자가 뭘 말하려고 할 때 변호인이 제지를 한다면 뎃페이가 당했던 수사하고는 완전 딴판이 되겠죠? 수사하는 입장에서는 골치 아픈 일이 되겠지만 말입니다.

한국에서 변호인의 수사 참여권이 법률로 보장된 것은 2007년입니다. 최근의 일이죠. 형사소송법 제243조의 2항에 "검사 또는 사법경찰관은 피의자 또는 그 변호인·법정대리인·배우자·직계친족·형제자매의 신청에 따라 변호인을 피의자와 접견하게 하거나 정당한 사유가 없는 한 피의자에 대한 신문에 참여하게 하여야 한다"는 조항이 신설되었습니다.

그 구체적인 내용은 대검찰청 '변호인의 피의자 신문 참여 운영 지침'과 경찰청 '피의자 신문 시 변호인 참여 규칙'에 규정되어 있습니다. 그런데 그 구체적인 운용에는 문제가 많습니다. 대검찰청 지침에 따르면, 피의자와 변호인이 수시로 상의할 수 없고, 변호인이 대신 답변하거나 특정한 답변 또는 진술 번복을 유도하지 못합니다.▶[2] 이런 식으로는 변호인이 '참여'했다고 보기 어렵지요. 그냥 옆에 앉아서 지켜보고 있는 수준에 불과하다고 해도 과언이 아닐 겁니다. 실제로 2015년 대한변호사협회가 변호사를 상대로 실시한

설문 조사에 따르면 응답자의 절반이 신문 참여 과정에서 변호인의 의견 진술이 제지당하거나 메모가 허용되지 않았다고 답했습니다.

몇 년 전에 변호인이 신문 과정에 배석하여 피의자에게 진술거부권을 행사하라고 조언을 했더니 '조사 방해'라며 조사실에서 쫓겨난 사례도 있었습니다. 앞서 언급한 운영 지침에 의거하여 조치를 취한 것입니다. 그런데 쫓겨난 담당 변호사는 가만히 있지 않았습니다. 담당 변호사는 변호인 참여권이 부당하게 제한되었다며 국가를 상대로 소송을 냈고, 결국 승소 판결을 받아 냈습니다. 대검찰청 운영 지침보다 시민의 권리가 우위에 있음을 대법원이 확인해 준 것입니다.

나중에 자세히 살펴보겠지만, 헌법에 규정된 내용은 그 취지에 맞게 형사소송법 등의 법률로서 구체화되거나 '변호인의 피의자 신문 참여 운영 지침' 같은 행정청의 내부 지침으로도 구체화됩니다. 그런데 만약 이러한 지침이 상위법에 위반되면 위헌이나 위법한 것이 됩니다.

이 점은 계속 논란이 되고 있는데, 2016년 6월 대한변호사협회 주최로 '피의자 신문 시 변호인 참여권 개선을 위한 공청회'가 열렸습니다. 변호인 참여권을 실질적으로 보장하자는 취지였죠. 관련 법규를 개정해서 변호인 참여를 '원칙'으로 하고, 변호인이 의도적으로 수사를 방해하는 경우에는 퇴거를 요구할 수 있게 하는 안 등이 제시되었습니다.

앞서, 변호인의 조력은 체포와 함께 '즉시' 받을 수 있어야 한다

고 했습니다. 그런데 아는 변호사도 한 명 없는데 갑자기 잡혀 와서 변호사를 선임해 조력을 받는다는 것은 매우 어려운 일이죠. 그래서 각 지방 변호사회에서는 **당직변호사제도**라는 것을 두고 있습니다. 영화에서는 경찰서에 잡혀 온 뎃페이가 유치장에서 만난 한 아저씨의 소개로 당직변호사를 구하는 장면이 나오는데, 한국의 당직변호사제도와 유사한 제도입니다. 이 제도에 의해 변호사들이 경찰서 유치장을 순회하여 상담도 하고, 긴급한 경우에 경찰서로 달려가 도와줍니다. 일단 체포가 되면 당황하지 말고 형사당직변호상황실에 전화해서 도움을 요청하면 됩니다. 평일 오전 9시부터 오후 6시까지 이용 가능하고 별도의 비용은 없습니다.

사실, 이 제도는 1993년 서울변호사회가 일본의 '당번변호사제도'를 참고하여 도입한 것입니다. 이 영화에서는 일본식 표현인 '당번변호사'라는 말을 쓰고, 한국에서는 '당직변호사'라는 말을 쓰고 있습니다.

국선변호인과 국선전담변호사

변호인의 조력을 받는 것이 이렇게 중요하기 때문에 헌법 제12조 제4항에는 "형사피고인이 스스로 변호인을 구할 수 없을 때에는 법률이 정하는 바에 의하여 국가가 변호인을 붙인다"는 내용을 두고 있습니다. 국가가 변호인의 조력을 받을 권리를 '적극적'으로 보장한 것입니다. 이와 관련된 제도가 바로 **국선변호인제도**입니다. 형사소송법에서는 피고인이 구속되거나, 미성년자거나, 70세 이상

이거나, 농아인이거나, 심신장애가 의심되거나, 중범죄 사건(사형, 무기 또는 단기 3년 이상의 징역이나 금고에 해당하는 사건)인 경우, 그리고 빈곤이나 그 밖의 사유로 변호인을 선임할 수 없는 경우 법원이 직권으로 변호인을 선정하도록 하고 있습니다. 피고인이 취약한 지위에 있거나 범죄가 중할 경우에는 국가가 변호인을 선정해 준다는 것인데요, 즉, 피고인이 변호인을 선임할 여력이 안 되거나 "나는 변호인 없이 재판하겠다"는 의지가 분명하더라도, 이러한 사유에 해당하는 경우에는 변호인을 국가가 강제로 지정해 준다는 뜻입니다.

법원행정처가 낸 『2019 사법연감』[3]에 따르면, 2018년 기준으로 국선변호인을 선정한 재판은 11만 9569건이었습니다. 2005년에 비해 두 배 이상 늘어난 수치이고, 비율로 보면 전체 형사 공판의 37.4퍼센트가 국선변호로 진행된 것입니다.

국선변호인을 선정한 사유로는 '빈곤 등의 사유로 변호인을 선임할 수 없다'가 10만 7956건으로 90.2퍼센트이고, 그다음이 70세 이상 고령인 경우, 사형이나 무기징역, 단기 3년 이상 징역을 받은 경우 등의 순이었습니다. 형편과 무관하게 피고인의 권리가 보장되어야 하기 때문에 국가가 적극적인 조치를 해 주는 것이죠. 이런 통계를 보면 국선변호인제도가 얼마나 중요한지를 잘 알 수 있습니다.

국가에 의해 변호인이 지정된다는 것은 변호인 없이 재판을 진행하지 않는다는 원칙과 연결되어 있습니다. 이것을 **필요적변호**라고 합니다.

형사소송법 제282조 제33조 제1항 각 호의 어느 하나에 해당하는 사건 및 같은 조 제2항·제3항의 규정에 따라 변호인이 선정된 사건에 관하여는 변호인 없이 개정하지 못한다. 단, 판결만을 선고할 경우에는 예외로 한다.

즉, 앞에서 언급한 사유에 해당하여 국선변호인이 선임된 사건에 대해서는 변호인이 없으면 개정하지 못하는 겁니다. 다시 말해, 취약한 지위에 있는 피고인은 변호인 없이 재판을 받을 수 없습니다. 중범죄 혐의로 재판을 받는 피고인도 변호인 없이는 재판받을 수 없습니다.

심지어 피고인이 "저는 제 잘못을 다 인정하고 벌을 달게 받겠으니, 변호인은 필요가 없습니다"라는 의사를 분명히 밝혀도, 취약한 지위에 있거나 중범죄 혐의로 재판을 받고 있으면 변호인이 강제로 선임됩니다.

국선변호를 전담하는 변호사도 있는데요. 국선변호인은 변호사 누구든지 선임될 수 있습니다만, 좀 더 효율적으로 운용하기 위해서 아예 국선 변호만 전담하는 변호사를 국가가 운용하고 있습니다. 바로 국선전담변호사제도입니다. 형사소송규칙에 관련 규정이 있습니다.

형사소송규칙 제15조의2(국선전담변호사) 법원은 기간을 정하여 법원의 관할구역 안에 사무소를 둔 변호사(그 관할구역 안에 사무소를 둘 예정인 변호사를 포함한다) 중에서 국선변호를 전담

하는 변호사를 지정할 수 있다.

이에 따라 국선전담변호사는 매월 일정액의 보수를 받으면서, 배정된 사건에 대한 국선변호만을 전담합니다. 변호인의 조력을 받을 권리, 특히 헌법 제12조 4항의 "형사피고인이 스스로 변호인을 구할 수 없을 때에는 법률이 정하는 바에 의하여 국가가 변호인을 붙인다"는 취지를 좀 더 효과적으로 구현하기 위해 운용하고 있는 것입니다.

미란다원칙

헌법 제12조 제5항에는 소위 '미란다원칙'이라고 불리는 내용이 있습니다.

> **헌법 제12조 제5항** 누구든지 체포 또는 구속의 이유와 변호인의 조력을 받을 권리가 있음을 고지받지 아니하고는 체포 또는 구속을 당하지 아니한다. 체포 또는 구속을 당한 자의 가족 등 법률이 정하는 자에게는 그 이유와 일시·장소가 지체 없이 통지되어야 한다.

앞부분에 '고지받아야 한다'는 부분이 바로 여러분도 잘 아는 **미란다원칙**(Miranda Rights, Miranda Warning)에 관한 내용입니다. 이 부분은 1987년 개정 헌법에 의해 헌법에 포함되었습니다.

미란다원칙 얘기를 하자면, 그 기원이 된 미국의 사건을 얘기

하지 않을 수 없습니다. 이 원칙은 1966년 '미란다 대 애리조나주 (Miranda v. Arizona) 사건'에서 미국 연방 대법원의 판결로 확립되었습니다. 1963년 미국 애리조나주 피닉스Phoenix시 경찰은 에르네스토 미란다Ernesto Miranda를 납치와 강간 혐의로 체포합니다. 미란다는 변호사를 선임하지 않은 상태에서 조사를 받았습니다.

결국 범행을 자백합니다. 하지만 재판이 시작되자 미란다는 자백 진술서의 내용을 번복하죠. 자백은 사실이 아니며 강요에 의한 것이라고요. 애리조나주 법원과 대법원에서는 그대로 유죄가 인정되지만, 1966년 미국 연방 대법원에서는 묵비권과 변호인 선임권을 고지하지 않고 받은 자백은 증거로 인정되지 않는다는 무죄판결을 내립니다. 5대 4였으니 아슬아슬했습니다. 이 판결이 나오자 수사 당국에서는 강하게 반발합니다. 묵비권을 행사하는 피의자를 신문하는 것이 너무 어렵다는 불만이었습니다.

하지만 그 후 미국의 경찰들은 소위 '미란다 경고'를 고지하는 것이 관행이 되어, '미란다원칙'으로 자리 잡았고 한국을 비롯한 다른 여러 나라의 헌법과 법률에도 영향을 주었습니다.▶4

미란다원칙은 1987년에 우리 헌법에도 규정되었고, 그 구체적인 내용은 형사소송법에 이렇게 적혀 있습니다.

형사소송법 제244조의3 제1항 검사 또는 사법경찰관은 피의자를 신문하기 전에 다음 각 호의 사항을 알려 주어야 한다.
1. 일체의 진술을 하지 아니하거나 개개의 질문에 대하여 진술을 하지 아니할 수 있다는 것

2. 진술을 하지 아니하더라도 불이익을 받지 아니한다는 것
3. 진술을 거부할 권리를 포기하고 행한 진술은 법정에서 유죄의 증거로 사용될 수 있다는 것
4. 신문을 받을 때에는 변호인을 참여하게 하는 등 변호인의 조력을 받을 수 있다는 것

요즘은 실무에서도 미란다원칙은 잘 준수되고 있고요. 한국 영화에서도 미란다원칙을 고지하는 장면이 자주 등장합니다. 〈인정사정 볼 것 없다〉(1999)에서 우 형사로 나오는 배우 박중훈 씨가 범인에게 욕설을 섞어 가면서 미란다원칙을 고지하는 장면이 기억납니다. "너는 변호사를 선임할 권리가 있고 (…) 그리고, 그다음은 기억이 안 나, XX야! 판사가 물어보면 들었다고 해, 무조건! 엉? 엉?" 우 형사는 심지어 고문 수사도 감행하는 막무가내 경찰인데도 미란다원칙만큼은 지키는 것으로 나오는 게 흥미로웠습니다.

진술거부권과 자백

진술거부권도 피의자와 피고인의 중요한 권리입니다.

헌법 제12조
제2항 모든 국민은 고문을 받지 아니하며, 형사상 자기에게 불리한 진술을 강요당하지 아니한다.
제7항 피고인의 자백이 고문·폭행·협박·구속의 부당한 장기화 또

는 기망 기타의 방법에 의하여 자의로 진술된 것이 아니라고 인정
될 때 또는 정식재판에 있어서 피고인의 자백이 그에게 불리한 유
일한 증거일 때에는 이를 유죄의 증거로 삼거나 이를 이유로 처벌
할 수 없다.

진술거부권은 흔히 **묵비권**이라고도 하는데, 말 그대로 형사 절
차에서 무엇을 물어보건 침묵할 수 있는 권리입니다. 정확하게는
불리한 진술을 강요당하지 않을 권리입니다. 피의자 신분으로 수
사를 받을 때는 물론이고 법정에서도 진술을 거부할 수 있습니다.

형사소송법 제244조의 3은 피의자에게 진술거부권이 있음을
규정한 조항입니다. 형사소송법 제283조의 2는 피고인의 진술거
부권을 규정한 조항입니다. 피의자 신문을 하거나 재판을 할 때, 반
드시 이러한 내용을 고지한 후 신문이나 공판절차를 진행해야 한
다는 것입니다.

그렇다면 왜 굳이 '묵비권'을 권리로서 인정하게 되었을까요?
역시 피의자나 피고인의 권리를 보장하기 위해서입니다. '자백'을
받아 내는 것은 수사기관 입장에서 가장 손쉽게 혐의를 입증하는
방식이죠. 범인이 스스로 범행을 고백하는 것만큼 확실하고 간편
한 방법은 없으니까요. 한데 자백에 의존한 수사를 하면, 불가피하
게 피의자를 괴롭히게 됩니다. 앞에서 '인질 사법'을 다뤘는데, 아무
래도 수사기관 입장에서는 일단 잡아 놓고 피의자에게 자백을 받
고 싶어집니다. 그러다 보면 장기 구금, 강압 수사, 심지어 고문을
해야겠다는 유혹을 받을 수도 있습니다.

그런 점에서, '진술거부권'은 수사 당국으로 하여금 '자백에 의존한 수사를 하지 말라'는 선언이나 다름없습니다. 진술거부권이 제대로 보장된다면 자백 위주의 수사는 한계가 있을 수밖에 없습니다. 자연스럽게 자백 이외의 다른 증거를 수집하여 유죄를 입증하려는 노력을 하게 되고, 부당하게 피의자를 괴롭힐 이유가 없어지죠. 당연한 얘기지만, 진술거부권이 잘 보장되면 수사하기는 어려워집니다. 하지만 그러한 어려움에도 불구하고, 범죄 증거를 잘 수집해 유죄를 입증하는 것이 바로 선진적인 태도입니다.

관련하여 헌법 제12조 7항에서는 자백이 자의에 의한 것이 아니라고 인정될 때에는 이를 유죄의 증거로 삼거나 이를 이유로 처벌할 수 없다고 규정하고 있습니다. 고문에 의한 진술은 말할 것도 없고, 폭행이나 협박으로 얻어 낸 진술, 법에 정한 기간을 초과하여 구금하는 과정에서 얻어 낸 진술, 법이 허용하지 않는 약속을 하거나 속여서 받아 낸 진술 등은 증거가 될 수 없다는 것입니다. 이것을 **자백배제법칙**이라고 합니다.

위법하게 수집된 증거는 증거로서 인정되지 않는 것이 원칙입니다. 바로 **위법수집증거배제법칙**입니다. 형사소송법 제308조의 2에는 "적법한 절차에 따르지 아니하고 수집한 증거는 증거로 할 수 없다"고 규정되어 있습니다. 앞서 미란다같이 확실한 범인도 적법한 절차를 따르지 않았다는 이유로 무죄를 선고받는다는 것이죠. 종종 범인이 확실하다면 이번 한 번은 유죄의 증거로 사용하면 안 될까 하는 의문을 가질 수 있습니다. 그게 더 정의롭다고 생각할 수 있으니까요.

하지만 법은 더 냉정합니다. 만약 예외적으로 증거를 인정하면, 수사 당국에서는 불법 수사의 유혹에 빠질 수밖에 없습니다. '어쨌든 진범만 잡으면 법원이 인정해 준다'라고 생각한다면 적법 절차를 지킬 이유가 없습니다. 이런 일을 막기 위해 '이번에만 유죄'를 인정하는 것이 아니라 항상 원칙을 준수함으로써 수사 당국에 '적법 절차를 어길 생각은 조금도 하지 말라'는 메시지를 주는 게 더 중요하다는 것이죠. 이렇게 법은 가끔 일반인의 상식과 어긋나지만, '법'이기 때문에 궁극적이고 일반적인 정의를 실현하기 위해 필요한 원칙들을 고수하곤 합니다.

또한 헌법 제12조 7항에는 피고인의 자백이 그에게 불리한 유일한 증거일 때에는 이를 유죄의 증거로 삼거나 이를 이유로 처벌할 수 없다는 내용이 들어 있는데, 이것을 **자백보강법칙**이라고 합니다.

만약 합법적으로 자백을 받아 내더라도, 그것이 유일한 증거이면 유죄가 안 된다는 것입니다. 진술거부권과 마찬가지로 자백에 의존하는 수사를 지양하게 하려는 원칙이라고 해석할 수 있습니다. 당연히 피의자와 피고인의 권리를 보장하는 게 목적이지요. 강압적으로 자백을 받아 내는 것도 불법이지만, 설사 합법적으로 자백을 받았다고 해도 그것만으로는 부족하며, 추가적으로 다른 증거가 있어야 처벌할 수 있습니다. 이 원칙 때문에 수사 당국으로서는 자백 이외의 증거를 찾으려고 노력하게 되죠.

수사와 공판

영화 〈그래도 내가 하지 않았어〉에는 수사 장면과 공판 장면이 차례로 나옵니다. 피의자·피고인의 입장에서 볼 때 두 절차가 어떻게 다를까요? 영화의 장면을 보면 조사실은 밀폐되어 있습니다. 아는 사람이라곤 하나도 없는 낯선 곳입니다. 그곳에서 피의자를 조사하는 것이 직업인 노련한 형사의 질문에 답해야 합니다. 넷페이처럼 자기가 하지도 않은 일이 적혀 있는 조서에 지장을 찍지 않으리라는 보장이 없습니다. 앞서 말했듯이 변호인이 배석한다고 해도 직접 조언을 듣는 것이 쉽지 않은 상황입니다.

이번에는 공판입니다. 재판은 공개적으로 진행됩니다. 판사는 수사에 단 한 번도 관여하지 않은 제3자이며 '중립'을 상징하듯 검사와 피고인의 중간에 올라가 앉아 있습니다. 처음에 공판을 진행하던 판사는 아주 친절하고 차분하게 피고인의 이야기를 들어 주고, 공정하게 공판을 진행하려 노력합니다. 피고인 입장에서 하고 싶은 이야기를 편안하게 할 수 있는 환경을 제공하는 것입니다.

방청석에는 낯익은 얼굴들이 보입니다. 불리해 보이는 질문에 대해서는 변호인이 제지해 주기도 합니다. 강압적으로 진술을 유도하는 일도 상상하기 어렵습니다. 피고인에 대한 직접 신문을 제외하면, 피고인 대신 변호인이 직접 나서서 자신을 대리합니다. 피의자·피고인의 입장에서는 수사를 받는 것보다 재판을 받는 것이 유리할 수밖에 없습니다.

그래서 유무죄를 판단하는 것은 '공판'을 중심으로 이루어져야

합니다. 즉 법정에서의 심리를 통해 증거자료를 검토하고 유무죄를 가려야 한다는 뜻입니다. 이러한 원칙을 **공판중심주의**라고 부릅니다. 공판이 중심이 된다는 건 구체적으로 무엇을 의미할까요?

구두변론주의

구두변론주의는 구두주의·구술주의와 변론주의를 합친 말입니다. 구두주의·구술주의란 쉽게 말해 말로 재판을 해야 한다는 뜻입니다. 형사소송법 제275조의 3에는 "공판정에서의 변론은 구두로 하여야 한다"고 되어 있습니다. 구두의 반대말은 '문서'로 하는 것이겠죠. 이를 '서면주의'라고 합니다. 물론 실제 재판에서는 문서도 활용되지만 구두로 제공된 소송자료에 의해 재판을 진행하는 것이 원칙입니다. 변론주의는 당사자의 직접적인 진술이 유무죄 판단의 기초가 되어야 한다는 주의입니다. 다시 말해서 당사자들이 직접 주장한 내용을 가지고 법원이 판단해야 한다는 말이죠. 그런데 왜 문서가 아니라 구두로 하는 것을 원칙으로 할까요?

물론 지식인이나 법률 전문가들은 글로 의사를 전달하는 편이 자신의 의견을 더 일목요연하게 피력할 수 있다고 생각하기도 합니다. 하지만 일반 시민의 관점에서 보면 말이 훨씬 더 편리한 수단입니다. 만약 재판을 문서로서만 진행한다면, 재판 당사자들은 '할 말을 제대로 못 했다'는 생각을 할 겁니다. '말로 재판을 한다는 것'은 결국 피고인의 방어권 행사에 유리합니다. 판사 앞에서, 공개된 법정에서 구두로 본인이 하고 싶은 이야기를 충분히 할 수 있을 때, 억울한 일이 생길 가능성이 최소화되죠. 또한 말로 대화를 나누면

미비한 점이 있을 때 즉시 문답을 주고받을 수 있다는 큰 장점이 있습니다. 문서는 시간차가 있기 때문에 아무래도 문답을 주고받기에는 효율성이 떨어지죠. 공개된 법정에서 검사와 피고인과 그의 변호인이 공방을 주고받고, 미비한 점을 판사가 질문해야 진실을 가장 효과적으로 규명할 수 있습니다.

공개주의

재판이 일반인에게 공개되어야 한다는 공개주의는 헌법에도 명시되어 있습니다.

> **헌법 제27조 제3항** 형사피고인은 상당한 이유가 없는 한 지체 없이 공개재판을 받을 권리를 가진다.
>
> **헌법 제109조** 재판의 심리와 판결은 공개한다. 다만, 심리는 국가의 안전보장 또는 안녕질서를 방해하거나 선량한 풍속을 해할 염려가 있을 때에는 법원의 결정으로 공개하지 아니할 수 있다.

헌법에 규정되어 있다는 것은 매우 중요한 내용이기 때문이라고 했습니다. 공개재판은 두 번이나 나오니까 정말 중요하다는 얘기겠죠? 공개재판은 재판을 시민의 감시 아래 두기 위함입니다. 시민의 감시를 받는 재판은 더 공정하기에 재판에 대한 투명성과 신뢰가 확보될 수 있습니다. 물론 헌법에 규정된 것처럼 국가 안전보장 등을 위해서는 공개하지 않을 수 있고, 형사소송법에는 피해자의 사생활 보호나 신변 보호를 위해 피해자 진술의 비공개를 허용

하는 조항도 있습니다.

그런데 공개재판의 '공개'는 현행법상 공판정에 들어와 직접 참관하는 사람들에게만 제한적으로 공개하는 것을 의미합니다. 무엇보다 TV나 인터넷을 통한 생중계가 허용되지 않습니다. 실제로 법정 참관을 해 보면 사진 촬영, 녹음, 녹화 등이 금지되어 있습니다. 법정은 다들 열심히 손으로 필기하는 모습을 볼 수 있는 몇 안 되는 곳이기도 합니다.

2013년 〈대법원에서의 변론에 관한 규칙〉이 개정되어, 대법원 변론에 한해서는 중계방송이 가능하게 되었습니다. 물론 재판장의 허가가 있어야 하지만요. 2019년에는 박근혜 전 대통령과 이재용 삼성그룹 부회장, 최순실 씨의 '국정농단' 사건 상고심 선고가 생중계되어 7.51퍼센트의 시청률을 기록하기도 했습니다.

아예 미국이나 호주처럼 하급심 재판에도 생중계를 허용하자는 의견도 있습니다. 재판의 공정성과 신뢰성을 확보하기 위해서는 공개의 방법과 범위를 확실하게 넓혀야 한다는 거죠. 하지만 소송기록의 공개로 충분하며, 사생활 보호나 여론 재판의 위험, 무죄추정 원칙 등을 들어 생중계나 녹화 방송 등은 곤란하다는 견해도 만만치 않습니다.

직접주의

직접심리주의라고도 합니다. 공판정에서 직접 조사한 자료만 재판의 기초가 될 수 있다는 것인데, 법관이 직접 조사하거나 원본 증거인 경우에만 인정된다는 뜻입니다. 직접주의는 명문 규정은

없고, 형사소송법 제310조의2의 전문증거의 배격 규정에 의해 간접적으로 인정되고 있습니다.

형사소송법 제310조의2(전문증거와 증거능력의 제한) 제311조 내지 제316조에 규정한 것 이외에는 공판 준비 또는 공판기일에서의 진술에 대신하여 진술을 기재한 서류나 공판 준비 또는 공판기일 외에서의 타인의 진술을 내용으로 하는 진술은 이를 증거로 할 수 없다.

공판정에서 직접 조사한 자료에 의거해야 객관적이고 투명하게 유무죄를 가릴 수 있고, 피고인도 직접 공판정에서 다뤄지는 증거를 놓고 자신의 주장을 펼칠 수 있다는 취지입니다.

집중심리주의

계속심리주의라도 하는데, 말 그대로 공판이 가능한 한 연속해서 열려야 한다는 뜻입니다. 공판이 여러 번 열려야 할 경우, 집중적으로 계속해서 공판을 열어야 한다는 말입니다.

형사소송법 제267조의2
제1항 공판기일의 심리는 집중되어야 한다.
제2항 심리에 2일 이상이 필요한 경우에는 부득이한 사정이 없는 한 매일 계속 개정하여야 한다.

왜 공판을 연속해서 집중적으로 열어야 할까요? 신속한 재판을 위해서이기도 하지만, 그래야 유무죄를 확실하게 가리는 데 유리하기 때문입니다. 실제로 법정에서는 수많은 정보가 쉴 새 없이 오갑니다. 법관이 유죄 심증을 형성하는 데에 중요한 정보인데, 그중에는 속기록에 기록될 수 있는 것도 있지만 아닌 것도 있습니다. 예컨대 피고인의 태도나 표정이 대표적이죠. 이런 정보들이 다 심증 형성에 영향을 미치는데, 공판이 한두 달에 한 번씩 열려서는 법관이 이러한 정보들을 종합해 유무죄를 판단하기가 어렵습니다. 인간의 기억력에는 한계가 있으니까요. 그래서 가능한 한 공판을 몰아서 해, 법관이 재판에 집중할 수 있게 하는 것입니다.

영화 〈그래도 내가 하지 않았어〉에서는 공판이 무려 12회나 열리는 것으로 나옵니다. 어떻게 보면 간단한 사건인데도 공판이 12번이나 열린 것이죠.

공소장 일본주의

공소장 일본주의, 말이 어렵죠? 검사가 공소를 제기할 때 제출하는 공소장 이외의 다른 자료를 인용하지 못하게 해서, 법관이 백지상태에서 공판에 임하도록 하는 것입니다. 공소장에는 피고인 인적 사항과 죄명, 적용 법 조항, 공소사실만 정리되어 있고, 그 외에 필요한 것은 공판에서 직접 증거조사를 하고 변론을 들어 가며 유무죄를 가리죠. 이렇게 되면 법관이 어떤 선입관이나 편견 없이 공판정에 임하게 되고, 재판의 공정성이 확보될 수 있습니다.

지금까지 살펴본 것이 모두 공판중심주의의 여러 원칙들이었습니다. 이러한 원칙이 구현될 수 있는 공판정이야말로 진실이 규명되고, 피의자의 권리가 부당하게 침해받지 않을 수 있는 최상의 장소입니다. 그래서 수사가 아니라 '공판'이 유무죄 판단의 중심에 놓여야 한다는 것이고, 이것이 바로 공판중심주의인 것입니다.

공판중심 대 수사중심

그런데 공판중심주의가 이야기된 것은 그리 오래된 일이 아닙니다. 위에서 설명한 공판중심주의의 원칙이 형사소송법에 규정된 것은 2007년 개정 때이고요. 공판중심주의가 국민적 관심사로 떠오른 것은 이용훈 대법원장 재임 시절(2005~2011)입니다. 그가 취임할 때부터 줄곧 추진했던 사법 개혁이 바로 '공판중심주의'입니다. 2006년에 그는 문제의 발언을 하나 던지는데요.

> 검사들이 사무실에서, 밀실에서 비공개로 진술을 받아 놓은 조서가 어떻게 공개된 법정에서 나온 진술보다 우위에 설 수 있느냐. 법원이 재판 모습을 제대로 갖추려면 (검사의) 수사 기록을 던져 버려야 한다. ▶5

수사와 재판의 차이를 보여 주면서 공판이 중심이 될 수밖에 없는 이유를 간략하게 설명해 놓았습니다. 그동안 검찰이 공소한 내용을 그대로 인정하는 경우가 많았던 관행을 비판하면서, 공개

된 법정에서 모든 사실관계를 규명해야 한다는 입장을 낸 것이죠. 이 발언은 다소 과격하게 표현되어 검찰의 반발을 사기도 했지만, 그 전반적인 취지는 검찰의 수사가 다 엉터리라든가, 검찰보다 법원이 우위에 있다는 이야기는 아닐 겁니다. 말 그대로 공판중심주의의 원칙을 천명한 것이죠.

공판중심주의의 반대는 뭘까요? 수사가 중심이 되고 재판은 수사한 내용을 형식적으로 확인하는 수준에 그치는 것이겠죠. 영화 〈그래도 내가 하지 않았어〉에서는 일본의 형사 절차를 사실상 '수사'가 지배하고 있다는 것을 잘 보여 줍니다. 결국 수사한 대로 판결이 나오게 되어 있고, 법정에서 괜한 고생을 하는 것보다는 적당히 유죄를 인정하고 선처를 호소하는 게 낫다는 얘기도 나오고요. 공판중심주의에 정면으로 반하는 일본의 사법 현실을 잘 보여 주고 있습니다. 이런 구조에서는 뎃페이 같은 억울한 사람이 나올 수밖에 없지요.

영화에서는 일본에서의 무죄 선고 비율이 매우 낮다는 이야기도 나오는데, 무죄 선고 비율이 너무 높아도 문제겠지만 어느 정도는 무죄가 나오는 게 정상입니다. 공판이 중심이 된다면, 검찰의 판단과 법원의 판단이 다른 경우가 생길 수밖에 없고, 이러한 의견 차이가 무죄가 나오는 원인이 되니까요.

실제로 한국에서 2004년부터 2010년까지 7년 동안 무죄 선고 비율은 연평균 0.28퍼센트, 2011년부터 2017년까지 무죄 선고 비율은 연평균 0.59퍼센트입니다. 같은 기간 무죄 선고를 받은 피고인 숫자도 총 3만 7783명으로, 2004년부터 2010년까지의 2만

6390명에 비해 크게 증가했습니다. 연도별 무죄 선고 비율은 2004년 0.17퍼센트, 2006년 0.21퍼센트, 2008년 0.29퍼센트, 2010년 0.49퍼센트, 2012년 0.57퍼센트, 2015년 0.58퍼센트, 2018년 0.79퍼센트로 지속적으로 증가했습니다. 영화에서는 일본의 무죄 선고 비율이 0.1퍼센트라고 나오니까, 2005년 이후 한국 법정에서의 무죄 선고 비율이 확실히 높아진 셈이죠.▶6

이렇게 무죄 선고율이 높아진 시기는 이용훈 대법원장이 공판중심주의를 천명한 시기와도 일치합니다. 쉽게 단정하긴 어렵지만, 공판중심주의가 자리를 잡으며 무죄 선고 비율이 올라간 것으로 추정됩니다.

사실 무죄 선고 비율을 좌우하는 요인은 복잡하고, 적정 무죄 선고 비율의 기준을 세우기도 어렵습니다. 하지만 2005년 이후 법정에서 무죄를 다퉈 볼 여지가 많아졌다고 할 수는 있을 듯합니다. 수사 과정에서 불리한 진술을 하더라도 공개 재판에서 유무죄를 겨루어 볼 여지가 생긴 거죠. 그런 점에서 우리 사법이 선진화되고 있다고 평가해도 무리는 아닐 것 같습니다.

권력분립의 원리

이 모든 절차를 관할하는 기관들은 서로 견제할 수 있도록 절묘한 구조를 취하고 있다는 것 또한 매우 중요합니다. 아무래도 직접 수사를 담당하는 기관은 반드시 범인을 잡아야겠다는 생각을 갖게 됩니다. 영화 〈인정사정 볼 것 없다〉를 보면, 형사(박중훈 분)

가 이런 얘기를 하죠.

> 판단은 판사가 하고, 변명은 변호사가 하고, 용서는 목사가 하고, 형사는 무조건 잡는 거야.

다소 과장을 섞어 유머러스하게 말하고 있는 대목입니다만, 형사는 이렇게 '무조건 잡는' 쪽을 지향할 수밖에 없습니다. 한번 범인이라고 판단하면 그쪽으로 자꾸 생각이 기울죠. 중간에 '범인이 아니다'라는 생각이 들어도 쉽게 포기하기 어렵습니다. 이건 형사가 자질이 부족해서가 결코 아닙니다. 수사를 직접 담당하다 보면 불가피하게 드는 생각이죠. 영화 〈살인의 추억〉(2003)에는 영화 내내 애먼 사람 잡아다가 허탕만 치는 형사들의 모습이 나오죠. 물불을 가리지 않고 수사를 하다가 고문을 하기도 합니다.

잘 알려진 바와 같이 이 영화는 1986년부터 1991년까지 화성군 일대에서 일어난 10건의 연쇄살인 사건을 배경으로 하고 있는데요. 실제로 경찰이 연인원으로 205만여 명이 투입되었고, 수사 대상자는 2만 명이 넘었다고 하죠. 수사 당시 용의자로 조사받은 사람만 해도 3000여 명이었는데, 대부분 억울하게 범인으로 몰려 수사를 받아야 했고, 그중 4명은 억울함을 호소하며 극단적 선택을 하기도 했습니다. 2019년에는 DNA 조사를 통해 교도소에서 복역 중인 이 모 씨가 범인인 것으로 밝혀졌습니다. 유일하게 유죄판결을 받은 것이 8차 사건의 범인이었는데, 20년간 억울한 옥살이를 한 것일 수도 있는 상황이 되었습니다.

그래서 수사에 직접 관여하지 않은 제3자가 수사를 통제할 필요가 있습니다. 가장 기본적으로 수사하는 기관(경찰)과 기소하는 기관(검찰)을 분리합니다. 수사 과정에서도 검찰이 제3자의 지위에서 통제할 수 있게 하고요. 특히 영장 신청의 경우에는 반드시 검찰을 통해서 함으로써 남용 가능성을 줄일 수 있습니다. 영화 〈부당거래〉(2010)나 영화 〈추격자〉에서는 검사가 수사를 훼방 놓는 이미지로 묘사되지만, 사실 검사는 경찰 수사의 남용을 막는 데 역할을 할 수도 있습니다.

그런데, 한국에서는 검찰이 직접 수사를 하는 경우도 꽤 있습니다. 경찰이 수사를 하고 검찰이 수사 통제와 기소를 담당해야 상호 견제가 되는데, 검찰이 직접 수사를 해 버리면 그런 시스템이 작동할 수가 없습니다. 그래서 모든 수사는 경찰이 하고 검찰은 수사 통제와 기소를 하는 것으로 한발 물러서는 것이 수사로 인한 인권침해를 막는 데 가장 효과적입니다.

그리고 죄책을 가리는 최종적인 결정은 독립적인 제3자인 법원이 담당하게 됩니다. 경찰보다 검사, 검사보다 판사가 더 훌륭해서 이렇게 하는 것이 전혀 아닙니다. 직접 수사에 관여하지 않는 제3자인 검찰과 법원이 이중 삼중으로 통제함으로써 권력 남용의 여지를 최소화하는 것이죠.

이렇게 형사 절차에서 국가는 시민을 가둘 수 있는 권한을 갖지만, 그 권한이 여러 기관을 거치며 통제되고, 또 절차마다 구금을 최소화할 수 있는 제도적 장치가 마련돼 있다는 사실을 알 수 있습니다. 이중 삼중의 통제 장치가 있으면 시민들 입장에서는 억울하

게 잡혀갈 가능성이 줄고, 권력자의 사사로운 이익을 위해 공권력이 발동되는 일을 최소화할 수 있습니다.

이번 장은 유난히 길었습니다. 국가라는 존재는 늘 괴물이 될 가능성이 있고, 그것을 통제하기 위한 장치들이 이렇게 많기 때문입니다. 사실 큰 줄기들만 소개한 것이고요. 이외에도 국가권력을 통제하기 위한 제도들은 훨씬 더 많습니다. 이렇게 꼼꼼하게 국가권력 남용을 막는 장치를 마련해도, 여전히 억울한 사람이 나올 수 있습니다. 거꾸로 이렇게 마련된 시스템을 조금이라도 허문다면 그 틈새를 타고 새로운 인권침해의 사례가 나올 겁니다. 그리고 어느 순간 우리는 권위주의 통치에 신음했던 그 시절로 다시 되돌아가야 할지도 모릅니다. 지금의 시스템을 가다듬고 미완의 과제들인 변호인 참여권의 실질적 보장이나, 검경 수사권 조정을 통한 수사 과정에서의 인권침해 방지, 사법부의 독립을 위한 개혁 과제들을 점검해야 합니다. 여기까지 오는 것은 참 어려운 일이었지만, 무너지는 것은 순식간이라는 것을 잊지 말아야 합니다.

마지막으로 수사나 형사재판을 다루는 한국 영화에서 아쉬운 부분을 좀 말씀드리려 합니다. 한국 영화에서는 정의로운 형사와 검사를 강조한 나머지, 불법적인 수사 절차가 정당화되는 모습이 자주 비칩니다. 〈공공의 적〉(2002)의 강철중 형사나, 〈공공의 적2〉(2005)의 강철중 검사는 나쁜 놈을 잡기 위해서 물불을 가리지 않죠. 사실 분명히 불법적인 수사를 하고 있는데, 영화에서는 철저하게 미화되어서 그런 문제의식을 느끼기 어렵습니다. 〈범죄도시〉(2017) 같은 영화에서도 피의자를 폭행하는 장면이 나오지만 형사

들의 헌신적인 모습을 부각시키다 보니 가벼운 에피소드처럼 취급되고요. 물론 형사 절차의 모든 원칙을 다 지키며 수사하는 것은 무척 어려운 일입니다. 수사하는 데 고충이 있다면 반드시 해결해야 합니다. 하지만 그렇다고 무리한 수사를 정당화하거나 나쁜 놈으로 묘사되는 피의자의 권리가 아무것도 아닌 것처럼 치부되어서는 곤란하다고 생각합니다.

4장 징역, 가장 중요한 권리의 박탈
────── 형벌

범죄자를 처벌해서 안전한 사회를 만들 수 있을까요? 재소자가 등장하는 영화를 한번 떠올려 봅시다. 우선 전형적인 할리우드식 탈옥 영화가 있죠. 주인공은 누명을 써서 감금됩니다. 비인간적인 감옥 환경에서 고통받던 주인공은 불굴의 의지를 발휘해 탈옥을 감행하고 자유를 찾습니다. 〈대탈주〉(1963)나 〈빠삐용〉(1973)이 이런 탈옥 영화의 고전일 테지요. 미국 드라마 〈프리즌 브레이크〉(2005~2017)도 이 계열에 들어간다고 할 수 있습니다. 재소자들의 인간적인 모습을 그린 영화들도 제법 있습니다. 〈7번방의 선물〉(2012)이나 여성 교도소 합창단을 감동적으로 그린 〈하모니〉(2009)가 대표적이죠. 한국의 재소자들이 세계 교도소 월드컵에 출전하는 스토리를 담은 〈교도소 월드컵〉(2001), 특사를 노린 재소자들의 좌충우돌을 코믹하게 그린 〈광복절 특사〉(2002), 드라마 중에서는 tvN 드라마 〈슬기로운 감빵생활〉도 있습니다.

이런 영화와 드라마는 재소자들의 인간적인 모습을 감동적으로 그려 내거나, 아니면 교도소를 웃음의 소재로 사용하죠. 그러다 보니 늘 교도소를 '미화'한다는 비판을 받곤 합니다. 나쁜 사람들이 벌을 받는 곳을 그렇게 긍정적으로 그리면 안 된다는 지적이죠.

인간에게 형벌을 가하는 이유

'교도소를 미화하지 말라'는 지적을 접하다 보면, 자연스럽게 교도소는 무엇을 하는 곳인지가 궁금해집니다. 교도소가 어떤 곳이기에 '미화'해서는 안 되고 재소자들을 '인간'적으로 그리면 안 되는 것일까? 교도소는 억압적이고 고통스러운 공간이어야 하고, 재소자들은 늘 심각한 얼굴로 반성하는 자세를 취해야 하는 걸까? 당연한 얘기지만, 재소자를 교도소에 수감하는 것은 '벌'을 주기 위함입니다. 그렇다면 국가가 인간에게 형벌을 가하는 이유와 근거부터 살펴봐야 할 것입니다.

형벌의 목적은 크게 세 가지로 구분됩니다. 첫 번째는 응보주의입니다. '눈에는 눈, 이에는 이'라는 말이 응보주의를 가장 잘 표현해 주는 말이죠. '탈리오원칙 Lex Talionis'이라고도 하고, 우리말로는 '동해보복사상'이라고도 합니다. 범죄자가 저지른 범죄행위에 대해 그에 걸맞은 죗값을 치르게 하는 것이 형벌의 목적이라는 생각입니다.

그다음은 일반예방입니다. '일벌백계'라는 말이 일반예방을 가장 직관적으로 설명해 줍니다. 범죄자를 처벌함으로써 잠재적 범

죄자인 일반인들을 겁먹게 하고, 그럼으로써 잠재적인 범죄를 예방하는 것이 형벌의 목적이라는 것입니다. 겁주기 효과, 한자어로는 위하威嚇 효과라고도 합니다.

마지막으로 특별 예방입니다. 범죄자를 처벌함으로써 그를 교화하는 것이 형벌의 목적이라는 것인데요. 대표적인 형벌이 '교도소'에서 징역형을 살게 하는 것이죠. 교도矯導라는 뜻이 바로 잘못을 바로잡아서 좋은 쪽으로 인도한다는 것이죠. 영어에서 교도소는 prison이지만, 교정 또는 교도라는 뜻으로는 correction이라는 단어가 쓰입니다. 고치고 바로잡는다는 뜻이죠. 특별 예방과 비슷한 말로, '재사회화'라는 말도 사용됩니다. 사회의 중요한 규범인 법을 어긴 사람들이 다시 그 사회의 규범을 존중하도록 하는 것을 '재사회화'라고 합니다. 교화는 결국 출소 후 재범을 저지르지 않게 하는 것이기 때문에 형벌의 목적은 '재범을 막는 것'이라고 해도 좋을 것입니다.

교도소에 관한 용어

교도소, 구치소 등 교정 시설에 수용된 사람을 통칭하는 용어는 '수용자'입니다. 수용자 중에는 확정판결을 받은 '수형자'와 아직 확정판결을 받지 않은 '미결 수용자', 그리고 사형수라고 불리는 '사형 확정자'가 있습니다. 이것이 공식적인 법률 명칭입니다. 교정 공무원을 교도관이라고 하는데, 교도관은 교도소의 구금과 형 집행 등의 행정 업무를 담당하기도 하지만, 수용자에 대한 지도, 교

> 육·교화 프로그램, 사회 복귀 지원 업무도 합니다. 교정 직렬 공무원의 계급은 5, 6, 7, 8, 9급으로 나뉘고 각각 교정관, 교감, 교위, 교사, 교도라고 부릅니다.

이러한 목적으로 형을 집행하는 것을 '행형行刑'이라고도 합니다. 그래서 과거에는 형의 집행에 관한 법률을 행형법이라고 했는데, 현행법의 정식 명칭은 '형의 집행 및 수용자의 처우에 관한 법률'입니다. 줄여서 '형집행법'이라고 합니다. 이 법에 따르면 형을 집행하는 목적은 '수형자의 교정 교화'와 '건전한 사회 복귀'입니다. 앞에서 살펴본 형벌의 목적 중 '특별 예방'과 정확히 일치하는 것이죠.

그런데 근대 계몽주의 이후에는 응보주의가 점점 쇠퇴하기 시작합니다. 죗값을 치른다는 것 자체가 비인도적이고, 국민을 목적으로 국가를 수단으로 간주하는 현대 국가론과 맞지 않기 때문이죠. 그래서 근대 이후에는 응보주의보다는 일반예방과 특별 예방이 형벌의 목적으로 대두됩니다. 응보주의가 여전히 의미가 있다는 의견도 있지만, 대개는 일반예방과 특별 예방을 중심으로 형벌의 목적을 이야기하고 있습니다.

그런데 현실에서 과연 이 두 가지 목적에 부합하는 처벌이 이루어지고 있는지는 꼼꼼히 따져 봐야 합니다. 양심이나 사상을 처벌하는 경우를 생각해 봅시다. 한국 사회는 오랫동안 자신의 신념에 따라 병역을 거부하는 사람들을 형사처벌해 왔습니다. 대개는 종교적 신념에 따른 병역거부였고, 평화주의 신념에 따라 병역을 거부하는 경우도 있었습니다. 이들에게 징역 18개월 이상의 중형

을 받도록 했습니다. 최근에도 매년 500~600명 정도가 양심적 병역거부로 처벌을 받고 있습니다. 그런데 과연 이러한 형 집행이 형벌의 목적에 부합하는 것일까요? 일단 일반예방 측면에서 보면, 잠재적 범죄자들에 대한 범죄 예방 효과는 거의 없는 것 같습니다. 일반예방이 실현된다면, 양심적 병역거부를 하려다가 다른 사람들이 감옥에 가는 것을 보고 병역거부를 포기하고 입영을 선택해야 할 것입니다. 하지만 실제 양심적 병역거부자들은 강한 종교적·정치적 신념에 근거하여 병역거부를 선택하는 것이기 때문에 형사처벌은 그들의 선택에 거의 영향을 미치지 못합니다. 영화 〈핵소고지〉(2016)에서도 비폭력주의자인 병사 도스(앤드류 가필드 분)가 집총을 거부하죠. 다른 병사들의 조롱을 받고 약혼자까지 설득에 나서지만 그의 뜻은 흔들리지 않습니다. 군사재판에 넘겨질 위기에 처하지만 마찬가지입니다. 아마 실제로 형사처벌을 받았어도 달라지지 않았을 겁니다. 즉, '형벌을 통한 겁주기'는 예비 양심적 병역거부자들에게는 통하지 않는 것이죠. 형량을 더 높인다고 해도 크게 달라지지 않을 것입니다.

특별 예방의 차원에서 보면 어떨까요? 실제로 그들은 처벌받는 와중에도 자신의 신념을 포기하지 않고, 출소 후에도 신념을 바꾸지 않는 경우가 대부분입니다. 교화나 재사회화가 되지 않는다는 얘깁니다. 그들에게 특별 예방 효과는 거의 없습니다.

그렇다면 결국 이들의 처벌을 정당화하는 것은 '응보주의'뿐입니다. 하지만 현대 형벌을 응보만으로 정당화하긴 어렵다고 했습니다. 일반예방이나 특별 예방 효과를 기대하기 어려운데, 죗값을

치르게 한다는 이유만으로 형벌을 가하기 곤란하다는 것이죠.

형벌을 부과하는 것이 정당하지 않다고 해서 그냥 내버려 두자는 것은 아닙니다. 형벌은 아니더라도 병역거부에 상응하는 어떤 의무를 부과하는 것은 당연히 필요합니다. 그래서 양심적 병역거부자에게 군 복무에 상응하는 다른 의무, 즉 대체 복무 의무를 부과하자고 하는 것이죠. 군 복무보다 위험이나 강도가 낮다면, 기간을 더 늘려서라도 말입니다. 2018년 헌법재판소는 대체 복무 없는 병역법은 헌법에 합치하지 않는다는 결정을 내렸는데, 같은 취지라고 할 수 있습니다.

현대 형벌론에서는 '응보'보다는 '책임'을 형벌의 새로운 원칙으로 제시하고 있기도 합니다. 책임은 쉽게 말해서 이런 겁니다. 타인의 권리를 침해하면 그것이 범죄가 됩니다. 우리는 그렇게 하지 않을 수 있습니다. 그럼에도 타인의 권리를 침해했다면 그에 대한 책임이 있다는 것이죠. 예컨대 다른 사람을 때리지 않는 선택을 할 수도 있음에도 때렸기 때문에, 그에 상응하는 책임을 져야 한다는 것입니다. 즉, 범죄란 인간에게 부여된 윤리적 자기 결정 능력을 위반한 것이고, 형벌은 그에 대한 '책임'을 묻는 것입니다. 이를 **책임원칙**이라고 합니다.

이것은 응보주의의 '보복'과는 확연히 다릅니다. 보복은 말 그대로 받은 만큼 돌려주는 것이지 자기 결정에 대한 책임을 지는 것이 아니지요. 형량을 정할 때도 응보주의에 따르면 받은 만큼, 심지어 똑같은 방식으로 형벌을 가해야겠지만, 책임원칙에 따르면 자기가 잘못한 만큼 벌을 받게 되는 것입니다.

따라서 '사람을 죽였으면 사형시켜야 한다'는 원칙은 응보주의에서는 타당하지만, 책임원칙에서는 반드시 그렇지는 않습니다. 책임원칙에서 형벌의 양은 자기가 윤리적 자기 결정의 책임을 남용한 정도에 따라 정해지는 것이니까요. 물론 책임원칙에 따르더라도, 살인은 행동의 자유를 가장 심각하게 남용한 것으로 당연히 최고형이 내려져야 할 것입니다.

책임원칙에 따르면 형벌은 죗값을 치르는 것이 아니라, 자신의 자유 남용에 대한 책임을 지는 것입니다. 합당한 책임을 지기 위하여 형벌을 받았다면, 다시 자신의 자유를 향유할 수 있는 존엄한 인간으로서 사회에 나가는 것입니다.

일반예방과 특별 예방도 자칫 잘못하면 형벌을 남용하게 될 우려가 있습니다. 즉 범죄 예방과 범죄자 교화라는 목적으로 형벌을 수단화할 수 있으니까요. 이때 처벌을 받는 당사자의 인권이 침해되는 경우도 생길 수 있습니다. 책임원칙은 이러한 처벌의 남용을 막는 역할로서 기능한다는 점에서도 중요한 의미를 갖습니다.

많은 사람들이 교도소 관련 영화를 보고 "교도소를 미화하면 안 된다"라고 지적합니다. 물론 '미화'할 필요는 없습니다. 그런데 그런 지적에는 교도소 재소자들은 아주 힘들게 고생을 해야 한다는 생각이 깔려 있는 것 같습니다. 그런데 죄를 지었기 때문에 받아야 하는 '책임'은 도대체 어디까지일까요? 인간 이하의 대우를 하거나 시설을 열악하게 해야만 재소자들이 죄에 대한 책임을 졌다고 할 수 있을까요?

교도소는 잔혹한 곳이어야 할까?

종종 한국의 교도소 시설이 개선되고 있다는 보도가 나오면, 댓글 반응이 아주 부정적인 경우가 많습니다. '내 방보다 좋다', '내 세금을 저런 데 써야 하나?', '벌 받는 사람들한테 냉난방을 왜 해 주나?' 등등의 반응이 줄을 잇습니다. 2011년 노르웨이에서 77명을 살해한 브레이비크A. B. Breivik가 천국 교도소로 불리는 할덴 교도소에 수감되었다고 해서 논란이 된 적이 있죠. 그런데 북유럽에서는 왜 이렇게 좋은 시설의 교도소를 운영할까요?

본격적인 얘기로 넘어가기 전에 세계와 한국의 교도소 현황을 한번 살펴보겠습니다. 현재 한국에 수감되어 있는 수용자는 2017년 말 기준으로 5만 5198명입니다. 남성이 5만 1425명, 여성이 3773명이고요. 수형자가 3만 6167명, 미결 수용자가 1만 9031명입니다.[1]

노르웨이 할덴 교도소

세계적으로 볼 때, 이 정도는 어느 정도 수준일까요? 세계 수용자 통계를 내고 있는 한 사이트▶2에 따르면, 미국이 212만 1600명, 중국이 164만 9804명, 브라질이 71만 4899명, 러시아가 54만 6473명, 인도가 43만 3003명입니다. 그런데 이건 인구 차이를 고려하지 않은 통계라서, 인구 대비 수감률을 계산하는데요. 보통 인구 10만 명당 수감자 숫자로 계산을 합니다. 그렇게 계산을 해 보면, 미국이 655명, 엘살바도르가 620명으로 1, 2위를 차지합니다. 그 외 버진 아일랜드 등 소국을 제외하면, 태국(512명), 쿠바(510명), 르완다(464명), 러시아(377명), 브라질(334명), 터키(318명) 등이 300명이 넘고요. 한국은 109명으로 세계 140위입니다. 영국(잉글랜드·웨일즈) 139명, 캐나다 107명, 프랑스 104명, 독일 77명, 일본 41명 등 등 유럽이나 경제 선진국, 인권과 민주주의 수준이 높은 나라들일수록 수감률은 낮은 편입니다. 미국이 예외라고 할 수 있고요.

교도소 시설이 너무 좋다고 종종 보도가 되는 나라들은 주로 북유럽 국가들입니다. 이들 나라들은 재소자에 대한 처우도 좋지만 기본적으로 수감률 자체가 낮은 편이라고 할 수 있겠죠. 노르웨이 63명, 덴마크 63명, 스웨덴 59명, 핀란드 51명 정도니까요.

근대 이후 형벌은 크게 징역과 벌금으로 한정되었는데, 징역의 핵심은 '감금'입니다. 교정 시설에 가두어 놓음으로써 거주·이전의 자유를 제한하는 형벌이죠. 인간이 누려야 할 가장 중요한 권리 중 하나가 바로 자기가 원하는 곳에 자유롭게 갈 수 있는 권리인데, 바로 그 자유를 제한하는 것입니다. 그러니까 감금 이외의 처벌로 다른 권리를 제한해서는 안 됩니다. 거주·이전의 자유를 통제하는 것

만으로도 중요한 권리를 충분히 제한하는 것이기 때문이죠. 이것은 형벌이 한없이 잔혹해지는 것을 막기 위한 최소한의 원칙이라고 할 수 있습니다.

거창하게 얘기했습니다만, 범죄 예방과 교화를 위해 국가가 어떤 형벌을 가할 수 있는지, 책임원칙에 부합하는 형벌은 무엇인지를 정확히 계산하는 것은 무척 어려운 일입니다. 하지만 최소한 '거주·이전의 자유를 제한하는 것 이상의 고통을 가해서는 안 된다'는 원칙을 세워 형벌권의 남용을 막는 것이 근대 민주주의국가의 대원칙이었습니다. 국제사회에서도 '유엔 피구금자 처우에 관한 최저기준규칙'인 '넬슨 만델라 원칙' 등 여러 국제 기준을 제시해서, 모든 수용시설은 이 기준을 준수해야 한다고 강조하고 있습니다.[3] 기본적으로 존엄한 삶을 살 수 있어야 하고, 이를 위해 필요한 적절한 주거, 음식, 의복, 물, 위생 등의 조건이 보장되어야 한다는 것이지요. 수용자가 교도소 밖을 나갈 수는 없지만, 교도소 내에서는 일반 시민과 똑같은 권리를 누려야 한다는 것을 전제합니다. 예컨대, 인터넷을 한다거나 통화를 하거나 책을 읽거나 운동을 하거나 집필을 하는 등 일상생활이 보장되어야 합니다. 심지어 성에 대한 권리나 흡연권을 보장하는 교도소도 있습니다. 원칙적으로, 교도소 보안에 문제가 되지 않는 한 모든 권리를 보장해야 한다는 것입니다.

예전에 재소자 인권에 관한 강의를 하면서 북유럽의 '호화 교도소' 사례를 언급했는데, 그때 수강생 한 분이 이런 말을 하시더군요. "그 나라에서는 자유가 굉장히 소중한가 봐요." 순간 무릎을 쳤습니다. 제가 말하고자 하는 바를 그분이 딱 짚어 주었기 때문입니

다. 북유럽에서는 거주 이전의 자유가 중요한 권리로서 인정받기 때문에 그걸 박탈하는 것만으로 충분한 형벌이 된다고 생각되는 것이겠죠. 일반예방 효과의 관점에서 볼 때, "거주 이전의 자유를 박탈하다니, 징역형은 정말 중한 처벌이다"라는 생각을 하는 사회라면 아무리 교도소 환경이 좋아도 일반예방 효과는 충분히 달성될 것입니다.

교도소 환경과 재범률의 관계

교도소에서 '거주 이전의 자유' 이외의 다른 권리가 보장되어야 하는 이유는 사실 특별 예방 효과와도 관련이 있습니다. 교도소 환경을 가혹하게 만들면 재범이 줄어들 것 같지만 실제로는 그렇지 않습니다. 오히려 재사회화나 교정·교화를 위해서는 인간적인 처우를 하는 것이 더 바람직합니다. 교도소 환경을 가혹하게 만들었을 때 재범률에 어떤 영향을 주는지를 연구해 보면, 대체로 감옥 환경을 악화시키는 것과 재범 감소가 무관하다는 연구 결과가 많습니다. 오히려 보안 수준을 높이거나 좁은 공간에 수감자들을 과밀 수용할 때 재범률이 올라간다는 연구도 있습니다. 영화 〈쇼생크 탈출〉처럼 '탈옥하고 싶을' 정도로 가혹한 곳으로 만들어도 재범률이 낮아지지 않는다는 것이죠.

상식적으로는 감옥을 '다시 오기 싫은 곳'으로 만들면, 재범률이 낮아질 것 같지만, 실제로는 그렇지 않다는 것입니다. 물론 그렇다고 교도소를 초호화 호텔처럼 만들어야 할 필요는 없겠지만 최

소한의 인간적인 처우는 보장되어야 합니다.

　재소자들은 대개 자존감이 낮거나 반사회적인 성향이 있는 경우가 많습니다. 이러한 성향은 교도소를 열악하게 만들수록 오히려 악화될 수 있습니다. '이런 비인간적인 교도소에 다시 오지 않으려면 사회에 나가서 잘 살아야지'라고 생각할 것 같지만, 오히려 비인간적인 환경에서 자존감이 더 떨어지고 사회에 대한 반감을 갖게 될 수 있다는 것입니다. 아무리 교도소 환경이 좋아도 '교도소 환경이 좋으니 다시 와도 괜찮겠다'라고 생각할 거라는 것이 오히려 비현실적인 가정입니다. 거주 이전의 자유를 박탈당하는 것만으로도 교도소는 충분히 '다시는 가고 싶지 않은 곳'일 수 있습니다.

　그렇게 본다면, 영화 〈하모니〉에 나온 합창 활동은 자존감과 사회성을 높이는 데 아주 좋은 프로그램이 될 수 있겠죠. 몇 년 전부터는 교도소에 인문학 강좌 프로그램이 진행되고 있고, 이러한 내용이 책으로도 나왔습니다. 사실 교정·교화 프로그램이라고 하면 '직업교육'을 떠올리는 경우가 많습니다. 물론 직업교육도 의미가 있지만, 합창이나 인문학 강좌를 통해 함께하는 기쁨, 생각하는 즐거움 등을 느끼면서 자존감을 높이고, '우리 사는 세상이 살 만하구나'라고 생각할 수 있게 하는 것이 더 중요하다는 것입니다.

　또한 정상적인 사회라면 '감금'되는 것만으로도 충분히 고통스러운 게 맞겠죠. 아무리 감옥 환경이 좋아도 감옥은 감옥이고, 감금되는 것입니다. 감금을 스스로 원하는 사회라면 그것은 감옥 환경의 문제가 아니라 사회 자체에 문제가 있는 것입니다. 그런 일이 벌어진다면 감옥 환경을 악화시켜서 문제를 풀 것이 아니라 사회 자

체를 개선해 나가야 할 것입니다.

물론 재범률이나 범죄율 자체를 낮추는 것은 중요한 과제입니다. 그리고 교도소도 그 과제의 일부를 수행합니다. 하지만 교도소가 범죄에 관련한 모든 문제를 해결할 수는 없습니다. 범죄를 예방한다고 범죄자들의 처벌에만 집중하는 것은 한계가 있습니다. 처벌의 강도와 양을 늘리는 것보다는 범죄를 유발하지 않는 사회·경제적 환경을 만드는 것이 중요하다는 것이죠. 수감률도 낮고 교정환경도 좋은 북유럽에서 범죄율도 낮고 재범률도 낮은 것은 사회 자체가 범죄를 유발하지 않는 환경을 갖추고 있기 때문이라고 봐야겠죠. 그래서 교도소에 범죄자들을 많이 가두지 않아도, 교도소 환경을 쾌적하게 만들어도 무방한 것입니다. 설사 교도소 환경을 가혹하게 만드는 것이 재범률을 낮추는 데 효과가 있다고 해도, 근대 이후 민주주의국가의 약속은 '거주 이전의 자유 박탈' 이외의 방법을 더 이상 사용하지 말라는 것이었습니다. 그러니까 가혹한 교도소 환경이 범죄 예방의 효과가 있냐 없냐의 문제를 떠나 우리는 다른 해법을 찾아야 합니다.

이제 재소자의 인간적인 모습을 그린 영화나, 종종 보도되는 '천국 교도소'에 대한 생각이 좀 달라졌을까요? 한 사회의 수준은 그 사회에서 가장 낮은 곳에 있는 사람들이 어떤 대우를 받는가를 보면 된다는 얘기가 있습니다. 교도소 환경이 어떠한지를 살펴보는 것도 그 방법일 겁니다. 범죄를 저질러 교도소에서 처벌을 받고 있음에도 최소한의 인간적인 대우를 받고 있는 사회라면, 교도소 밖의 환경도 꽤 괜찮을 겁니다. 그래도 여전히 재소자들이 너무 편

안해 보인다면, 교도소의 수준을 낮추기보다는 사회의 수준을 높여야 할 것입니다.

형벌 포퓰리즘의 함정

지금까지 교도소의 문제를 살펴봤습니다만, 사실 좀 더 근본적인 질문은 '왜 범죄자를 처벌해야 하는가?'입니다. 우리 현실에서는 여전히 범죄가 발생하면 처벌해야 하고, 강하게 처벌할수록 효과가 좋다는 생각이 만연해 있는 것 같습니다. 하지만 이는 일종의 '악순환'입니다. 왜냐하면 형벌을 강하게 부과한다고 해서 범죄율이 낮아지는 것은 아니기 때문이죠.

국가별 통계를 대략 살펴봐도 그렇습니다. 강한 형벌 정책을 실시하는 나라 중에서 범죄율이 낮아지고 수감자 숫자가 줄어드는 경우는 찾아보기 어렵습니다. 설사 그런 경우가 있다고 해도 그건 더 강한 처벌을 했기 때문이라고 보기 어렵습니다. 만약 다른 요인들을 그대로 둔 채 형량을 높이고 가혹하게 처벌하기만 한다면, 악순환만 반복될 겁니다.

이러한 문제의 단초를 **형벌 포퓰리즘**에서 찾을 수 있습니다. '포퓰리즘적 형사정책'이라고도 합니다. 포퓰리즘은 대중의 생각을 따르는 것을 뜻하는데, 대중추수주의 또는 인기영합주의라고도 하죠. 부정적으로 보면, 대중의 즉자적인 감정과 단기적인 이익을 이용해서 정치인들이 자신의 정치적 이득을 챙기는 것을 말합니다. 하지만 궁극적으로, 또는 장기적으로 보면 그것이 민중의 이익

에 반하기 때문에 문제가 되는 것이죠. 예컨대 "세금을 낮추겠습니다"라는 공약을 내세워 인기를 얻고 당선이 될 수는 있지만, 장기적으로는 나라 살림이 바닥나서 국가 부도 사태에 직면하는 경우를 생각해 볼 수 있을 겁니다.

형벌 정책에도 이런 포퓰리즘이 작동합니다. 시민들은 '안전'을 원합니다. 범죄가 줄어들었으면 하는 거죠. 그런데 어떤 흉악 범죄가 발생하면, 정치인들은 분노를 더 자극합니다. 험한 말을 써 가면서 본인들이 더 흥분을 하죠. 그리고 강성 형벌 정책을 내놓습니다. 그러면 시민들은 일단 환호를 보냅니다. 정치인들은 더 센 말을 할수록 인기를 끌 수 있습니다.

이 과정에서 언론의 역할에도 주목해야 합니다. 언론이 이러한 분노에 기름을 붓는 것이죠. 언론이 범죄를 선정적으로 보도하는 이유는 간단합니다. 가십처럼 독자들의 이목을 끌 수 있기 때문입니다. 판매 부수 증가 또는 인터넷 페이지 뷰 증가로 이어지는 것이죠. 실제로 한 연구[4]에 따르면, 한국 언론에서 아동 성폭력 사건 보도가 2008년 이후에 급증해서 2008년 이후 2배 이상, 2010년 이후 5배 이상 증가했다고 합니다. 왜 한국 언론들이 갑자기 아동 성폭력 보도에 열을 올렸을까요? 아동 성폭력 사건 자체가 더 증가하거나 더 흉포해진 것도 아닌데 말이죠.

아무튼 이렇게 범죄가 발생하고 시민들의 분노가 커지고, 언론이 이를 부추기고, 정부와 정치권이 이에 기름을 부으면서 강성 형벌 정책을 추진해 왔습니다. 문제는 그것이 과연 더 안전한 사회를 만드는 데 기여하고 있느냐 하는 점입니다. 그렇지 않다면 이것은

전형적인 포퓰리즘이라고 할 수 있겠죠.

　물론 범죄에 대한 분노는 잘못된 게 아닙니다. 시민들이 분노하는 것은 너무나도 당연하고 정당합니다. 그런데 정치권이나 언론이 이에 편승하거나 이를 이용해서 근시안적인 해법을 내놓아서는 안 됩니다. 실제로 성범죄나 아동 성범죄를 막는다는 이유로 그동안 수많은 특별법이 만들어졌습니다. 심지어 변호사나 판검사들도 죄명이 헷갈리거나 적용 법조를 찾는 데 실수를 하는 경우가 있을 정도로 여러 법률이 있습니다. 이 법률들에 담긴 처벌 수위도 상당히 높습니다. 하지만 강한 법률이 있다고 해서 범죄가 줄어드는 것은 아닙니다.

　사실 범죄를 줄이려면 법정형을 높이는 것보다는 검거율을 높이는 것이 더욱 좋은 대안입니다. 5년 형 받던 범죄가 10년 형으로 바뀐다고 해서 잠재적 범죄자들의 생각이 달라지지 않습니다. 하지만, "요즘은 무조건 잡힌다더라", "예전에는 피해자들이 신고를 잘 안 하거나, 신고하더라도 무마시킬 수 있었는데, 요즘은 무조건 신고한다더라"라는 인식이 확산되면 상황이 달라질 수 있습니다. 물론 검거율, 신고율을 높이는 것은 쉽지 않은 일입니다. 하지만 범죄를 유의미하게 줄이기 위해서는 쉽지 않은 길을 갈 수밖에 없습니다.

　형벌 포퓰리즘은 영국과 미국의 1970년대 법질서 정치에서도 찾아볼 수 있습니다. 정부와 정치권 언론이 연합하여 불관용 정책, 강성 형벌 정책을 펼쳤고 사회 위기를 과장해서 시민들을 겁박하고, 그 책임을 범죄자에게 전가해서 모두들 범죄자 개인에게 손가

락질을 하게 했습니다. 그러면서 정부와 정치의 책임을 묻지 못하게 하는 것이죠.

범죄 원인은 복잡한데 질서냐 무질서냐, 악이냐 선이냐, 범죄자를 처단할 거냐 말 거냐, 그들 범죄자 편이냐 우리 편이냐 이런 이분법적인 질문을 던집니다. 그렇게 해서 결과적으로 정치적 장악력을 높이고 이익을 얻는 것이죠. 그 과정에서 시민들이 진짜로 '안전'해지지 않았다면 정치인들만 이득을 보는 것입니다.

한국에서도 법질서 정치가 어느 정도 작동해 왔습니다. 1990년대 이전에는 통행금지나 복장·두발 단속으로 시민들의 일상을 단속했고, 정치적 위기가 닥치면 연예인 마약 사건이 터지거나 깡패·조폭 소탕, 범죄와의 전쟁 등이 선포되죠. 최근에 효과가 검증되지 않은 신종 형벌, 예컨대 신상 공개 제도, 전자 발찌, 화학적 거세가 도입된 것이라든가 느닷없이 '주폭과의 전쟁'이 선포된다거나 4대 사회악을 근절하겠다고 나선 것도 비슷한 맥락에서 볼 수 있습니다.

또한 사형제도가 실질적으로 폐지된 상태지만, 2009년과 2010년에 일어난 '강호순 사건' 등을 계기로 사형제도 재개 논의가 불거졌습니다. 2012년에도 '나주 성폭행 사건' 등이 발발하자 사형제도 부활 논의가 재개되었습니다. 모두 정치권이나 정부에서 주도한 것이었습니다.

이들 정책이 우리 사회를 좀 더 안전하게 만들기 위한 진지한 노력에서 나온 것이었을까요? 의도는 중요하지 않습니다. 정말 우리 사회의 안전을 바란다면 비판적 감시를 게을리해서는 안 될 것이고, 그것은 철저히 시민들의 몫일 겁니다.

범죄는 처벌로 줄어들지 않습니다. 궁극적으로 범죄를 낳은 원인을 해소해야 문제가 해결됩니다. 전문가들 이야기를 들어 보겠습니다. 범죄사회학의 권위자 고려대학교 김준호 교수는 "어떠한 형태로든 범죄자를 처벌한다고 범죄가 줄어들지 않는다"며 "잘못된 성 문화를, 사람들의 인식을 바꾸면 성범죄도 자연스레 줄어들기 마련"이라고 말했습니다. 성에 대해 조금이라도 강제가 이뤄진다면 성폭력이라고 보지 않는 이상 성범죄를 막기 어렵다는 것이죠. '처벌을 강화하면 범죄가 줄어든다'고 주장하는 사람은 사안에 대해 충분히 알지 못하거나 그걸 정치적으로 이용하려는 것이라고도 말했습니다.▶5

서강대학교 이호중 교수는, 연구자들이 흔히 '가장 좋은 사회정책이 가장 좋은 범죄 정책'이라고 얘기한다며 "범죄를 유발하는 환경·사회 구조적 문제를 해소하고, 낙오자들이 다시 일어설 수 있는 기회를 만들어 줄 때 범죄 문제도 자연스럽게 좋아질 수 있다"고 강조합니다. "이렇게 각박한 사회구조를 그냥 놔둔다면 누군가는 계속 범죄를 저지를 수밖에 없"는데, "언제까지 그 사람들을 (사회에서) 배제할 수 있겠"냐는 것이죠.▶6

그렇습니다. 범죄를 예방한다고 범죄자들의 처벌에만 집중하는 것은 문제의 해법과 거리가 있습니다. 무엇보다도 '효과'가 없습니다. 처벌의 강도와 양을 늘리는 대신, 대중들의 관심을 보다 근본적인 사회정책으로 돌려야 합니다. 한가로운 얘기처럼 들리겠지만 그 방법밖에는 없습니다.

재소자들은 종신형을 받지 않은 한, 어차피 함께 살아가야 할

이웃입니다. 그들도 인권을 갖고 있는 시민이며 교도소에서 부당한 처우를 받게 해서는 안 될 겁니다. 교도소에서 불필요하게 고난을 겪는다고 해서 우리 사회가 더 안전해지는 것이 아니라면, 재소자 개인들에게 더 많은 고통을 줄 필요는 없습니다. '잡혀 있다'는 것만으로도 충분히 고통스러운 형벌이니까요.

현대 국가에서 정당성을 인정받는 형벌은 자유형(징역 등), 재산형(벌금 등), 자격형(자격정지 등)뿐입니다. 세계적인 추세는 사형을 형벌에서 배제하고 있으니, 현실적으로 가장 중한 형벌은 자유형입니다. 이것은 '자유'가 우리 시대의 가장 중요한 가치라는 것을 보여 줍니다. 우리가 범죄를 규정하고 범죄자를 처벌하고 교도소에 가두는 것도 결국 더 많은 자유를 위해서입니다. 만인의 자유를 위해 누군가의 자유를 제한하는 것이죠.

자유는 근대인들이 목숨을 걸고 쟁취해 낸 인류의 최고 가치입니다. 이런 자유가 어떤 상태에 놓여 있는지에 따라 그 사회의 현 상태를 가늠해 볼 수 있겠죠. 교도소 시설이 아무리 좋아도 갇힌 것 자체가 고통스럽기 때문에 그것으로 충분하다고 여기는 사회야말로 자유를 소중하게 생각하는 사회일 것입니다.

재소자들이 등장하는 영화 얘기에서 시작을 했었는데요. 재소자들을 미화(?)하는 영화들에 대한 오해가 좀 풀렸는지 모르겠습니다. 그렇다고 죄를 저지른 범죄자를 처벌하는 것에 반대하는 것은 전혀 아닙니다. 죄를 저질렀으면 처벌받아 마땅한 것이겠죠. 다만 더 가혹하게 더 강하게 처벌한다고 해서 우리 사회가 더 안전해지는 것은 아니라는 것, 재소자들도 결국 수감 생활을 마치고 나면

사회에 적응해 살아야 하는 우리의 이웃이라는 것을 강조하고 싶습니다.

5장   과연 누구를 위한 형벌일까
───── 사형제도

사형은 언제나 뜨거운 감자입니다. 사람의 목숨을 빼앗는 일이니 그보다 더 무거운 형벌은 없을 겁니다. 이러한 사형에 대한 국가의 태도를 통해, 그 국가가 인간을 어떻게 대하며 어떤 이념으로 지배하고 있는지까지 살펴볼 수 있습니다. 그런 점에서 사형은 한 사회를 살펴볼 수 있는 리트머스 시험지이기도 합니다.

사형제도를 다룬 영화도 꽤 있지요. 특히 〈데드 맨 워킹Dead Man Walking〉(1995), 〈데이비드 게일The Life of David Gale〉(2003), 〈우리들의 행복한 시간〉(2006), 〈집행자〉(2009), 이 네 영화는 각기 다른 관점에서 사형제도 문제를 다루고 있어, 이 영화들만으로도 사형제도에 관한 거의 모든 논점을 다룰 수 있을 정도입니다.

〈데드 맨 워킹〉은 사형제도에 관한 영화의 고전이나 다름없습니다. 주인공 매튜는 성폭행·살인범입니다. 동정의 여지가 없는 악인이죠. 그리고 매튜의 부탁으로 교도소를 방문하는 헬렌 수녀가

등장합니다. 헬렌 수녀는 "재소자들 모두 사기꾼이고 당신을 이용하려 들 것"이라는 경고를 듣고도 매튜와 지속적으로 만나 교감을 이어 갑니다. 그리고 헬렌 수녀의 진심에 감화된 매튜는 사형 직전 피해자 가족들에게 사과하죠. 사형이 진행될 즈음, 매튜의 인간적 면모가 드러나고, 관객들은 그를 꼭 사형시켜야 하는가 생각하게 됩니다.

〈데이비드 게일〉은 사형수와 기자의 이야기입니다. 사형을 앞둔 데이비드는 기자 벳시에게 옥중 인터뷰를 요청합니다. 그리고 벳시는 인터뷰 과정에서 데이비드가 범인이 아니라는 것을 확신하게 됩니다. 벳시는 사형 집행을 불과 5분 앞둔 시점에 데이비드의 무죄를 입증하는 마지막 퍼즐을 완성합니다. 하지만 결국 데이비드는 사형을 당하고 말죠. 이 영화는 오심의 문제를 정면으로 다루고 있습니다. 인간이 재판을 하는 이상 오심을 피할 수는 없는데, 사형은 원상회복이 불가능한 형벌이라는 것이 문제입니다.

〈우리들의 행복한 시간〉은 공지영 작가의 동명 베스트셀러 소설을 원작으로 한 영화죠. 극중 인물인 모니카 수녀의 실제 모델은 조성애 수녀입니다. 1976년부터 교정 시설을 찾아 1988년부터 사형수들을 만나 왔는데, 요즘도 여든이 훌쩍 넘은 몸을 이끌고 전국의 교도소에 있는 사형수들을 만나고 있습니다.『마지막 사형수』라는 책을 내기도 했죠.

사형수 정윤수가 모니카 수녀를 통해 문유정을 만나게 되는 것이 주요한 스토리입니다. 정윤수와 문유정은 모두 사회에서는 '꼴통' 취급을 받았지만, 교도소에서는 서로의 아픔을 이해해 주며 서

서가명강

서울대 가지 않아도 들을 수 있는 명강의

- 01 나는 매주 시체를 보러 간다 법의학교실 유성호
- 02 크로스 사이언스 생명과학부 홍성욱
- 03 이토록 아름다운 수학이라면 수학교육과 최영기
- 04 다시 태어난다면, 한국에서 살겠습니까 사회학과 이재열
- 05 왜 칸트인가 철학과 김상환
- 06 세상을 읽는 새로운 언어, 빅데이터 산업공학과 조성준
- 07 어둠을 뚫고 시가 내게로 왔다 서어서문학과 김현균
- 08 한국 정치의 결정적 순간들 정치외교학과 강원택
- 09 우리는 모두 별에서 왔다 물리천문학부 윤성철
- 10 우리에게는 헌법이 있다 법학전문대학원 이효원
- 11 위기의 지구, 물러설 곳 없는 인간 지구환경과학부 남성현
- 12 삼국시대, 진실과 반전의 역사 국사학과 권오영
- 13 불온한 것들의 미학 미학과 이해완
- 14 메이지유신을 설계한 최후의 사무라이들 동양사학과 박훈
- 15 이토록 매혹적인 고전이라면 독어독문학과 홍진호
- 16 1780년, 열하로 간 정조의 사신들 동양사학과 구범진
- 17 건축, 모두의 미래를 짓다 건축학과 명예교수 김광현
- 18 사는 게 고통일 때, 쇼펜하우어 철학과 박찬국
- 19 음악이 멈춘 순간 진짜 음악이 시작된다 작곡과 오희숙
- 20 그들은 로마를 만들었고, 로마는 역사가 되었다 역사교육과 김덕수
- 21 뇌를 읽다, 마음을 읽다 정신건강의학과 권준수
- 22 AI는 차별을 인간에게서 배운다 법학전문대학원 고학수
- 23 기업은 누구의 것인가 경영대학 이관휘
- 24 참을 수 없이 불안할 때, 에리히 프롬 철학과 박찬국
- 25 기억하는 뇌, 망각하는 뇌 뇌인지과학과 이인아
- 26 지속 불가능 대한민국 행정대학원 박상인
- 27 SF, 시대 정신이 되다 영어영문학과 이동신
- 28 우리는 왜 타인의 욕망을 욕망하는가 인류학과 이현정
- 29 마지막 생존 코드, 디지털 트랜스포메이션 경영대학 유병준
- 30 저, 감정적인 사람입니다 교육학과 신종호
- 31 우리는 여전히 공룡시대에 산다 지구환경과학부 이융남
- 32 내 삶에 예술을 들일 때, 니체 철학과 박찬국
- 33 동물이 만드는 지구 절반의 세계 수의학과 장구
- 34 6번째 대멸종 시그널, 식량 전쟁 농업생명과학대학 특임교수 남재철
- 35 매우 작은 세계에서 발견한 뜻밖의 생물학 생명과학부 이준호
- 36 지배의 법칙 법학전문대학원 이재민
- 37 우리는 지구에 홀로 존재하지 않는다 수의학과 천명선
- 38 왜 늙을까, 왜 병들까, 왜 죽을까 생명과학부 이현숙

* 서가명강 시리즈는 계속 출간됩니다.

21세기북스 인문

불안의 끝에서 쇼펜하우어, 절망의 끝에서 니체

강용수 지음 | 22,000원

철학 교양서 최장기 1위, '쇼펜하우어 신드롬'의 주역
45만 독자가 선택한 강용수 박사의 철학 수업 완전판

니체 전문가이기도 한 강용수가 이번엔 쇼펜하우어와 니체의 주요 사상을 빌려 한층 완성된 지혜로 삶의 의지와 용기를 탐색해 간다. 후회, 관계, 인생, 자기다움 총 4가지 주제로 인생의 다양한 고민과 질문에 쇼펜하우어와 니체의 철학적 혜안을 선사한다.

선악의 기원

폴 블룸 지음 | 최재천 · 김수진 옮김 | 값 22,000원

세계적인 심리학자 폴 블룸, 아기에게 선악을 묻다!
"도덕감각은 타고나는 것일까, 만들어지는 것일까?"

폴 블룸은 아기의 마음을 통해 인간 도덕성의 기원을 탐구한다. 철학, 심리학, 뇌과학 등 다양한 학문을 넘나들며 선악의 본질을 파헤치고, 더 나은 인간이 되는 길을 제시한다. 명쾌한 분석으로 가득한 이 책은 인간 도덕성의 뿌리와 진화 과정을 탐구하며, 우리 자신과 타인을 이해하는 새로운 눈을 갖게 한다.

허무감에 압도될 때, 지혜문학

김학철 지음 | 값 18,800원

무의미한 고통에 맞서는 3000년의 성서 수업

삶을 이야기하는 신학자 김학철 교수가 4대 성서 고전을 통해 '삶이란 무엇인가'라는 본질적 물음을 성찰한 힐링교양서이다. 무의미한 고통에 맞서는 법, 덧없는 삶을 즐기는 법, 먼 곳에서 내 삶을 바라보는 자세까지, 고통을 이겨내고 삶의 의미를 되찾는 심오한 지혜를 얻어갈 수 있을 것이다.

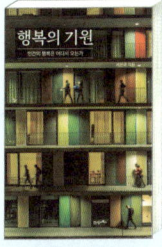

행복의 기원

서은국 지음 | 값 22,000원

인간은 행복하기 위해 사는 게 아니라,
살기 위해 행복을 느낀다

"이 시대 최고의 행복 심리학자가 다윈을 만났다!" 심리학 분야의 문제적 베스트셀러 『행복의 기원』 출간 10주년 기념 개정판. 뇌 속에 설계된 행복의 진실. 진화생물학으로 추적하는 인간 행복의 기원.

천 번을 흔들리며 아이는 어른이 됩니다

김붕년 지음 | 값 17,800원

"아이 스스로 불안을 마주하게 하라!"
사춘기 성장 근육을 키우는 뇌·마음 만들기

ADHD에서 자폐 스펙트럼, 정서·행동 문제까지, 대한민국 부모들에게 전폭적인 지지와 신뢰를 받으며 진료 대기가 3년에 이르는 서울대병원 소아청소년정신과 김붕년 교수의 신작이다. 아이가 어른이 되어 가는 과정의 '사춘기'의 예민한 뇌와 마음을 지키는 근육을 키우고 단단한 인생으로 이끄는 성장 법칙을 담았다.

공부가 아이의 길이 되려면

오평선 지음 | 19,800원

"공부 정서보다 공부 신뢰가 먼저다!"
스스로 공부하는 아이를 만드는 38가지 부모 신뢰 수업

아이를 믿어주는 게 너무 어려운 학부모들에게 '부모의 신뢰'에 대한 새로운 방법론을 제시한다. 15만 독자가 선택한 베스트셀러 작가이자 26년 내공의 진로코칭 전문가 오평선이 전하는 실사례 중심 접근과 이론 바탕의 실증적인 조언들은 내 아이의 강점 혁명을 이끄는 공부 솔루션이 되어줄 것이다.

아이를 무너트리는 말, 아이를 일으켜 세우는 말

고도칸 지음 | 한귀숙 옮김, 이은경 감수 | 값 19,000원

'슬기로운초등생활' 부모교육전문가 이은경 추천!
상처 받기 쉬운 아이의 마음을 지키는 대화법 70가지

이 책은 소아청소년 정신건강의학과 전문간호사인 저자가 병동에 찾아온 아이들의 다양한 케이스를 보면서, 부모들이 아이의 마음을 무너트리기보다는 아이의 마음을 일으켜 세워 주는 대화와 행동을 해 주었으면 하는 바람을 담아 70가지 대화법으로 소개한다.

고층 입원실의 갱스터 할머니

양유진(빵먹다살찐떡) 지음 | 값 18,800원

100만 크리에이터 빵먹다살찐떡 첫 에세이
처음 고백하는 난치병 '루푸스' 투병

누군가의 오랜 아픔을 마주하는 일이 이토록 환하고 유쾌할 수 있을까? 수많은 이들에게 다정한 웃음을 선사한 크리에이터 '빵먹다살찐떡'이 지금까지 숨겨두었던 난치병 투병을 고백한다. 진솔하고 담백한 문장 속에, 생사의 갈림길마다 씩씩하게 웃을 수 있었던 섬세하고 유쾌한 긍정의 힘이 그대로 담겨 있다.

arte 소설

마더: 무덤에서 돌아온 여자

T.M. 로건 지음 | 천화영 옮김 | 값 22,000원

**전 세계 200만 부 판매! 22개국 출간!
반전 심리 스릴러의 거장 T.M. 로건 최신작**

당신에게 삶의 의미였던 모든 것이 사라진다면…?
억울하게 남편 살해 누명을 쓰고 모든 것을 빼앗긴 여자,
엄마라는 이름으로 진실을 파헤치기 위한 추적을 시작하다!

블랙워터 레인
브링 미 백

B. A. 패리스 지음 | 각 이수영, 황금진 옮김 | 값 18,800원

심리스릴러의 여왕 B. A. 패리스!
민카 켈리 주연 영화 〈블랙워터 레인〉 원작!
모든 것을 의심하게 만드는
압도적 반전 스릴러

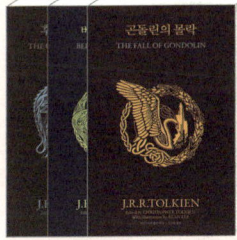

후린의 아이들,
베렌과 루시엔, 곤돌린의 몰락

J.R.R. 톨킨 지음 | 크리스토퍼 톨킨 엮음 |
김보원 · 김번 옮김 | 각 값 39,800원

J.R.R. 톨킨 레젠다리움 세계관의 기원,
크리스토퍼 톨킨 40년 집념의 결실!
가운데땅의 위대한 이야기들

반지의 제왕
– 출간 70주년 기념 비기너 에디션

J.R.R. 톨킨 지음 | 김보원, 김번, 이미애 옮김 |
값 154,000원

가운데땅 첫 걸음을 위한
가장 완벽한 길잡이,
인생에서 꼭 한 번은 읽어야 할
영원한 판타지 걸작.

로 교감하게 됩니다. 두 사람이 서로의 상처를 치유해 나가는 과정이 무척 감동적이죠. 그렇게 서로가 가장 인간적인 모습으로 교감을 나눌 때쯤, 정윤수의 사형이 집행됩니다. 사형 집행장을 향해 질질 끌려가는 윤수의 모습, 그리고 문유정과 모니카 수녀가 함께 지켜보는 사형 집행 장면이 쉽게 잊히지 않습니다.

〈집행자〉는 그다지 흥행하지는 못했지만 추천할 만한 영화입니다. 10년 차의 노련한 교도관 종호와 갓 교도관이 된 재경이 영화를 끌어 나가는데요. 이 영화의 핵심 사건은 12년간 중지됐던 사형 집행 명령이 전달된 것입니다. 결국 교도관들은 사형을 집행하는데, 한 사형수가 형 집행 전에 섬뜩한 말을 남기죠. "나는 이제 더 못 죽이지만 너희들은 계속 죽일 수 있겠다."

영화에 교수형을 집행하는 장면이 나옵니다. 단추 세 개를 각각 세 명의 교도관이 누르는데, 그중에 하나의 단추가 실제로 교수형을 집행하는 단추입니다. 누가 실제로 집행했는지 알 수 없도록 나름의 배려를 한 것이죠. 손을 부르르 떨며 단추를 누르는 모습에서 교도관들의 고뇌를 느낄 수 있었습니다. 이 영화는 교도관의 시각을 통해 사형제도가 과연 정당한 것인가, 특히 사람의 손을 빌려 사람을 죽이는 것이 국가 형벌로서 적합한 것인지를 묻고 있습니다.

이 네 영화 외에도 사형수가 등장하는 영화는 제법 많습니다. 한국 영화 중에는 〈하모니〉(2009), 〈7번방의 선물〉(2013), 〈특별수사: 사형수의 편지〉(2016) 등이 있습니다. 그런데 이러한 영화에서 등장하는 사형수들은 동정할 수 있는 사연을 가지고 있거나 억울하게 사형수가 된 것으로 그려집니다. 〈하모니〉의 사형수는 남편의

불륜을 보고 욱해서 살인을 하게 되고요. 〈7번방의 선물〉의 사형수는 살인 누명을 쓴 장애인이고요. 〈특별수사〉의 사형수 역시 살인 누명을 쓴 택시 기사입니다. 이런 영화를 보고 사형제도의 모순을 생각해 볼 수도 있을 겁니다. 하지만 이러한 영화로 사형제도의 찬반을 논하는 것은 한계가 있습니다. 왜냐하면 우리는 좀 더 근본적인 질문에 답을 해야 하거든요. 즉, 진범이 확실하고 억울한 사연도 없는 뻔뻔한 살인범이 있다고 했을 때, 그를 사형시켜야 하는가? 바로 이 질문에 답해야 한다는 것입니다.

그런 점에서 보면, 〈데드 맨 워킹〉이야말로 사형제를 논하는 데에 더욱 적합한 영화라고 할 수 있습니다. 이 영화는 마지막 사형 장면에서 매튜의 죽음에 마냥 동정만 보내지는 않습니다. 영화는 매튜의 살인 장면을 사형 장면과 번갈아 보여 줍니다. 마치, 한편으로는 '이래도 사형시킬 것인가?'라고 물으면서, 다른 한편으로는 그가 '죽어 마땅한 살인범'이라는 점을 잊지 않게 만드는 거죠. 그렇게 영화는 사형제도의 정당성에 대해 근본적인 질문을 던지고 있습니다.

전 세계 사형제도 현황

사형은 말 그대로 생명을 빼앗는 형벌입니다. 사형도 징역형이나 벌금형처럼 형벌의 일종이죠. 다만 나중에 문제가 있다고 해도 되돌릴 수 없는 점, 즉 불가역성이 중요한 특징입니다. 생명권이라고 하는 권리를 아예 박탈해 버린다는 것도 중요한 부분입니다. 형

벌 중에서 가장 강력한 형벌이죠. 그래서 '극형capital punishment'이라고 하는 겁니다.

그럼 한국에서는 사형제도가 어떻게 규율되어 있을까요? 헌법에 사형제도가 명문화되어 있을 것 같지만, 사실 그렇지는 않습니다. 죄형법정주의나 적법절차, 그리고 피고인의 권리 등 형사처벌의 기본 원칙에 대한 규정이 있지만, 형벌의 종류에 대해서 헌법은 아무런 규정을 두고 있지 않습니다. 다만 사형이라는 말은 나옵니다. 헌법 제110조가 군사재판에 관한 것인데요. 비상계엄하에서는 예외적으로 세 번이 아니라 딱 한 번 단심單審으로 최종 선고를 합니다. "다만, 사형을 선고한 경우에는 그러하지 아니하다"라는 단서가 붙어 있죠. 즉 사형을 선고한 경우에는 평상시처럼 세 번의 재판을 해야 한다는 것입니다. 그래서 어떤 학자들은 이 조항 때문에 대한민국 헌법은 사형을 형벌로 인정하고 있다고 주장하는 한편, 그렇게까지 의미를 부여하긴 어렵다는 입장도 있습니다.

사형을 형벌의 한 종류로 규정하고 있는 것은 형법 제41조입니다. 이 조항은 형의 종류를 나열하고 있습니다. 사형·징역·금고·자격상실·자격정지·벌금·구류·과료·몰수 이렇게 아홉 가지가 있고, 사형은 가장 극형인 만큼 가장 위에 있습니다. 무기징역은 징역형의 한 종류이기 때문에 여기에 별도로 규정되어 있지 않습니다. 과태료는 형벌이 아니라 행정벌이기 때문에 역시 여기에 포함되어 있지 않습니다.

사형제도가 적용되는 범죄 유형은 다음과 같습니다. 내란(수괴, 중요 임무 종사자), 외환 유치, 여적(적국과 합세하여 항적), 이

적 행위(적국을 위한 모병, 시설 제공 등), 간첩, 범죄단체 조직, 폭발물 사용, 현주 건조물 방화 치사, 해상 강도 치사, 살인. 형법에 나와 있는 것만 이렇고, 다른 특별법에도 사형 규정이 더러 있습니다. 사형은 생명을 빼앗은 행위인 살인에 대해서만 적용되어야 한다고 주장하는 사람들도 있는데, 한국의 경우에는 내란이나 간첩 등 생명과 직접 관련이 없는 범죄행위에 대해서도 사형으로 처벌할 수 있게 되어 있으니 범위가 넓은 편입니다.

사형 집행 방법에 대해서는 형법과 형사소송법에 규정되어 있는데, 형법 제66조에 따라서 사형은 형무소 내에서 교수형으로 집행하게 되어 있습니다. 그래서 영화 〈집행자〉나 〈우리들의 행복한 시간〉에도 교도소 내에서 교수형으로 사형을 집행하는 장면이 나오는 것이죠.

사형의 집행은 형사소송법 제463조·제465조·제466조, 〈형의 집행 및 수용자의 처우에 관한 법률〉 제91조에 따라 일단 사형 확정판결이 있습니다. 이 경우 6개월 이내에 법무부 장관이 사형 집행을 명령하고, 명령 5일 이내에 집행됩니다. 사형 집행은 교정 시설의 사형장에서 이루어지고, 검사, 검찰청 서기관, 교도소장이나 구치소장 또는 그 대리자가 참여해야 합니다. 그 집행을 실행하는 이는 영화 〈집행자〉에도 나오듯 교도관들입니다. 토요일과 공휴일에는 사형을 집행하지 않습니다.

한국에서 사형을 집행한 것은 1997년 12월 30일이 마지막입니다. 차기 대통령으로 김대중 후보가 당선된 가운데, 김영삼 대통령이 임기 중 한 번도 실시하지 않았던 사형을 집행합니다. 우리 형사

소송법에는 최종 선고 후 6개월 이내에 집행하도록 되어 있지만, 김영삼 대통령도 임기 중 사형 집행을 자제하다가 임기를 마치기 직전에 차기 대통령의 부담을 줄이는 차원에서 사형 집행을 단행한 것이죠. 그것이 마지막이었습니다. 그 뒤로는 단 한 번도 집행되지 않았고, 한국은 국제앰네스티에 의해 '실질적인 사형 폐지국'으로 분류됩니다. 사실상 한국에서 사형제도는 사문화되어 있는 상태입니다.

그럼 국내 사형수의 현황은 어떨까요? 사형수란 〈형의 집행 및 수용자의 처우에 관한 법률〉에 따라 '사형 확정자'로 규정된 사람들입니다. 2019년 10월 기준으로 총 61명의 사형수가 수감되어 있는 것으로 알려져 있습니다. 그중 네 명은 국군교도소에 수감되어 있습니다. 마지막 사형을 집행한 1997년 이래로 11명의 사형수가 교정 시설 내에서 자연사하기도 했습니다.[1] 사형수 중에는 이름을 들어 보았을 법한 유영철, 강호순, 그리고 2014년 GP에서 수류탄을 던져 동료 병사를 살해한 임 병장 등이 있고, 중국인도 한 명 포함되어 있습니다. 형집행법에 따르면, 사형 확정자는 독거 수용이 원칙이고 경우에 따라 혼거 수용합니다. 또한 어차피 사형을 집행할 것으로 예정되어 있기 때문에 교화나 작업 부과는 없을 것 같지만, 경우에 따라 교육·교화 프로그램이나 작업을 부과할 수 있습니다.

한국에서도 사형 찬반 논의는 여전합니다. 한편에서는 사형제도 존치는 물론 당장 사형을 집행해야 한다고 주장하기도 하고, 다른 한편에서는 폐지를 확정해야 한다고 하죠. 절충론으로 당분간 형벌로서는 두되 집행하지 않는 상태를 유지하는 것이 현실적이라

는 주장도 있습니다. 국제관계 등을 고려해 집행은 하지 않으면서, 시민 여론 등을 감안해 법은 지금 그대로 두자는 쪽이죠.

시민 여론은 존치 쪽에 좀 더 가깝습니다. 2015년 2월 공개한 한국법제연구원의 '2015 국민 법의식 조사'에 따르면, '사형제도 찬성'은 65.2퍼센트, '사형제도 반대'는 34.2퍼센트로 찬성 여론이 여전히 높습니다. 2018년 국가인권위원회 연구용역 결과에 따르면, '사형제가 반드시 유지·강화되어야 한다'는 의견이 조사 대상자의 19.9퍼센트, '사형제가 유지되어야 하나 사형선고나 그 집행에 신중을 기해야 한다'는 의견이 59.8퍼센트로 조사되었습니다.[2]

하지만 이런 식의 여론조사 결과가 과연 진짜 여론인지는 의문입니다. 사형에 대한 충분한 정보가 제공되지 않은 상황에서 다짜고짜 찬반을 묻는 게 과연 진정한 시민의 의견이냐는 것입니다. 예를 들어, 많은 사람들이 사형제가 범죄 예방 효과가 있다고 생각하지만, 대부분의 연구는 사형제와 범죄 예방 사이에 상관관계가 없다고 얘기하고 있죠. 이런 과학적인 근거가 제공된다면 찬성표를 던진 사람도 애초의 의견을 수정할 수도 있을 겁니다.

정치권의 논의는 폐지 쪽에 다가가 있습니다. 국회에서는 1999년 15대 국회에서 유재건 의원 대표 발의로 사형 폐지에 관한 특별 법안이 발의된 것이 최초이고, 16대 국회 때는 정대철 의원, 17대 국회 때는 유인태 의원, 18대 국회 때는 박선영 의원, 김부겸 의원, 주성영 의원이 각각 발의했습니다. 그리고 19대 국회 때는 유인태 의원 대표 발의로 법안을 제출한 바 있습니다. 특히 유인태 의원은 본인이 사형선고를 받은 바 있는 당사자이기도 한데요. 유인태 의원이

대표 발의한 법안에는 17대 때 국회의원 175명의 서명을 받았고, 19대 때도 국회의원 172명의 서명을 받았습니다. 비록 법제사법위원회를 통과하지 못하고 모두 임기 만료로 폐기되었지만, 만약 본회의에 갔으면 통과가 됐을 겁니다. 그 정도로 국회에서는 의외로 사형 폐지의 지지도가 높습니다. 문재인 대통령도 후보 시절에 사형제는 폐지되어야 한다는 소신을 밝히기도 했었습니다. 2019년 10월에도 여야 의원 76명이 서명한 사형제도 폐지 특별 법안이 발의되었습니다.

국제앰네스티의 자료를 참고해서 세계 사형제도 현황을 살펴보면 2018년 기준으로 사형제도를 완전히 폐지한 국가가 106개국이고, 여기에 사형 집행을 10년 이상 하지 않고 있는 실질적 사형 폐지국을 더하면 총 142개 국가, 즉 전 세계 국가 중 3분의 2 이상이 법적 또는 실질적 사형 폐지국입니다. 사형제도 존치 국가는 이른바 선진국 중에서는 미국과 일본 정도고, 동북부 아프리카 국가들과 중동·아시아 국가들이 여기 포함되며 나머지는 대부분 폐지국입니다.

또한, 국제 앰네스티에서 매년 발표하는 사형 관련 통계 자료를 보면 1995년에는 사형제도 폐지 국가가 59개에 그쳤으나 이후 급속도로 수가 늘었습니다. 사형 집행 국가 숫자도 지속적으로 감소했습니다. 특히 최근에는 사형제도 폐지에 동참하는 나라가 꾸준히 늘고 있는데, 지난 10년 동안 알바니아·르완다·쿡제도·우즈베키스탄·아르헨티나·부룬디·토고·피지·마다가스카르·콩고·수리남 등이 사형제도를 완전히 폐지했습니다.

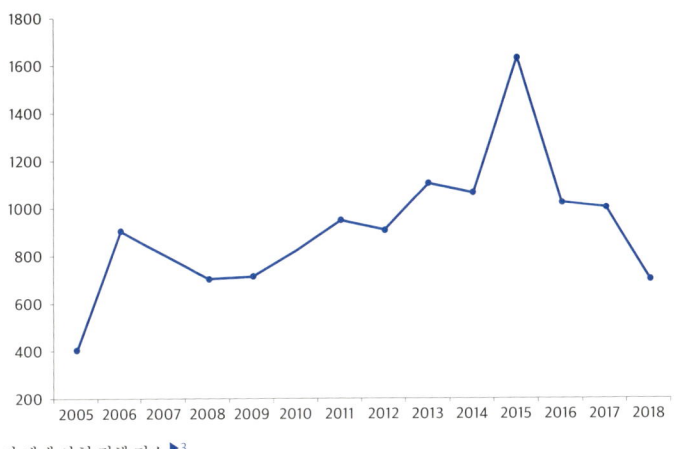
전 세계 사형 집행 건수 ▶3

　사형 집행 건수 역시 줄어들고 있습니다. 다만, 1995년부터 2005년 정도까지 소강상태이다가 2005년에서 2015년까지 10년 동안 계속 늘었는데, 전 세계적으로 확산되고 있는 것은 아니고 사형제도를 유지하는 나라에서 사형 집행을 늘린 것이라고 보는 게 정확합니다. 실제로 사형 집행은 중국·이란·파키스탄·사우디아라비아·미국 등에 집중되어 있습니다.

　이른바 선진국 중에서 미국이 예외적으로 사형제를 유지하는 국가로 거론되곤 하는데, 미국 역시 점점 사형제도 폐지 쪽으로 나아가고 있습니다. 2018년 집행 건수가 25건인데, 2017년에 23건에서 증가하긴 했지만 2010년 이후부터 46, 43, 43, 39, 35, 28, 20건으로 감소하는 추세를 보이고 있습니다. 그리고 주마다 사형제도 존치 여부가 다른데, 2019년 기준으로 21개 주가 사형제도를 완전히 폐지했고, 특히 뉴욕·뉴저지·매사추세츠·미시간·미네소타·위스콘

신 등 주로 동부나 북부의 주들은 대부분 폐지한 상태입니다.[4]

국제적인 합의도 사형제도 폐지로 모아지고 있습니다. 보통 세계인권선언 제5조의 "어느 누구도 고문, 또는 잔혹하거나 비인도적이거나 굴욕적인 처우 또는 형벌을 받지 아니한다"는 조항을 사형을 금지하는 근거 규범으로 봅니다. 1989년 유엔총회에서는 '사형의 폐지를 목표로 하는 시민적 및 정치적 권리에 관한 국제규약의 제2선택의정서'가 채택되었습니다. 1998년 '(구)인권이사회U.N. Human Rights Commission'에서 사형제도 반대 결의가 채택되었고, 2007년 12월 유엔총회에서도 '사형 폐지를 위한 글로벌 집행유예 결의안'이 채택되었습니다.

유럽은 사실상 사형제도가 완전히 폐지된 곳이고 유럽연합 차원에서도 이에 적극적입니다. 1983년에는 유럽이사회가 평화 시기 사형제도 폐지 프로토콜을 통과시켰고, 2002년에는 보편적인 사형제도 폐지 프로토콜을 채택했습니다. 2007년 유럽연합 각료회의에서는 10월 10일을 '유럽 사형 폐지의 날'로 정하기도 했죠. 한국에서도 '사형 폐지의 날' 행사를 열면 주한 유럽연합대표부 대사가 참석하곤 합니다.

터키는 10년 넘게 유럽연합 가입을 추진 중인데, 터키가 2002년에 사형제도를 폐지한 것은 유럽연합에 가입하기 위해서였습니다. 유럽연합이 사형제도 폐지와 쿠르드족 인권보호 등을 가입협상 개시의 전제 조건으로 제시했기 때문입니다. 하지만 2016년 유럽연합 가입을 계속 추진하던 상황에서 7월 쿠데타가 일어났고, 쿠데타를 진압한 에르도안R. T. Erdoğan 대통령은 사형제도 부활을 추

진하고 나섰습니다. 유럽연합은 터키가 사형제도를 부활시킨다면, 유럽연합에 가입할 수 없다는 입장을 분명히 했었고요.

어쨌든 세계적인 추이는 일부 특정 국가들을 제외하고는 사형이 전반적으로 폐지되거나 집행이 축소되는 방향으로 나아가고 있습니다. 특히 인권과 민주주의가 정착되어 있는 국가들에서는 압도적인 다수가 사형제도를 폐지하고 있습니다. 또한 유럽연합을 중심으로 사형제도 존폐 여부는 민주주의와 인권 수준을 측정하는 하나의 척도가 되고 있다는 사실도 알 수 있습니다.

사형제도에 대한 의견들

사형제도가 어떤 것인지 살펴봤으니, 이제 본격적으로 사형제도에 대한 찬반론으로 넘어가겠습니다. 사형제도를 찬성하는 이들은 어떤 근거를 내세울까요?

정책적·경험적 관점에서는 범죄를 예방하는 효과deterrence effect가 있다고들 합니다. 법학에서는 위하력威嚇力이라고도 하는데, '위하'가 겁을 준다는 뜻입니다. 그러니까 잠재적 범죄자들에게 사형제도를 통해 겁을 줌으로써 다른 범행을 막는다는 거죠. '일반예방적' 효과를 말합니다.

다음으로 사형은 중대한 범죄에 대해 사회가 정당한 도덕적 비난을 표현하는 방법이라는 것입니다. 중범죄에 대해 적절한 보복조치를 가하는 것을 곧 정의라 보는 것이지요.

앞서 보았듯이 **탈리오원칙**이라는 것이 있습니다. 피해자가 입

은 피해와 같은 정도의 손해를 가해자에게 가하는 보복의 법칙이고, 그것이 곧 정의의 원칙이기도 합니다. 우리말로는 동해보복법 同害報復法이라고도 하고 "눈에는 눈, 이에는 이"라는 말로 간략하게 표현되기도 합니다. 이에 따르면, 살인범은 사형으로 처벌하는 것이 정의에 부합합니다.

피해자의 관점에서도 보복 감정을 실현하게 해 주는 것이 피해자를 위한 적절한 조치이고 그것이 또한 정의로운 것이라는 설명을 하기도 합니다. 그 밖에도 국민 법감정을 고려해야 한다거나, 사형의 대체형으로 종신형을 선고하면 수감 비용이 적지 않게 드는데 그게 과연 적절한지에 대한 의문도 제기됩니다.

반면, 사형제도 폐지의 근거도 만만치 않습니다. 존치론자들은 범죄 예방을 위해 사형제도를 유지해야 한다고 하지만, 실제로는 사형이 범죄 예방에 효과가 없다는 주장이 지배적입니다. 사형제도의 범죄 예방 효과를 측정하려면 사형제도 존치국과 폐지국의 범죄율, 사형 집행 전후의 범죄율 변화, 사형 폐지 전후의 범죄율 변화 등을 살펴보면 됩니다. 대부분의 연구는 사형의 존폐 여부와 흉악범죄의 증감은 별 상관이 없다는 결론을 내고 있습니다. 아무튼 살인 범죄율을 낮추기 위해 사형제도가 있어야 한다는 정책 목표는 잘못되었다는 점을 분명히 하고 있습니다.

실제로 미국의 경우 각 주마다 사형제도가 있기도 하고 없기도 하지요. FBI 통계에 따르면, 남부가 미국 전체 사형 집행의 80퍼센트 이상을 차지하는데, 살인 범죄율도 가장 높습니다. 남동부는 사형 집행의 1퍼센트도 차지하지 않는데, 살인 범죄율은 가장 낮다고

나옵니다. 캐나다는 1976년에 사형제도를 폐지했지만, 살인 범죄율은 오히려 그 후에 감소했죠. 학자들의 의견도 비슷합니다. 미국 범죄 관련 학회들의 전·현직 학회장을 대상으로 한 조사에서 응답자의 88퍼센트가 사형제도는 범죄 예방 효과가 없다고 답했습니다.[5]

형벌론과 정의론의 관점에서 보면, 사형은 보복 필요성 말고는 정당화되기 어렵습니다. 범죄자를 사형시켜 버리니까 특별 예방, 즉 재사회화는 해당 사항이 없고, 앞서 살펴보았듯이 일반예방 효과도 없는 것이지요. 보복이라는 것 자체가 정의의 원칙으로 정당화될 수 없다는 주장도 있습니다.

또한 생명이라는 권리를 완전히 박탈하는 것은 형벌로서 정당화될 수 없다는 주장도 제기됩니다. 권리의 본질 내용을 침해하면 안 된다는 헌법의 내용과도 부합하지 않고요. 이것은 종교적으로도 설명됩니다. 신이 주신 생명을 인간이 좌지우지할 수는 없다는 것이죠. 설사 그 사람이 다른 사람의 생명을 빼앗았더라도, 그 범죄자의 생명에 대한 권한은 신만이 가지고 있다는 것입니다.

그리고 사형은 인간을 인간답게 만들어 놓고 사형을 시킨다는 점에서 비인간적이라고 말합니다. 실제로 사형수와 교류를 하는 분들은 사형수들이 죄를 뉘우치고 새 사람으로 거듭나려고 하는 순간 집행이 이루어진다고 지적합니다. 오랫동안 교도소에서 사형수를 만나 온 조성애 수녀는 "새로운 삶으로 나아가고 있을 때, 사형이라는 되돌릴 수 없는 행위로 생명을 빼앗는 것은 또 다른 죄악이라 하지 않을 수 없다"고 말하기도 했습니다.[6] 종교적인 의미가 담겨 있기는 하지만, 대략 어떤 말을 하려고 하는지는 이해할 수 있을 겁니

다. 영화 〈데드 맨 워킹〉이나 〈우리들의 행복한 시간〉에서도 사형수의 인간성이 최고조로 이를 즈음에 바로 사형이 집행되죠.

더욱이 인간다운 사형 집행 방법은 없습니다. 그나마 교수형이나 미국에서 자주 활용되는 약물에 의한 사형이 덜 고통스럽다고는 하는데, 잔인하다는 점에서 별다를 바 없는 것입니다.

또 한 가지 중요한 문제가 '오심誤審'입니다. 인간이 재판을 하는 이상 오심을 피할 수 없죠. 그런데 사형은 되돌릴 수 없는 집행입니다. 무기징역형을 선고받고 복역하고 있다가 오심임이 밝혀지면, 즉시 석방하고 명예도 회복하고 손해배상도 받으면서 어느 정도 원상회복할 수 있습니다. 범죄 혐의를 받기 전으로 완벽하게 돌아가긴 어렵더라도 말이죠. 하지만 사형은 그걸로 끝입니다. 나중에 혐의를 벗어도 이미 형장의 이슬로 사라지고 난 다음입니다.

실제로 현대사회에서 살인 같은 중대한 범죄를 다루면서 오심이 있을까 싶지만, 미국에서는 1973년 이후 사형선고 후 무죄 방면된 사람이 150명 이상이라고 합니다.[7] 1973년부터는 1999년까지는 매년 3건 정도, 2000년부터 2011년까지는 매년 5건 정도였다고 하니까 오심은 여전한 문제인 것입니다.

한국에서도 1960년대 공안 사건인 동백림(동베를린) 사건으로 사형을 당한 박노수 교수와 김규남 의원이 2015년 재심에서 무죄를 선고받았습니다. 1974년 인혁당 사건에서는 확정판결 18시간 만에 8명에 대한 사형이 집행되었지만, 2007년 재심에서 모두 무죄가 선고되었습니다. 1970년대 민청학련 사건에서의 사형선고, 1980년대 김대중 내란 음모 사건에서의 사형선고 등 정치적 악용

이 의심되는 사례가 적지 않았습니다. 화성연쇄살인사건에서도 살인 혐의로 20년을 복역했지만 2019년 진범이 자백을 하여 재심을 준비 중입니다. 사형선고를 받았다면 되돌릴 수 있는 방법이 아예 없었겠죠.

민주주의가 발달한 국가에서도 빈도의 차이가 있을 뿐이지, 오심 없는 재판이라는 것은 불가능한 일입니다.

게다가 사형제도가 정치적으로 악용되는 경우도 다반사입니다. 2016년만 해도 필리핀에서 매달 50명씩 사형을 집행하겠다는 대통령이 당선되었습니다. 그리고 '마약상을 죽여도 좋다'고 선언하여, 실제로 용의자 수십 명이 경찰의 총에 맞아서 숨졌습니다. 앞서 말했듯, 같은 해 터키에서는 에르도안 대통령이 쿠데타 용의자를 3000명 넘게 체포하고 사형제도를 부활시키겠다고 나섰죠.

한편 국제적 추세가 사형제도 폐지로 나아가고 있으니, 우리도 그에 따라야 한다는 입장도 있습니다. 이 부분은 당위적인 요청이기도 하지만, 아주 현실적인 문제가 되었습니다. 실제로 2009년 한국은 유럽연합과 '범죄인 인도 및 사법공조 협약'을 체결하면서, 유럽연합에서 인도된 범인에 대해 사형을 집행하지 않겠다는 약속을 했습니다. 유럽연합에서 인도된 범인에게 사형을 집행할 수 없는데, 다른 범인은 사형시킬 수 있다면 말이 안 되는 것이겠죠. 또한 이렇게 유럽연합과 약속을 한 상황에서 사형 집행이 재개된다면, 유럽연합이 가만있을 리 없습니다.

또한 개신교·불교·천주교·원불교 등 주요 종교계에서는 공식·비공식적으로 사형제도 폐지의 입장을 밝히고 있습니다. 한국에서

는 2001년 사형폐지범종교인연합이 출범했고, 특히 2015년 천주
교를 비롯해 불교·개신교·유교·천도교 등 7대 종단이 사형제도폐
지특별법의 국회 통과를 호소하는 공동성명을 발표했습니다. 대표
서명자로 천주교 대주교, 조계종 총무원장, 한국기독교교회협의회
총무, 원불교 교정원장, 천도교 교령, 성균관장, 한국민족종교협의
회 회장 등이 참여했습니다. 천주교에서는 아예 주교회의 산하에
'사형제도폐지소위원회'를 두고 있기도 합니다.

그 밖에, 범죄에 대해서는 사회의 책임이 크기 때문에 범죄 대
책에서는 사회정책이 가장 중요한데, 범죄자에게 모든 것을 뒤집
어씌우는 것이 문제라는 견해도 있습니다. 실제로 사형이 사회적
약자, 예컨대 미국의 경우 소수 인종이나 저소득층에게 불리하게
적용된다는 지적도 있습니다. 또한 영화 〈집행자〉에 잘 묘사되어
있듯이, 사형 집행인의 인권침해 문제를 지적하기도 합니다.

한국은 사형제도를 폐지할 수 있을까?

저는 사형제도가 폐지되어야 한다고 봅니다. 그러나 우리 현실
에서 넘어야 할 산이 몇 가지 있습니다.

먼저 여론 문제입니다. 여론조사로 사형제도 존폐를 결정할 수
는 없지만, 여론도 중요한 문제입니다. 앞서 여론조사 결과 존치 의
견이 높다고 했는데, 어떤 조사인지에 따라 폐지 의견이 40퍼센트
중반까지 올라가기도 합니다. 단순히 '사형제도 폐지에 찬성하십
니까?'라고 묻느냐, '사형제도를 폐지하고 종신형을 도입하는 것에

찬성하십니까?'라고 묻느냐에 따라 달라지기도 하고, 사회 분위기에 따라서도 변동이 있습니다.

여론조사 결과가 도출된 과정을 늘 따져 봐야 합니다. 가능한 한 많은 정보를 제공해 충분히 토론하고 숙고한 뒤 의견을 내게 한다면, 폐지 의견이 더 높아질 것이라 생각합니다. 아마 이 책을 읽고 입장이 바뀐 분들도 있겠죠.

참고로 2015년 변호사를 상대로 한 조사에서는 폐지 의견이 47퍼센트까지 나왔습니다.[8] 17대 국회와 19대 국회에서는 절반 넘는 국회의원들이 폐지 법안에 서명을 했습니다. 2010년 주성영 당시 한나라당 의원이 사형 폐지 법안을 냈을 때는 주호영·유승민·전재희·나경원·정두언 등 보수 여당의 주요 국회의원들도 법안에 서명을 했습니다. 헌법재판소는 1996년과 2010년 사형제도 합헌 판결을 내리긴 했지만, 1996년에는 합헌 대 위헌 비율이 7대 2, 2010년에는 5대 4가 나왔습니다. 위헌 의견이 우세해지고 있는 것이죠. 2009년에는 형사법 교수 132명이 사형제도를 폐지하라는 성명을 내기도 했고, 2018년 국가인권위원회도 사형을 폐지하자는 입장을 낸 바 있습니다.

다른 한편으로 피해자[9] 문제도 있습니다. 찬성 논거 중에 가장 강력한 것이 피해자 문제라고 생각합니다. 피해자를 위해서라도 사형을 집행해야 한다는 주장이죠.

그런데 실제로 살인 피해자를 연구해 온 분들에 따르면, 사형이 집행되면 그 전후로 피해자의 심경은 급격한 변화를 일으킵니다. 그런데 그 변화가 반드시 '해결'을 의미하는 것은 아니라고 합니다.

허무하기도 하고, 시원하기도 하고, 이게 뭔가 싶기도 하고 복잡한 심경이 드는 것은 사실인데, 정신적인 고통이 해소되는 것은 아니라는 겁니다."[10] 이런 연구가 사실이라면, 피해자를 위해 사형제도를 유지하는 것이 맞는지는 의문입니다.

실제로 미국에는 '인권을 위한 살인 피해자 가족 모임(MVFHR)'이 있는데, 이 모임에서는 사형제도 폐지를 주장합니다. "범인들이 사형된다고 해도 내 딸이 돌아올 수는 없다", "사형은 복수심과 증오에 관한 것인데, 그런 복수심과 증오야말로 다시 폭탄 테러의 원인이 된다"며, 오히려 사형제도를 폐지하는 운동을 벌이고 있습니다. 모든 피해자들이 이 같은 입장은 아니겠지만, 주목할 만한 흐름입니다.

특히 중요한 점은 사형제도 폐지를 주장하는 분들은 거의 일관되게 피해자 문제에도 관심을 쏟는다는 것입니다. 실제로 한국에서 사형 폐지 운동을 해 오신 조성애 수녀님은 살인 범죄 피해자 가족 모임 '해밀'도 함께 활동하고 있습니다. 사형제도 폐지 운동에 헌신해 온 학자들은 피해자 연구도 게을리하지 않습니다.

사형제도 폐지를 주장하는 것과 범죄 피해자를 위하는 것이 서로 모순된 것 같지만 전혀 그렇지 않습니다. 살인범을 사형시키지 말자는 것이지, 살인으로 인한 피해자들을 내팽개치자는 얘기가 전혀 아닙니다. 사형을 통한 복수에 반대하기 때문에, 복수가 아닌 다른 방식으로 피해자를 지원하는 방법에 대해 고민합니다. 사형수의 생명도 중하다고 주장하는 입장이라면, 피해로 고통받는 사람들의 인권을 경시할 리가 없습니다. 사형제도 폐지를 주장하는 사람

들이 피해자에 대해 관심을 갖는 것은 매우 자연스러운 일입니다.

오히려 사형제도를 둔 사회에서는 모든 문제를 사형으로 해결하려는 경향이 있습니다. 국가 입장에서도 '사형'을 시키고 나면 '할 만큼 했다'는 생각이 들 수 있고, 시민들도 '국가가 할 일을 다했다'는 착각이 듭니다. 일종의 '사이비 안도감'인데, 이를 가장 극대화하는 것이 바로 사형이라는 제도입니다.

요컨대 살인 피해자에 대한 물질적·정신적 보상, 사회적 지원은 매우 중요한 과제입니다. 그리고 사형제도 폐지는 이러한 과제에 무관심한 것이 아니라, 오히려 더욱 관심을 쏟아야 한다는 요청으로 이어집니다. 사형제도 폐지론은 문제를 무책임하게 회피하는 것이 아니라, 오히려 더 큰 책임을 지겠다는 성찰적 주장인 것입니다. 사실 흉악 범죄의 예방과 살인 피해자의 아픔을 사형의 집행이 아닌 다른 방법으로 해결하는 것은 결코 쉽지 않은 일입니다. 하지만 저는 한 사회의 민주주의와 인권 수준을 가늠하는 척도는, 어렵지만 가야 할 길을 걷고 있느냐 아니냐에 달려 있다고 생각합니다. 오늘날 인권을 보장하는 민주주의국가들이 하나같이 사형제를 폐지하고 있는 것은 결코 우연이 아닙니다.

6장 역사 부정을 법으로 처벌할 수 있을까
────── 역사 부정죄

언제부턴가 역사 왜곡에 관한 논의가 뜨겁습니다. 일제강점기를 찬양한다거나, 5·18광주민주화운동(이하 5·18) 때 북한군이 내려왔다거나, 위안부나 강제징용은 자발적인 선택이었다는 말들이 문제가 되고 있죠. 특히 2019년 초에는 5·18 역사 왜곡이 큰 이슈였습니다. 아시다시피, 5·18은 이미 그 역사적 진실이 각종 자료와 증언, 법과 판결로 확인된 사항입니다. 그런데 언제부턴가 5·18에 북한군이 개입했다거나, 5·18 국가유공자 중에 가짜가 많다는 식의 이야기들이 떠돌기 시작했죠. 2019년 『반일 종족주의』라는 책에서 일본군 위안부는 성 노예가 아니었다고 하거나 일제 강점기를 긍정적으로 평가했다고 해 문제가 되었고요. 2013년쯤에도 '일베(일간 베스트 게시판)'라는 인터넷 커뮤니티에 5·18 역사 왜곡 게시물들이 자주 올라와 문제가 되었습니다. 그럴 때마다 "역사 왜곡을 처벌해야 한다"는 주장이 제기되곤 합니다.

역사적 진실을 놓고 다투는 것은 자연스러운 일입니다. 하지만 위에서 언급한 문제들을 논쟁의 장에만 맡기자고 한다면 왠지 마음이 편치 않습니다. 여전히 우리 사회와 정치에 지대한 영향을 끼치고 있는 문제기도 하고, 무엇보다 피해자들이 생존해 있으며 그 고통이 아직 치유되지 않은 '현재'의 문제이기 때문입니다. 그래서 일부 유럽 국가들은 역사 왜곡 발언을 처벌하는 법을 제정하여 시행하고 있습니다. 흔히 '역사 부정죄' 또는 '역사 부인죄'라고 하는데요. 역사적 사실을 왜곡하거나 부정하는 행위를 범죄로 처벌하는 것입니다. 한국에서도 이러한 해외 사례를 언급해 가며, 역사 왜곡 발언을 '법으로 처벌하자'는 주장이 제기되고 있습니다.

하지만 역사 왜곡을 법으로 처벌하는 것이 과연 적절한지 따져 볼 필요가 있습니다. 구체적으로는 그 처벌이 과연 '정당'한 것인지, 또한 '효과'적인 방법이 될 수 있는지 생각해 보아야 합니다. 역사적 진실에 관한 문제는 토론과 논쟁을 통해 해결하는 것이 바람직합니다. 이 사실을 부정하는 사람은 없을 겁니다. 하지만 예외적으로 위와 같은 역사에 대해서만큼은 법적 처벌로 문제를 해결하자는 주장이 있을 뿐이죠. 그렇다면 원칙을 깨고 처벌할 만큼 역사 부정이 특수하고 심각한 문제인지 검토해 볼 필요가 있습니다.

마침 2017년에 역사 부정 문제를 다룬 영화 〈나는 부정한다〉가 개봉했습니다. 이 영화는 법정 공방이 주를 이루는데요. 데버라 립스타트라는 역사학 교수와 데이비드 어빙이 주인공입니다. 모두 실존 인물이고 영화도 실화를 바탕에 두고 있습니다. 립스타트 교수는 유대인이며 홀로코스트Holocaust를 연구하는 대학교수입니

다. 그런데 어빙이라는 사람이 1994년 어느 날 립스타트의 강의에 불쑥 찾아와서 홀로코스트의 증거가 있냐고 따져 묻습니다. 그리고 립스타트가 자신의 명예를 실추시켰다며 명예훼손 소송을 제기하죠. 영화는 이 소송을 다루고 있습니다.

홀로코스트란 무엇인가?

여러분들도 잘 아시다시피, 홀로코스트는 인류 역사상 가장 비극적인 사건이죠. 600만 명이 넘는 희생자를 낳았습니다. 홀로코스트라는 말은 원래 인간이나 동물을 대량으로 태워 죽이거나 학살하는 행위를 가리키는데요. 고유명사로는 2차 세계대전 시기 나치의 집단 학살 행위를 뜻합니다. 1차 세계대전에서 독일제국이 패망하고 대공황이 찾아오면서 독일 국민들은 실의에 빠진 채 힘겨운 삶을 살아갑니다. 이때 히틀러가 등장하죠. 히틀러는 1차 세계대전 패망의 원인으로 유대인을 지목합니다. 유대인에게 책임을 돌리고 대중의 분노를 자극해서, 자신에 대한 정치적 지지를 확대하는 데 이용한 것이죠. 좋은 가치를 내세워서 정치를 이끈다면 바람직하겠지만, 정치인들은 '누구에 대한 반대'로 자신의 지지를 확대해 나가는 경우가 종종 있습니다. 어떤 집단을 '악'으로 규정하고 '저들을 내버려 두었다가는 우리가 죽는다', '내가 저들을 척결할 테니 나를 지지해 달라'고 호소하죠. 이성적이고 합리적으로 생각하면 말도 안 되지만, 전쟁과 대공황으로 피폐해진 독일 국민들은 점점 히틀러의 선동에 마음을 뺏깁니다. "우리가 이렇게 힘든 게 유

대인 때문이었구나.", "유대인 때문에 전쟁에서 패배해서 우리가 이렇게 힘들게 된 거구나." 히틀러는 교묘하게 사실을 왜곡해서 대중의 지지를 이끌어 냅니다. 요즘 식으로 말하자면 '가짜 뉴스'를 퍼뜨린 거죠. 독일인들은 점점 히틀러에 열광적인 지지를 보냈고, 유대인에 대한 증오심은 점점 커져 갔습니다.

처음에는 '유대인은 인종적으로 열등하다', '전쟁 패배의 책임이 있다'는 식의 선동을 했고요. 유대인 상점에 대한 보이콧을 시작합니다. 유대인과 독일인 사이의 혼인을 금지했고요. 유대인의 재산을 빼앗고 거주지에서 내쫓아 게토와 강제수용소에 강제 이주시킵니다. 그러다가 결국 집단 학살이라는 방법까지 동원합니다. 학살은 총살 등 다양한 방식으로 이루어졌고, 가스실에서 대량 학살을 하는 충격적인 사건도 일어났습니다. 그 모든 것을 홀로코스트라고 불렀습니다.

홀로코스트와 관련된 영화, 소설, 다큐멘터리가 제법 많습니다. 임레 케르테스의 『운명』, 아트 슈피겔만의 만화 『쥐』, 안네 프랑크의 『안네의 일기』, 빅터 프랭클 『죽음의 수용소에서』, 프리모 레비의 『이것이 인간인가』, 엘리 위젤의 『밤Night』 같은 작품도 있고요. 영화 중에는 〈피아니스트〉(2002), 〈쉰들러 리스트〉(1993), 〈인생은 아름다워〉(1997), 〈줄무늬 파자마를 입은 소년〉(2008), 〈사울의 아들〉(2015) 등이 있습니다.

그동안 인류는 홀로코스트를 반성하고 다시는 그러한 일이 반복되지 않도록 수많은 노력을 기울여 왔습니다. 1948년 세계인권선언이 채택되어 오늘날 '인권'이 인류가 지켜야 할 최고의 가치로

떠오른 것, 유엔과 유럽연합 등이 국제적인 협력을 통해 인권과 평화를 지키려고 수십 년간 노력해 온 것은 모두 홀로코스트에 대한 반성에서 시작되었다고 해도 과언이 아닙니다. 베를린, 예루살렘, 워싱턴, 플로리다 등에 홀로코스트 박물관이 있고요. 영국 전쟁사 박물관에도 홀로코스트 관련 공간이 있습니다. 폴란드 아우슈비츠에도 수용소가 보존되어 있고요. 기회가 된다면 꼭 한번 방문해야 할 곳들입니다. 당연히 홀로코스트 연구도 활발히 진행되어 왔겠죠? 영화의 주인공인 립스타트 교수도 바로 그 홀로코스트 연구자 중 하나입니다. 실존 인물이기도 합니다.

그런데 인류의 비극인 홀로코스트를 부정하는 사람들이 있습니다. 영화 시작 부분에 립스타트 교수는 그들의 주장을 4가지로 분류할 수 있다고 소개합니다.

1. 나치는 조직적으로 유대인을 살해하지 않았다.
2. 희생자는 5600만 명보다 훨씬 적다.
3. 가스실이나 처형 시설은 없었다.
4. 유대인이 지어낸 괴담으로 보상금을 받기 위한 것이다. 일반적인 전쟁 희생자일 뿐이다.

어빙도 바로 이러한 사실을 주장하던 홀로코스트 부정론의 대표적인 논자이고요. 립스타트 교수는 홀로코스트 부정론을 강하게 비판하던 학자였습니다. 그런데 이 두 사람 사이의 소송이 시작된 사연이 좀 복잡합니다. 뒤에서 살펴보겠지만, 독일에는 '홀로코스

트 부정죄'가 있습니다. 이런 나라에서는 어빙 같은 사람을 처벌할 수 있는 거죠. 검사가 어빙을 기소하여 법정에 세우는 것이죠. 그런데 이 사건이 일어난 영국에는 '홀로코스트 부정죄'가 없었습니다.

어빙은 오히려 립스타트에게 명예훼손 소송을 제기합니다. 립스타트 교수가 자신이 거짓말을 한 것처럼 비난해서 명예가 훼손되었다는 취지죠. 당시 영국 명예훼손법에서는 립스타트가 자신의 발언이 사실임을 입증해야 했습니다. 그러니까 어빙이 원고고, 립스타트가 피고인데, 피고인 립스타트가 자신의 글이 진실임을 입증해야 하는 상황인 것이죠. 영화에서도 립스타트가 이 부분에 당혹스러워하는 장면이 여러 번 나옵니다. 나중에 영국 명예훼손법 개정을 통해 이러한 사정은 개선되지만, 소송이 제기되었던 1996년 당시에는 그랬습니다. 그래서 립스타트는 졸지에 '홀로코스트는 존재했다'는 사실을 법정에서 입증해야 하는 처지에 놓이게 됩니다.

재판관할 문제도 조금 복잡한데, '관할'은 재판을 어디서 받을 것인가의 문제라고 보면 됩니다. 어빙은 전략적으로 영국을 택했고, 그래서 미국인인 립스타트는 영국에서 재판을 받게 됩니다.

영화는 1996년 9월 5일 영국에서 일어난 소송을 시작으로 2000년 4월 11일 판결이 나기까지 총 32차례에 거친 공판 과정을 극적으로 보여 줍니다. 역사 부정 문제와 상관없이 제가 흥미롭게 봤던 포인트는 피고인이자 의뢰인인 립스타트가 변호사와 티격태격하는 장면입니다. 변호사는 재판을 이기기 위해 시종일관 냉정한 태도를 유지합니다. 반면 립스타트는 자신은 진실만을 말해 왔

던 사람이고 이 사안을 가장 잘 알고 있기 때문에, 본인이 재판을 주도하고 싶어 합니다. 법정에 직접 나가서 자기가 하고 싶은 얘기를 하겠다는 것이죠.

이러한 상황은 실제 재판에서도 종종 있는 일입니다. 당사자들, 특히 무죄를 확신하거나 승소를 확신하는 당사자들은 변호사가 필요 없다고 생각하는 경향이 있습니다. 본인이 진실을 알고 있으니 변호사가 자기보다 잘할 것 같지 않은 거죠. 그런데 재판이라는 것은 그렇지 않습니다. 재판에는 고유한 규칙이 있고, 상대방은 그 규칙에 따라 전략적으로 접근합니다. 그런 상황에서 재판의 규칙을 잘 모르는 비법조인이 어설프게 재판에 임한다면 억울한 일을 당할 수 있습니다. 그래서 재판 과정에서는 변호사의 의견을 존중하고 따르는 것이 가장 바람직합니다. 영화에서는 법정에 직접 나가서 얘기하겠다는 립스타트를 변호사들이 말리는 장면이 나옵니다.

감정적으로 굴까 봐요? 거긴 아우슈비츠였어요. 나는 강의도 하고 언론을 상대하고 사상들을 정리해요. 그게 내 직업이고 내가 잘하는 일이에요. 걱정할 필요 없어요.

하지만 변호사들은 립스타트를 만류합니다.

우리가 걱정하는 것은 교수님이 아니라 재판입니다. 사건은 교수님께 벌어졌지만 소송은 교수님의 것이 아닙니다.

립스타트 대신 법정에서 변론에 나선 변호사들은 치밀하게 어빙을 몰아붙이고, 결국 립스타트의 승소를 이끌어 냅니다. 어빙은 패소한 거죠. 어빙은 항소했으나 항소심에서도 패소합니다.

그런데 저는 조금 다른 시각에서 이 재판을 봤습니다. 동일한 이유에서 법정은 진실 규명에 적합한 공간이 아닐 수도 있다는 것입니다. 영화에서처럼 승소를 하면 다행인데, 거꾸로 진실이 재판이라는 특수한 공간 속에서 왜곡될 수 있다는 뜻이죠. 예컨대 립스타트가 조금 덜 유능한 변호사를 만났다면 패소했을지도 모른다는 겁니다. 립스타트의 연구가 잘못되어서가 아니라, 재판 전략을 잘못 짜서 말이죠. 실제로 그런 경우가 비일비재합니다.

그럼에도 우리는 이런 일이 있을 때 법원의 판결에 의존할 수밖에 없습니다. 진짜 진실이 왜곡될 수 있는 우려에도, 어쩔 수 없는 경우가 생기죠. 그래서 재판의 공정성을 확보하는 것은 늘 중요한 일입니다. 또한 재판으로 해결할 문제와 그렇지 않은 문제를 구분해야 합니다. 재판으로 해결하기 적절하지 않은 일을 무분별하게 재판으로 가져가면 낭패를 볼 수도 있습니다. 분쟁 해결을 위한 방법에 재판만 있는 것은 아닙니다. 재판은 여러 분쟁 해결 기제 중 하나에 불과하다는 점도 잊지 말아야 합니다.

물론 립스타트처럼 본인이 원하지 않은 재판에 휘말리기도 합니다. 정말 어쩔 수 없는 경우인데요. 본인이 소송을 걸 수 있는 기회가 있더라도, 소송을 하는 것이 나을지 아닐지를 판단할 필요가 있습니다. 그 판단에 관한 한 꼭 변호사가 답을 가지고 있는 것은 아닙니다. 우리가 주체적으로 어떤 분쟁 해결 방법이 가장 바람직

할지 결정해야죠.

예를 들어, 이 사건은 영국의 특수한 명예훼손법제에 의해 립스타트가 피고가 되었지만, 홀로코스트 부정죄가 있는 나라에서는 정반대의 상황이 벌어질 수 있습니다. 일반적으로 이런 사건은 어빙을 형사상 고소·고발하거나 민사상 손해배상 청구를 할 수 있거든요. 홀로코스트가 없었다는 거짓말을 했다는 이유로 어빙을 형사 법정에 세울 수 있습니다. 2006년 오스트리아 법정에서는 1989년에 한 강연에서 홀로코스트를 부정하는 발언을 한 영국 역사학자에게 '역사 부정죄'로 3년 형을 선고한 적도 있고요. 이런 경우에 어빙 같은 이들을 법정에 세우는 게 과연 적절한 방법인지 생각해볼 필요가 있다는 것입니다.

한국에서도 해외의 사례들을 도입하여 역사 왜곡을 처벌하지는 논의가 지속적으로 제기되어 왔습니다. 2013년 '일베' 게시판에 5·18 희생자를 모욕하는 글이 올라왔습니다. 5·18 당시 아들의 시신이 안치된 관 앞에서 오열하는 어머니 사진이었는데요. 이 사진에 "아이고, 우리 아들 택배 왔다", "착불이요"라는 말이 달려 있었습니다. 이 게시물을 올린 사람은 나중에 모욕죄로 처벌을 받았습니다. 징역 6개월에 집행유예 1년, 80시간의 사회봉사 명령을 받았습니다. 다만, 사자 명예훼손에 관한 건은 무죄판결을 받았는데요. 사자 명예훼손이 성립하려면 허위 사실을 말해야 하는데, 관을 보고 '택배'라고 한 것은 허위 사실이 아니라는 것입니다. 허위 사실은 거짓말로 다른 사람을 속이는 게 문제인데, 그 말은 그렇게 오인하게 할 여지가 없다는 거죠. 앞서 재판에는 재판 고유의 논리가 있다고 말

씀드렸는데, 법과 상식이 다소 차이가 나는 부분은 이런 부분입니다. 나쁜 행위라고 해도 어떤 법조문에 해당하는지 법 논리에 따라 정교하게 따지다 보면, 상식과는 다소 차이가 나는 경우가 생길 수밖에 없습니다.

역사 부정을 처벌하려면

2019년 2월에는 현직 국회의원 3인의 '5·18 망언'이 문제가 되었죠. "5·18에 북한군이 개입했다"거나 "폭동이 민주화 운동으로 변질되었다"는 허위 주장과 '5·18 유공자라는 괴물 집단이 우리 세금을 축내고 있다' 등의 발언들이었습니다.[1] 사실 그 이전에도 5·18 유공자들을 모욕하는 발언은 꽤 있었습니다.

이런 발언들에 관해서 소송을 제기하려면, 현재 두 가지 방법이 있습니다. 한국은 명예훼손을 형사처벌하는 나라입니다. 그래서 명예훼손 혐의로 형사 고소를 할 수도 있고, 민사상 손해배상 청구도 가능합니다. 그런데 명예훼손 소송에는 반드시 '피해자'가 있어야 합니다. 피해자가 검찰·경찰에 고소를 하거나, 직접 민사소송을 제기해야 합니다. 그런데 이때 피해자가 '특정'되어야 합니다. 특정이라는 것은 법리상 매우 중요한 문제인데요. 만약 홍길동이 도둑질을 하지 않았는데 "홍길동은 도둑질을 했다"라고 비난한다면 명예훼손으로 처벌받을 수 있습니다. 그런데 홍길동은 A라는 회사의 인사팀 직원입니다. 그렇다면 "회사원들은 다 도둑질을 한다"라는 말도 홍길동의 명예를 훼손했다고 할 수 있을까요? 물론 듣는 홍길

동은 기분이 나쁠 겁니다. 하지만 피해자가 특정되지 않았기 때문에 소송이 성립하진 않습니다. 그렇다면 대상을 'A 회사 직원들' 또는 'A 회사 인사팀 직원들'이라고 특정하면 어떨까요? 그러면 조금 달라지겠죠. 홍길동을 직접 특정하진 않았어도 사람들은 그 집단에 속한 홍길동을 떠올리게 될 것이고, 홍길동의 명예가 훼손되었다고 할 여지가 생깁니다. 어느 정도로 구체적으로 집단이 특정되어야 하는지는 사안에 따라 다르게 평가되는데요. 아무튼 개인을 특정한 것과 다름없는 효과를 낼 때 문제가 된다고 보면 됩니다.

그런데 역사 왜곡 발언들을 보면, 꼭 누군가의 명예를 훼손하는 방식으로 발화되지 않습니다. 만약 홀로코스트 생존자들을 특정하면서, "당신들은 가짜야"라고 말한다면 명예훼손이 될 수 있겠지만, 단순히 "홀로코스트는 없었다"고 한다면 명예훼손이 성립하긴 어렵습니다. 하지만 "홀로코스트는 없었다"는 말만 들어도 피해자들은 무척 고통스러울 겁니다. 하지만 그 고통을 기존의 법으로는 해결할 수 없으니, '홀로코스트 부정죄'를 제정하여 그 발화자들을 처벌하자는 아이디어가 나오게 된 것입니다.

한국에서도 5·18 역사 부정 발언에 관한 소송 중 무죄가 난 경우도 몇 건 있었습니다. 피해자가 특정되지 않았다는 이유에서입니다. 예컨대, "5·18에 북한군이 들어왔다"는 발언은 허위 사실이라고 하더라도, 5·18 희생자들의 명예를 훼손했다고 보긴 어렵다는 겁니다. 그러니까 이런 발언을 처벌하려면 우리도 5·18 '역사 부정죄'가 있어야 한다는 얘기가 자연스럽게 나오는 것이죠.

일본 식민 지배에 관한 역사 왜곡도 마찬가지입니다. 위안부나

강제징용 피해자들을 직접 모욕한다면, 모욕죄나 명예훼손죄가 성립할 수 있지만, 그렇지 않은 경우 명예훼손으로 접근하기는 어렵습니다. 그래서 일제에 관한 역사 왜곡도 별도의 법을 두어 처벌하자는 주장이 대두되는 것입니다.

한국에서도 '역사 부정죄'를 도입하려는 입법적 시도가 여러 차례 있었습니다. 지금까지 나온 법안들은 다음과 같이 네 가지 역사에 대한 왜곡 발언을 대상으로 합니다.

1. 일제 식민 지배 옹호 관련 법안: 일본의 전쟁(범죄), 친일 반민족 행위, 독립운동, 조선인 학살, 강제징용, 성 노예 강요
2. 반인류 범죄 및 민주화 운동 부정 관련 법안: 반인류 범죄(친일 반민족 행위, 헌정 질서 파괴 범죄, 집단살해), 민주화 운동(2·28대구민주화운동, 3·15의거, 4·19혁명, 6·3한일회담반대운동, 3선개헌반대운동, 유신헌법반대운동, 부·마항쟁, 5·18광주민주화운동 및 6·10항쟁 등)
3. 5·18광주민주화운동 부정 관련 법안: 5·18광주민주화운동
4. 제주4·3사건 부정 관련 법안: 제주4·3사건

역사 부정죄가 도입된 이유

역사 부정죄는 오스트리아, 벨기에, 체코, 프랑스, 독일, 리히텐슈타인, 리투아니아, 룩셈부르크, 폴란드, 포르투갈, 루마니아, 슬로바키아, 스위스 등 18개 유럽 국가와 이스라엘 등에서 법제화되어

있습니다. 그런데 이들 나라에서 역사 부정죄가 도입된 이유를 좀 더 자세히 살펴볼 필요가 있습니다.

저는 역사 부정죄의 정당성 근거를 크게 네 가지로 분류합니다.[2] 첫 번째는 진실 논거입니다. 역사적 진실을 규명하기 위해 역사 부정죄가 필요하다는 것이죠. 두 번째는 피해자 논거입니다. 생존 피해자와 후손들의 명예를 보호하고 역사 부정 발언으로 또 한 번의 고통을 겪지 않도록 해야 한다는 것입니다. 세 번째는 인간 존엄 논거입니다. 홀로코스트 같은 인류의 비극에 대한 부정 발언은 그 자체로 국제 질서와 헌정 질서의 근간인 인간 존엄을 부정하는 발언이라는 것입니다. 마지막으로 차별 논거인데, 이는 역사 부정이 소수자 집단에 대한 차별을 정당화하거나 조장한다는 것입니다.

여기서 우리가 꼭 기억해야 할 점은 역사 부정죄가 모든 역사적 진실에 대한 부정을 다루는 것이 아니라는 점입니다. 즉, 홀로코스트나 집단 학살 등 특정한 역사를 부정하는 행위만을 특별히 문제 삼고 있습니다. 그렇다면 그 역사적 진실이 갖는 특수성이 있다는 것이겠죠. 그 특수성은 바로 '현재성'입니다. 역사 부정 발언이 피해자들에게 고통을 주고, 인간 존엄을 부정하며, 차별을 조장한다면 단순히 과거사에 관한 문제가 아니라 현재에도 살아 숨 쉬고 있는 문제입니다. 만약 임진왜란이나 병자호란을 왜곡한다면 그것은 그것대로 문제가 될 수 있습니다. 하지만 그건 현재의 고통과 관련된 문제는 아닙니다. 그래서 그 누구도 임진왜란 왜곡 행위를 처벌하자고 하지는 않습니다. 하지만 일제강점기나 5·18에 관한 왜곡

은 현재성이 있다고 할 수 있지 않을까요? 그렇다면 해외의 역사 부정죄 논의를 적용할 여지가 생기는 것입니다.

위에서 언급한 역사 부정죄의 네 가지 정당성 논거 중, 진실 논거는 그래서 적절한 근거가 되기 어렵습니다. 만약 진실을 밝히는 것 자체가 중요하다면, 임진왜란의 진실도 중요하고 임진왜란 왜곡도 처벌해야 합니다. 하지만 모든 역사에 대한 왜곡을 다 형사처벌의 대상으로 삼을 수는 없습니다. 오로지 '현재성'이 있는 역사만 문제가 될 수 있을 것입니다.

저는 나머지 세 논거 중에서도 특히 피해자 논거와 차별 논거가 중요하다고 보는 편입니다. 이것이야말로 역사 부정의 심각한 사회적 해악을 보여 주는 핵심이라고 생각하거든요. 누군가가 "홀로코스트는 없었다"라고 주장한다면 생존 피해자들은 그 악몽이 또 떠오를 것입니다. 그들을 직접 공격하지 않아도 이러한 발언은 그들을 충분히 고통스럽게 합니다. 또한 홀로코스트와 같은 집단 학살은 단순히 많은 사람을 죽였다는 것만이 문제가 아닙니다. 집단 학살은 주로 특정한 인종 집단이나 종교적 집단을 대상으로 감행됩니다. 즉, 집단 학살에는 특정 인종이나 종교에 대한 편견과 차별이 근간에 있습니다. 그 편견과 차별이 폭력과 학살로 확대된 것이죠. 따라서 홀로코스트가 없었다는 주장은 곧 유대인 등 홀로코스트의 피해자 집단에 대한 차별을 정당화하고 그들에 대한 적대를 조장하는 행위와 밀접하게 연결됩니다. 실제로 홀로코스트를 부정하는 세력들은 유대인이나 이주자에 대한 노골적인 혐오표현이나 증오 범죄를 일삼곤 합니다. 그들은 역사 부정 그 자체에 관심

이 있는 것이 아니라 차별과 적대를 조장하는 일에 관심이 있는 거죠. 역사 부정은 그들의 목적을 달성하기 위한 수단에 불과하고요.

그렇다면 역사 부정 행위는, 그들이 구체적으로 차별을 하거나 폭력을 행사했을 때 처벌하면 되지 않냐는 주장도 있을 수 있습니다. 하지만 유럽의 경험에 비추어 보면 그러한 주장은 순진한 대응일 수 있습니다. 히틀러의 나치당이 집권한 게 1933년이거든요. 본격적인 학살이 시작된 것이 1940년대 초반이고요. 짧은 시기에 학살로 나아간 것이죠. 홀로코스트가 없었다는 주장을 방치했다가 차별이나 폭력으로 이어질 수 있다고 생각하면 여유를 부릴 수 없습니다. 홀로코스트 부정 발언 자체를 처벌하자고 하는 이유는 여기에 있습니다.

한국의 역사 부정죄와 그 한계

그런데 한국의 역사 부정죄 법안들을 보면 이러한 취지가 담겨 있는지 의문이 듭니다. 실제로 입법 취지를 보면, 역사적 논란의 해소를 위해서 법이 필요하다는 식으로 적혀 있는 경우가 대부분입니다. 불필요한 사회적 논란을 피하고, 역사적 왜곡을 방지하기 위해 역사 부정죄가 필요하다는 것이죠. 이러한 취지는 역사 부정죄의 논거가 될 수 없습니다. 그보다는 피해자나 소수자 차별의 문제에 더욱 주목해야 합니다. 즉 한국에서의 여러 역사 부정 발언이 피해자의 고통을 가중시키고 있다거나 소수자 차별을 조장하고 있는지를 따져야 한다는 것입니다.

그렇게 본다면, 일제강점기나 여타 민주화 운동에 대한 역사부정보다는 5·18에 대한 왜곡 발언이 역사 부정죄의 대상으로 정당화될 여지가 있습니다. 5·18 생존 피해자와 유족 등 관련자들이 여전히 고통받고 있을 뿐만 아니라, 5·18에 대한 왜곡과 혐오는 호남에 대한 차별과 연결되어 있기도 합니다. 실제로 인터넷에는 5·18 관련 진실을 왜곡하는 게시물들이 수두룩합니다. 그걸 곧이곧대로 믿고 있는 사람들도 적지 않습니다. 그런 사람들은 5·18 유공자나 관련 피해자도 의혹의 눈으로 볼 겁니다. 가짜 역사로 만들어진 가짜 유공자라고 보겠죠. 이러한 상황에서 5·18 유공자나 관련 피해자들이 사회의 한 구성원으로서 존중받으며 살아간다고 할 수 있을까요? 5·18 역사 부정 발언으로 5·18 관련자들이나 호남에 대한 차별이 가중된다면, 5·18 역사 왜곡은 역사 부정죄의 대상으로 검토될 만하다고 생각됩니다.

하지만 여전히 역사 부정죄의 도입에는 신중해야 합니다. 무엇보다 그 효과가 의심스럽기 때문입니다. 역사 부정죄가 도입되어 처음 적용될 때는 정말 노골적으로 역사를 왜곡해서 피해자들을 고통스럽게 하는 행위에 한정될 것입니다. 하지만 역사 부정론자들은 그렇게 호락호락하지 않습니다. 처벌 사례가 늘어나면 아마 전략적으로 좀 더 교묘한 역사 왜곡을 할 겁니다. 예를 들어 "홀로코스트는 없었다"라는 발언이 문제가 되면, "홀로코스트가 과장되었다"라는 식으로 살짝 에둘러 표현하는 거죠. "5·18은 북한의 소행이다"라는 발언이 문제가 되면, "5·18 때 북한군이 내려온 것은 사실이다"라고 하거나, "5·18이 북한의 사주로 발발한 것이 아닌지 의

심해 볼 필요가 있다"라고 하겠죠. "5·18 유공자는 가짜 유공자다"라는 말이 문제가 되면, "5·18 유공자 중 가짜가 있는지 재검토가 필요하다"라는 식으로 말하겠죠. 이렇게 살짝 피해 가기 시작하면, 이걸 다 역사 부정죄로 처벌하기는 어려워집니다. 그렇게 법 적용 범위를 늘리다 보면 역사에 대한 크고 작은 이견들이 모두 처벌될 수도 있습니다. 그런데 노골적인 역사 부정만 문제고 교묘한 역사 부정은 문제가 아닌가요? 어쩌면 후자가 더 큰 문제일 수도 있습니다. 그런데 역사 부정죄는 이러한 역사 부정까지 처벌하기가 쉽지 않습니다.

게다가 역사 부정죄가 오히려 역사 부정론자들에게 좋은 무대를 제공하는 것일 수도 있습니다. 수사를 받아 처벌되면 오히려 그들은 자신들이 진실을 말하다 잡혀간 순교자인 것처럼 행세할 겁니다. 실제로 어빙도 자신을 그런 식으로 방어하곤 했습니다. 그 과정에서 오히려 그의 발언을 더욱 주목하게 되는 거죠. 그냥 무시하면 끝날 문제를 괜히 법정에 세워서 영웅으로 만들어 주는 꼴이 될 수도 있습니다.

법적 처벌에는 이런 문제도 있습니다. 어떤 행위 유형을 범죄화한다고 해서 해당하는 행위가 전부 유죄를 받는 건 아닙니다. 범죄구성요건에 딱 맞지 않거나, 입증이 부족하거나, 정당화될 수 있는 요소가 있는 등 여러 가지 이유에서 '무죄'가 나올 수 있습니다. 실제로 무죄가 나오면 그 역사 부정론자는 "내 발언의 정당성이 입증되었다", "나를 고발하고 기소한 사람들은 반성하라"라며 공세를 취할 것입니다. 하지만 무죄가 나왔다고 해서 그 발언이 정당하

다는 얘기는 아닙니다. 그냥 '처벌받을 수 있는 행위는 아니다'라는 정도의 뜻이죠. 그런데 그 재판 결과가 사회에서 마치 '무죄=정당함'으로 받아들여질 수 있다는 것입니다. 이러한 위험을 감수하면서까지 역사 부정죄를 도입할 필요가 있는지도 면밀히 따져 봐야 합니다.

5·18을 왜곡하는 게시물이나 영상물을 보면 정말 분노하지 않을 수 없습니다. 그들이 어떻게 사실을 조작하고 있고, 그로 인해 피해자들이 어떻게 고통받고 있는지에 관해서는 영화 〈김군〉(2018)을 꼭 한번 보시기 바랍니다. 아무튼 그런 왜곡된 자료를 보고 있노라면 그걸 만든 사람이나 유포한 사람들을 당장이라도 처벌해야 한다는 생각이 자연스럽게 듭니다. 하지만 형사처벌은 늘 최후의 수단이어야 하고 다른 방법이 있다면 그것을 우선적으로 활용해야 합니다. 우리가 역사를 기억하고, 희생자들의 넋을 기리고, 생존 피해자들이 사회에서 온전한 삶을 살아가도록 하는 방법은 여러 가지가 있습니다. 진상을 규명하고, 피해자들에게 배상하고, 기념관을 만들고, 기념일을 제정하고, 공교육 과정에 내용을 반영해 널리 그 사실을 알리는 것 등이죠. 만약 이러한 일들이 잘 작동하고 있다면, 아무리 역사 왜곡 발언들이 난무해도 영향력을 갖지 못할 것입니다. 영향력이 없다면 굳이 그 발화자를 처벌할 이유도 없겠죠.

일제 식민 지배에 대한 왜곡 발언을 처벌하자는 법안도 여러 차례 발의된 바가 있습니다. 마침 2019년에는 친일 논쟁이 뜨거웠죠. 『반일 종족주의』라는 책에서 저자는 '일본이 토지를 강탈하지

않았다', '쌀을 수탈하지 않았다', '강제 동원하지 않았다', '강제로 끌려간 위안부도 없었다' 등의 주장을 했습니다. 하지만 이에 대해서 학문적 입장의 반론도 활발히 제기되고 있습니다. 또한 영화 〈김복동〉(2019)이 개봉되어, 일본군 '위안부' 피해자로서 여성 인권과 평화를 위해 싸워 온 김복동 할머니의 삶이 재조명되었고, 다큐멘터리 〈주전장〉(2019)은 일본 우익들의 역사 왜곡을 폭로하고 있습니다.

이렇게 우리는 이미 역사 왜곡에 맞서 싸우고 있습니다. 물론 아직도 부족하고 더 박차를 가해야 합니다. 그러나 그 과정에서 역사 부정을 법으로 처벌하는 조치도 과연 필요한 것인지 생각해 볼 필요가 있습니다. 그것이 역사적 진실을 밝히고 생존 피해자들이 존엄한 삶을 살아갈 수 있도록 하는 데 도움이 될지, 아니면 별 도움이 안 될 뿐만 아니라 오히려 부작용만 낳는 것은 아닌지 신중하고 차분하게 생각해 보아야 합니다.

2부 ─── 권리와 자유

민사소송
계약법
법 규제의 딜레마
노동법
장애인의 권리와 법
편견과 혐오표현

7장 법으로 시민의 권리 찾기
────── 민사소송

1부에서 주로 이야기한 정의는 국가와 시민 사이의 정의였습니다. 이것을 법적으로는 **공법상의 정의**라고 합니다. 공법은 공적인 생활 관계를 규율하는 법으로서, 공공 기관 상호 간 또는 공공 기관과 시민 사이 같은 수직 질서를 규율하는 법입니다. 이러한 공법의 세계에서는 공공의 재화를 어떻게 개인들에게 공정하게 분배할 것인가가 중요한 문제입니다. '같은 것은 같고 다른 것은 다르게' 즉, 분배적 정의의 원리가 적용되어야 하는 것이죠.

반면 개인과 개인의 관계에는 다른 정의의 원칙이 적용됩니다. 우선 양 당사자가 서로 평등한 관계임을 전제해야 합니다. 이때는 **시정적 정의**가 적용됩니다. 수평 질서를 규율하는 원리죠. '시정'이라는 말은 영어로 correction, 즉 고친다는 뜻인데, 당사자 사이의 균형이 깨졌을 때 다시 균형을 이루게 해야 한다는 의미입니다.

그렇다면 어떻게 시정할까요? 원래 상태로 돌아가도록 하는 것

이 원칙입니다. 예를 들어 A가 B의 집 유리창을 깼다면, A가 B의 집 유리창을 새것으로 바꿔 주는 것이 정의로운 거죠. 이보다 복잡한 경우도 있습니다. A가 B를 밀어 넘어뜨려 전치 2주의 상처를 입혔다고 칩시다. 균형을 회복한답시고, A도 넘어뜨려 다치게 하는 '눈에는 눈, 이에는 이' 같은 원칙이 지배하던 시대도 있었습니다만, 현대사회에서 그런 식의 시정은 인정되지 않습니다. A가 B의 치료비를 물어 주는 식으로 균형을 회복합니다.

그런데 치료비를 물어 준다고 해서 완전히 균형을 찾는 것은 아니겠죠. 병원 가느라 중간고사 준비를 못 했고, 화도 많이 났고, 너무 아팠습니다. 이런 정신적 고통에 대한 균형은 어떻게 회복될 수 있을까요? 정신적 고통에 대해서는 소위 '위자료'를 주는 식으로 해결하면 되겠지만, 100퍼센트 완벽하게 균형이 회복되는 것은 쉽지 않을 겁니다. 그래도 민법은 그 균형을 최대한 완벽하게 맞추기 위해 노력해 왔습니다.

위의 사례는 개인과 개인의 수평적인 관계에 관한 것이며, 이러한 사적인 관계를 규율하는 법을 **사법**私法이라고 합니다. 여기에는 민법이나 상법 등이 포함되죠. 이 장에서 다룰 정의는 바로 민사법적 정의, 즉 사법 영역을 지배하는 정의의 원리입니다. 교환적·평균적·시정적 정의에 관한 것이라고 할 수 있습니다. 민사법 영역에서 어떤 불법행위가 있을 때 균형을 회복하는 정의의 원칙은 무엇이고 이 원칙은 법적으로 어떻게 구현될까요?

에린 브로코비치의 정의

개봉한 지 조금 오래됐지만 영화 〈에린 브로코비치Erin Brockovich〉 (2000)를 소개하려 합니다. 극 중 주인공 이름도 영화 제목과 같이 에린 브로코비치입니다. 에린은 이혼 후 마땅한 직업 없이 자식 세 명을 키우는 싱글맘입니다. 그러던 중 교통사고를 당합니다. 하지만 보상금도 제대로 못 받자 자신의 변호사에게 가서 따집니다. 그리고 다짜고짜 변호사 사무실에서 일하게 해 달라고 억지를 부립니다.

우여곡절 끝에 변호사 사무실에서 일하게 된 어느 날, 에린은 서류를 정리하다가 의미심장한 문서 하나를 발견합니다. 그리고 직접 조사를 나가죠. 대기업 PG&E사가 오염 물질을 방출해 힝클리Hinkley 지역의 수질을 오염시킨 사건이었는데, 에린은 주민들을 설득해 서명을 받아 내고 끈질기게 사건을 파헤쳐 결정적인 자료를 찾는 데 큰 역할을 합니다. 결국 승소를 이끌어 내는 데 크게 기여하게 됩니다.

이 영화는 실화를 바탕으로 합니다. 에린 브로코비치라는 이름도 실존 인물의 이름입니다. 자동차 사고가 나서 변호사 사무실에 근무하게 된 사연이나 미인 대회 수상 경력이 있다는 설정도 실제와 같죠. 영화에서 에린의 정신적 지주 역할을 하는 남자친구 조지도 실존 인물이라고 합니다. 이러한 유의 환경 소송에서 4년 만에 3억 3300만 달러, 우리 돈으로 3000억 원이 넘는 돈을 받아 낸 것은 처음이라고 하는데, 이 역시도 사실에 기반을 두고 있습니다. 그런

데 영화에서와는 달리 주민들과의 관계는 썩 좋지 못했다고 합니다. 배상금 배분을 둘러싸고 주민들은 분열했고, 이 과정에서 에린은 주민들의 신뢰를 잃었다는 다소 씁쓸한 얘기도 들립니다.

실존 인물인 에린은 이 소송 이후 완전히 다른 삶을 살게 됩니다. 미국 ABC에서 프로그램 진행을 맡기도 했고요. 자신의 책이 베스트셀러가 되기도 했습니다. 그녀의 이름을 딴, 그녀가 운영하는 홈페이지에는 "22년 그리고 지금도 싸우고 있다"라고 쓰여 있습니다.▶¹ 에린은 환경오염이나 잘못된 의료 기구, 약 등으로 고통받는 사람들을 돕는 일을 하면서 스스로를 '소비자 옹호자Consumer Advocate'로 소개합니다. 작은 법률사무소 직원에서 공익 활동가로 거듭난 것이죠.

영화에서는 한 거대 기업과 평범한 시골 주민들이 맞붙습니다. 법적으로는 양쪽 모두 **사인**私人에 해당합니다. '국가 대 사인'이 아니라 '사인'과 '사인'이 대립하는 것이죠. 그래서 이 사건은 민사소송이고, 앞서 언급한 시정적 정의, 교환적 정의의 원리가 적용되어야 합니다. 오염 물질을 배출했고, 그로 인해 주민들이 건강상 위해를 입었다면 해당 기업이 치료비와 위자료를 물어 주는 것이 정의에 부합하겠죠. 그렇게 문제가 '시정'되어야 할 겁니다.

하지만 영화에서 보듯 시정이라는 것이 그리 만만한 문제가 아닙니다. 일단은 말이 '사인 대 사인'이지 기업과 주민들은 실질적으로 평등하다고 보기 어렵습니다. 오염 물질에 대한 정보는 모두 회사 기밀로 처리되어 공개되지 않습니다. 기업은 비싼 돈을 들여 유능한 변호사를 고용해 기업 측에 유리한 근거들을 탄탄하게 마련

해 놓고 있었습니다. 기업에 비해 정보가 부족한 주민들이 어설프게 기업에 보상을 요구해 봤자 소용이 없습니다.

이 영화가 '극적인' 이유는 바로 이런 어려움을 뚫고 승소를 이끌어 냈기 때문이겠죠. 거꾸로 생각해 보면 그만큼 힘든 일인 겁니다. 민사소송은 양 당사자의 평등한 관계를 전제로 하지만 실질적으로 불평등한 경우가 허다합니다. 이럴 때 법은 지켜보고만 있어야 하는 걸까요? 혹은 에린 브로코비치 같은 불세출의 영웅이 등장해야만 상황이 해결될 수 있는 것일까요?

눈여겨볼 대목은 이 사건이 **중재**로 마무리되었다는 것입니다. 민사소송은, 양측 변호사들이 협상을 벌이고 양 당사자가 합의하면 즉시 종결됩니다. 결국 민사소송은 양 당사자의 손해와 이익을 적절한 수준에서 조정하는 것이고, 이미 발생한 피해를 어떻게 적절한 수준에서 시정할 것인가의 문제입니다. 여기서 중재는 판사의 중재 결정에 따르기로 양 당사자가 합의하는 것입니다. 중재를 할 것인지 소송을 계속할 것인지는 당사자의 자유로운 의사에 의해 결정됩니다. 양 당사자가 만족할 수 있는 결과가 도출되면 그것이 최선이니까 더 이상 소송할 필요가 없겠죠.

영화에서 역시 중재라는 방식으로 결론이 납니다. 영화에는 변호사가 주민들에게 중재에 동의해 줄 것을 요청하는 장면이 나옵니다. 변호사는 소송으로 가면 10년 이상 걸릴 수도 있으니, 손해배상 액수가 만족스럽지 않더라도 중재에 동의해 달라고 주민들을 설득합니다. 소송에 간다고 무조건 이긴다는 보장이 있는 것도 아니므로 적절하게 손해배상을 받는 게 맞는다는 것입니다. 그것이

주민들의 이익에 더 부합할 수도 있고요.

민사소송의 목표는 양 당사자가 타협하여 최선의 합의를 이끌어 내는 것이지, 갈 때까지 가서 궁극의 정의를 찾는 것이 아닙니다. 실제로 민사소송이 고도로 발달한 미국에서는 95퍼센트가 소송 중간에 조정이나 화해로 재판을 끝낸다고 합니다.▶2 나중에 살펴보겠지만, 이것은 형사소송과는 다른 민사소송의 특징이기도 합니다.

〈시빌 액션A Civil Action〉(1998)이라는 영화에서도 비슷한 상황이 나오는데요. 〈시빌 액션〉은 민사소송에서 양 당사자 사이의 치열한 거래가 끝까지 긴장감을 놓을 수 없게 하는 영화입니다. 민사소송의 특징이 더욱 분명하게 드러나죠.

잰 슐리츠먼 변호사는 산업폐기물에 오염된 수돗물로 아이들이 사망한 소송사건을 맡게 됩니다. 소송 과정에서 상대편 변호사는 계속 합의를 제안하지만, 원고 측은 진상 규명을 원하죠. 잰 변호사의 법률사무소에서도 적당한 수준에서 합의하길 원합니다. 하지만 잰 변호사는 끝까지 합의를 하지 않고 버티다가 결국 일부 승소 판결을 받아 내는 데 그칩니다. 그 후에도 잰 변호사는 진상 규명과 승소를 위한 투쟁을 계속하죠. 민사소송이라는 절차를 통해 우리가 도대체 무엇을 얻으려고 하는지에 대한 근본적인 의문을 던지는 영화라고 할 수 있습니다.

한국에는 민사재판을 다룬 영화나 드라마가 거의 없습니다. 그동안 법정 영화는 꽤 나왔는데, 대부분 형사재판을 다룹니다. 미국은 민사에도 배심제가 있고, 집단소송이나 징벌적 손해배상제도가

발달해 있고, 두 당사자 사이의 치열한 공방과 치밀하고 전략적인 계산에 의해 민사재판이 진행되기 때문에 '극적인' 요소가 많은 편이죠. 한국에서는 민사재판의 현실이 영화화하기에 적합하지 않은 측면도 있는 것 같습니다.

불법행위란 무엇인가?

민사법에서 적용되는 원리가 시정적 정의, 교환적 정의라고 했는데, 그 정의의 원리가 가장 직접적으로 구현되는 곳은 **불법행위법**에서입니다.

위법한 행위로 타인에게 손해를 끼쳤다면 평화로운 공존의 조건, 또는 당사자 사이의 균형 관계가 깨진 것이죠. 이때 손해를 전보塡補함으로써, 즉 손해를 갚게 함으로써 원상회복을 시키는 것이 바로 불법행위법의 기본 원리입니다. 불법행위법은 민법 제5장의 제750조부터 제766조에 걸쳐 규정되어 있고, 그 핵심은 다음과 같이 정리되어 있습니다.

민법 제750조 고의 또는 과실로 인한 위법행위로 타인에게 손해를 가한 자는 그 손해를 배상할 책임이 있다.

민법 이론에서는 이러한 불법행위가 성립하기 위한 요건을 좀 더 자세히 설명합니다.

유책성

유책성이란 가해행위자에게 고의나 과실이 있어야 한다는 뜻입니다. 여기서 과실이란 어떤 주의의무를 위반한 것입니다. 예를 들어, 유리창을 깨야겠다고 생각해서 돌을 던졌으면 그것은 고의겠죠. 그런데 주택가에서 야구를 하다가 실수로 남의 집 창문을 깼다면, 그건 과실이 됩니다. 야구를 하다 보면 공이 원치 않는 방향으로 날아갈 수 있고, 그러다가 남의 집 창문을 깰 가능성이 얼마든지 있죠. 그렇다면 공이 어디로 날아갈지 모르니까 운동장에 가서 야구를 해야 한다는 겁니다. 그런데도 부주의하게 주택가에서 야구를 하다가 유리창을 깼다면 그것은 과실이 됩니다.

영화 〈에린 브로코비치〉에서 주민 측 변호사가 "PG&E의 자체 조사진들도 실험용 우물에서 중크롬의 독성을 검출했다"라는 이야기를 하죠. 또한 영화 막판에 결정적인 제보를 받게 되는데, 제보자는 본인이 회사에서 회사 기록을 폐기했다고 합니다. 그 기록은 실험용 우물에 관한 내용이었죠. 만약 회사 측이 자신들의 행위가 주민들의 건강을 해칠 줄 몰랐다면 과실이 없는 것이 될 겁니다. 하지만 그 사실을 인지하고 있었다면 과실이 성립합니다.

책임능력

민법 제753조와 제754조는 미성년자나 심신상실자의 경우 책임능력이 없어 배상 책임도 없다고 규정하고 있습니다. 다시 말해 미성년자나 심신상실자가 아니어서 책임능력이 있어야 불법행위가 성립한다는 뜻이죠.

손해

손해를 야기하는 행위도 있어야 합니다. 앞에서 말한 사례로 보면, 야구를 하는 행위가 곧 손해를 야기하는 행위가 되겠죠. 그리고 손해가 발생해야 하는데, 창문이 깨졌다면 재산상 손해가 발생한 것입니다. 〈에린 브로코비치〉에서 주민들이 병에 걸린 것이 바로 손해입니다. 손해에는 육체적 손해뿐만 아니라 정신적 손해도 포함됩니다.

또한 손해 야기 행위와 손해 발생 사이에 인과관계가 있어야 합니다. '야구 사례'에서는 야구공 때문에 유리창이 깨진 것이니 인과관계가 있는 것이겠죠. 하지만 좀 복잡한 경우도 있습니다. 〈에린 브로코비치〉의 사례가 그러한 경우입니다. 피해자들의 건강이 악화되었으니 손해가 발생한 것은 분명한데, 과연 그것이 공장 때문이냐, 다른 원인 때문이냐가 문제인 것이죠.

에린 브로코비치는 주민을 만나서 "독물학자가 중크롬에 노출될 경우 유발될 병의 목록을 줬고, 그것이 당신 증세와 일치한다"라고 말합니다. 주민들 병의 원인이 공장의 중크롬 때문이라는 점을 지적한 것이죠.

반면에 에린과 변호사가 피고 측 변호사를 만나서 주민들이 이런저런 병에 걸렸다고 말하자 피고 측 변호사는 이렇게 대꾸합니다. "요인을 따지자면 수백만 가지가 넘어요. 영양 결핍, 나쁜 유전자, 무절제한 생활…." 피고 측 변호사는 주민들이 걸린 병의 원인이 공장이 아니라는 점을 강조해서, 즉 인과관계를 부정해서 불법행위가 성립하지 않는다는 반론을 펼치는 것입니다.

위법성

마지막으로 가해행위가 위법해야 합니다. 위법성이란 법질서에 반하는 인간의 행위를 뜻하고, 법질서가 보호하는 어떤 이익, 예컨대 재산·인격·건강 등을 침해하는 것을 말합니다.

미국에서 일어난 '맥도날드 커피 화상 사건'은 한 번쯤 들어 보셨을 겁니다. 1992년 한 할머니가 맥도날드에서 커피를 사서 차를 타고 가다가 커피를 쏟아 3도 화상을 입었습니다. 할머니는 의료비 2만 달러를 청구했지만, 맥도날드는 800달러를 제시해서 협상이 결렬됩니다. 당시 맥도날드는 커피 온도를 82~88도 정도로 유지했는데, 88도면 화상 위험이 있는 온도였습니다. 또한 맥도날드가 받은 커피 화상에 대한 배상 청구가 10년 동안 700건이 넘었다는 사실도 밝혀집니다. 이 부분이 바로 맥도날드 과실을 입증하는 부분이죠. 즉, 맥도날드는 커피로 화상을 입을 수 있다는 점을 알고 있었던 것입니다. 결국 배심원들은 맥도날드의 80퍼센트 과실을 인정하여, 손해배상금 16만 달러와 286만 달러의 징벌적 손해배상 판결을 합니다. 판사가 나중에 징벌적 손해배상금을 48만 달러로 조정해서 총 64만 달러, 우리나라 돈으로 7억 원 정도가 배상금으로 책정되었습니다. 그런데 할머니가 이 돈을 그대로 받은 것은 아닙니다. 그 후 항소를 했고, 항소심이 끝나기 전에 할머니와 맥도날드는 합의를 합니다. 통상적으로 합의 액수는 밝히지 않기 때문에 할머니가 정확히 얼마의 손해배상금을 받았는지는 알 수 없겠지만, 최소한 수십만 달러를 받았을 것 같습니다.

그 후 맥도날드는 커피 온도를 70도 정도로 낮춥니다. 그리고

오늘날 맥도날드를 비롯한 커피업체는 커피를 건넬 때, '뜨거우니 조심하세요'라는 문구를 부착하고 구두로 안내도 하죠. 이렇게 하는 이유는 불법행위를 피하는 요건 중 '주의의무를 다했음', 즉 과실이 없다는 점을 분명하게 하기 위한 것이라고 할 수 있습니다.

소비자가 기업에 책임을 묻는 방법

불법행위법은 손해와 이익을 공평하게 조정하기 위한 것입니다. 그런데 법이 양 당사자를 정말 똑같이 대우할 경우, 손해와 이익의 공평한 조정이 어려울 수가 있습니다. 당사자들이 기울어진 운동장에 서 있을 때가 있기 때문입니다. 예컨대 노동자와 사용자, 환자와 의사, 소비자와 기업, 그리고 〈에린 브로코비치〉에서처럼 주민들과 기업의 경우를 생각해 봅시다.

민사소송은 원고가 피해 사실을 입증해야 하는데, 환자·소비자·주민이 피해를 입증하는 것은 대단히 어렵습니다. 기업이나 의사는 해당 사안에 대해서 훨씬 더 많은 정보를 가지고 있고, 이런저런 근거를 들어 과실이나 인과관계를 부정하는 것이 어려운 일이 아닙니다. 예컨대 의료사고가 났을 때 환자가 의사의 과실을 입증한다는 것은 매우 어려운 일이겠죠. 의료 지식도 없고, 관련 자료에 충분히 접근할 수 없는 상황에서는 입증이 쉽지 않으니까요.

어떤 회사의 제품을 사용하다가 피해를 입어도 회사의 과실을 입증하기란 매우 어렵습니다. 〈에린 브로코비치〉에서처럼 기업 측에서는 '위험한 줄 몰랐다', '발병에는 다른 원인이 있을 수 있다'는

식으로 빠져나가기 십상이라는 것입니다. 물론 영화에서는 에린의 놀라운 활약으로 증거를 하나하나 수집하고, 특히 내부 고발자의 증언을 받아 내죠. 하지만 이건 말 그대로 '극적'인 일이고 영화에서나 있을 법한 일이지 현실에서는 결코 쉬운 일이 아닙니다.

그래서 현대 민사법에서는 이러한 불균형을 해소하기 위한 여러 조치를 취해 왔습니다. 사회적 약자들이 좀 더 쉽게 손해를 구제받기 위한 장치들을 마련하는 것이죠. 대표적인 것이 **제조물책임법**입니다. 한국에서도 2002년부터 시행되고 있는데, 이 법의 핵심적인 내용은 제조업자에게 일정한 면책 사유가 없는 한 그의 고의·과실과 제품의 결함에 따른 손해배상 책임을 진다는 것입니다.

앞에서 불법행위법의 요건 중 하나가 과실이라고 했는데, 기업의 책임을 논할 때 가장 문제가 되는 것이 과실의 입증입니다. 기업 측에서는 항상 '몰랐다', '할 만큼 했다'는 식으로 책임을 회피하니까요. 그런데 제조물책임법에서는 제품을 만드는 쪽의 과실이 없어도 책임을 인정합니다. 그래서 이것을 '무과실책임'이라고 합니다. 과실이 없어도 일단 제품을 만든 쪽이 책임을 지는 것이고, 제조업자가 적극적으로 제품에 결함이 없었다는 점을 입증해야 면책이 되는 것이죠.

대법원에서는 제조물책임 소송에서 이런 입장을 내놓은 바 있습니다.

> 그 제품이 정상적으로 사용되는 상태에서 사고가 발생한 경우 소비자 측에서 그 사고가 제조업자의 배타적 지배하에 있는 영역에

서 발생하였다는 점과 그 사고가 어떤 자의 과실 없이는 통상 발생하지 않는다고 하는 사정을 증명하면, 제조업자 측에서 그 사고가 제품의 결함이 아닌 다른 원인으로 말미암아 발생한 것임을 입증하지 못하는 이상 그 제품에 결함이 존재하며 그 결함으로 말미암아 사고가 발생하였다고 추정하여 손해배상책임을 지울 수 있도록 입증책임을 완화하는 것이, 손해의 공평·타당한 부담을 그 지도원리로 하는 손해배상제도의 이상에 맞다.[3]

말이 좀 복잡하긴 하지만, 대략 이런 내용입니다. 소비자는 두 가지만 입증하면 됩니다. '사고가 제조업자의 배타적 지배 영역에서 발생'했고, '소비자 과실은 아니다'. 이것만 입증하면 손해배상책임을 제조업자 측에서 지게 됩니다. 그리고 제조업자가 면책이 되려면 '원인이 제품 결함이 아니다'라는 사실을 적극적으로 입증해야 합니다. 일반적인 불법행위법에서는 입증책임이 원고, 즉 소비자 측에 있는 데 반해, 이 경우에는 입증책임의 무게중심이 제조업자 쪽으로 가 있습니다. 이렇게 되면 소비자가 손해를 구제받기가 용이해집니다.

이렇게 제조업자에게 더 큰 책임을 지우는 이유는 제조업자가 그 제품의 위험 요소를 관리하고 있고, 따라서 적절한 예방 조치를 취할 수도 있기 때문입니다. 그러니 주의의무의 수준을 높이는 것이 오히려 합당하지요. 예를 들어, 친구 집에 놀러 갔는데 친구가 타 준 뜨거운 커피에 화상을 입었다고 합시다. 그리고 이를 맥도날드 사건과 비교해 보죠.

맥도날드는 하루에도 수천 개의 커피를 판매합니다. 커피 온도를 몇 도로 하는 것이 적절할지 수없이 실험도 해 볼 것입니다. 그렇다면, 커피 온도에 따라 화상을 입을 가능성에 대해서도 대비하는 것이 합당해 보입니다. 만약 이에 충분히 대비하지 않았다면 그 과실에 대한 책임을 지는 것이 맞습니다.

그런데 친구는 손님들에게 커피를 주는 경우가 한 달에 한두 번꼴입니다. 지금까지 화상을 입었던 손님이 없었고, 적절한 커피 온도에 대해 사전에 실험을 해 보지도 않았습니다. 이런 친구에게 '손님들이 화상 입을 가능성에 대비했어야 한다'고 요구하는 것은 아무래도 무리입니다. 하지만 맥도날드는 그런 가능성에 대비하여 조치를 취할 충분한 능력과 그에 따른 책임이 있는 것입니다.

그 밖에 **징벌적 손해배상**도 기업 측에 좀 더 많은 책임을 물리는 방법 중 하나입니다. 앞서 맥도날드 커피 화상 사건에서도 손해배상금은 16만 달러였는데, 징벌적 손해배상금이 286만 달러였죠. 징벌적 손해배상은 가해자가 악의적으로 손해를 가하거나 피해자의 손해를 최소화하려는 노력을 게을리한 경우에 '징벌'의 차원에서 손해배상액 외에 금액을 추가로 배상하도록 하는 것입니다. 따라서 이것은 손해에 대한 구제 외에 기업의 불법행위를 '예방'하는 효과를 노리는 것이라고 할 수 있습니다.

2016년 6월에 발의된 징벌적 배상법안에는 이렇게 규정되어 있습니다.

제6조 타인의 권리나 이익을 침해한다는 사실을 알면서도 의도적

으로 그 결과 발생을 용인하거나 위법행위를 하여 타인에게 손해를 가하여 전보배상책임을 지는 자는 전보배상 외에 징벌적 배상을 할 책임이 있다.

제7조 징벌적 배상액은 전보배상액의 3배를 초과할 수 없다.▶4

손해를 끼칠 '의도'가 있을 때, 전보배상 외에 징벌적 배상액을 최대 3배까지 물릴 수 있게 하는 법안입니다. 사실 불법행위법이 손해를 전보하도록 하는 취지임을 감안하면, 징벌적 손해배상은 다소 예외적이라고도 할 수 있을 겁니다. 한국에는 아직 도입되지 않았고, 세계적으로도 아주 보편적인 제도라고 보기는 어렵습니다. 손해배상액을 실질화하는 것이 더 효과적이라는 제안도 나오고 있고요. 아무튼 누가 더 큰 책임을 져야 하는지는 시대가 변함에 따라 계속 바뀌고 있습니다.

담배 회사 소송

영화 〈인사이더The Insider〉(1999)는 미국의 담배 소송을 다룬 영화입니다. CBS 프로그램 〈60분〉에서 제프리 위겐드J. Wiegand 박사의 인터뷰를 통해 담배 회사의 비밀을 폭로한 실화를 바탕으로 만들어졌죠.

실제로 미국에서는 흡연 피해를 보상하라며 흡연 피해자 50만 명이 담배 회사에 소송을 제기했습니다. 그리고 1999년 7월, 2000억 달러, 우리 돈으로 약 240조 원을 배상하라는 승소 판결을 받아 냅

니다. 이때 피고였던 담배 회사가 브라운앤드윌리엄스와 필립모리스 등 5개 회사입니다.

일단, 담배 회사는 소비자의 기대를 위반한 결함 있는 제품을 제조했다는 것이 문제였고, 특히 경영진은 니코틴의 유해성을 알고 있었다는 점이 위겐드 박사의 폭로로 알려집니다. 회사 측의 주의의무 위반, 즉 과실이 있었다는 것이죠. 1965년 이전에는 흡연에 대한 경고를 하지 않았는데, 그렇다면 1965년 이전의 담배 판매는 '고의적 속임수에 의한 사기 행위'라고 볼 수 있다는 것입니다. 유해한 줄 알면서 판매한 것이니까요.

사실 미국에서의 담배 소송은 1954년부터 1992년까지는 원고가 모두 패소했습니다. 흡연 피해에 관한 의학적 증거가 부족했기 때문이었죠. 그리고 담배 회사 측에서는 1965년부터는 담배 유해성에 대한 경고 문구를 부착했기 때문에 소비자가 위험을 감수한 것이라는 주장을 펼칩니다. 하지만 담배 유해성에 대한 근거가 확립되고, 또 담배 회사가 그 사실을 알았다는 점이 폭로되면서 원고 승소 판결이 나오기 시작했습니다.

한국에서도 비슷한 담배 소송이 있었습니다. 1999년 담배로 인해 질병에 걸린 피해자와 가족들이 공동소송인으로 한국담배인삼공사(이하 KT&G)와 국가를 상대로 손해배상청구소송을 제기했죠. KT&G가 흡연을 조장했고, 국가가 이를 도왔기 때문에 피고가 둘인 것입니다. 쟁점은 '흡연과 폐암 발병 사이에 인과관계가 있는가?', '담배를 오랜 기간 피우면 끊을 수 없는 중독성이 있는가?' 'KT&G 측이 담배의 유해성을 제대로 알렸는가?' 등입니다. 불법행

위법상의 쟁점들이죠. 이제 왜 이런 논점이 제기되는지는 알 수 있을 겁니다.

원고 측에서는 폐암 발병이 흡연과 인과관계가 있다고 말하며, 이에 대한 의학적 근거를 제시했습니다. 또한 담배에 결함이 있었는데, 유해 물질이 포함되어 있고 담배 회사가 담배 중독성을 강화하는 첨가제를 고의로 넣었다고 주장했습니다. 그리고 담배의 유해성에 대해 KT&G가 충분히 경고하지 않았다는 점을 문제 삼았죠. 특히 '라이트', '마일드' 등의 표기로 마치 담배가 덜 해로운 것처럼 속이고, 군인에게 담배를 무상으로 지급하고, 국산 담배 장려 홍보를 하는 등 담배 소비를 권장하기도 했다는 것입니다.

하지만 피고 측에서는 흡연과 폐암 사이의 인과관계를 부정했고, 담배에 들어가는 첨가제는 담배 맛을 좋게 하기 위한 것일 뿐이며 첨가물 리스트는 영업 기밀이므로 일반에 공개할 수는 없다고 했습니다. 그리고 '라이트'나 '마일드'라고 표시한 것은 속인 것이 아니라, 실제로 니코틴이나 타르를 줄여 유해성을 낮췄다고 했죠. 또한 담배의 유해성은 의학이 발전하면서 비로소 알게 된 것이고, 그런 사실이 알려진 1989년부터는 경고 문구도 넣었다고 항변했습니다.

이 담배 소송은 1심 판결이 나오는 데에만 7년이 걸렸는데, 결국 원고 측이 패소했습니다. 또한 2011년 고등법원 판결에서는 일부 원고의 경우에 흡연과 폐암의 인과관계를 인정하면서도, 담배 제조의 위법성은 인정하지 않았습니다. 비록 담배가 신체에 해롭다고 하더라도 KT&G가 담배가 무해하도록 설계할 수 있는 방법을

알면서 일부러 해롭게 설계했다고 볼 수 있는 증거가 없다는 것이었지요. 또한 흡연이 암을 유발할 개연성은 있지만, 니코틴 의존은 담배 제조사의 잘못이라기보다는 흡연자의 자유의지에 따른 결과라고 본 것입니다.

사실 2심이 진행될 당시에 법원에서는 조정안을 내놓기도 했습니다. 원고 측은 KT&G가 첫해는 매출의 2퍼센트, 두 번째 해부터 20년 동안 매출의 1퍼센트를 기금으로 조성할 경우 소송을 철회할 수 있다고 제안했죠. 기금은 폐암에 걸린 흡연가들이 사용하면서 한국금연운동협의회와 대한변호사협회, KT&G가 공동 운용하는 조건이었습니다.

하지만 KT&G 측은 조정을 거부했습니다.▶5 개인 소송일 뿐이고, 1조 5000억 원에 이르는 기금이 과다하다면서, 이미 매출의 2퍼센트인 500억 원가량을 매년 사회 공헌 활동에 쓰고 있다고 주장했습니다. 이미 정부도 담뱃값에 국민건강증진부담금을 부과해 기금을 조성하는 중이라고 했지요. 결국 원고 측 피해자들은 2심과 대법원에서 모두 패소했습니다. 대법원 최종 판결이 2014년에 있었으니, 무려 15년에 걸쳐서 소송이 진행된 것입니다.

하지만 담배 소송은 완전히 종료되지 않았습니다. 2014년 흡연자에 의한 담배 소송이 일단락되자, 이번에는 국민건강보험공단이 담배 회사들을 대상으로 손해배상청구소송을 제기한 것입니다. 국민건강보험공단은 흡연과 질병의 인과성, 담배 회사의 위법행위 입증에 자신감을 보이고 있는데, 과연 어떤 결과가 나올지 주목됩니다.

2000년대 들어 제기되었던 '비만 소송'도 비슷한 논점을 가지고 있습니다. 비만인 사람들이 패스트푸드 때문에 비만에 걸렸다는 이유로 패스트푸드 업체에 소송을 제기한 것이죠. 이 소송에서 승소하려면 패스트푸드 섭취와 비만 사이의 인과관계가 입증되어야 합니다. 비만을 중독으로 볼 수 있을지, 그리고 비만 경고 표시 문구를 기재하지 않은 점에 대해 '표시 결함'이 있는지가 쟁점이 되었습니다. 만약 승소한다면 햄버거 회사는 '지나친 햄버거 섭취는 비만을 야기합니다'라는 경고 문구를 부착해야 했을지도 모릅니다.

민사책임과 형사책임

그런데 법에서 '책임'이라고 할 때는 민사책임만 있는 것은 아닙니다. 공법, 사법, 형사법에도 모두 책임이 있습니다. 그 기본 구조는 유사합니다. 유책성, 책임능력, 손해 야기 행위, 손해 발생, 인과관계, 위법성 등의 요건도 비슷하고요.

하지만 책임능력의 구체적인 내용은 조금 다릅니다. 형사책임은 14세부터 부과되지만, 민사책임은 미성년자에게 면책되는데요. 다만 부모 등 감독자가 대신 배상 책임을 지는 경우가 있습니다. 국가배상책임은 가해자가 공무원이고 손해 야기 행위가 직무와 관련이 있어야 부과됩니다.

하나의 행위가 여러 가지 법적 책임을 동시에 낳기도 합니다. 예를 들어, 공무원이 공무 수행을 위해 차를 몰다가 초록불에 횡단

보도를 건너던 행인을 치어 다치게 했다면, 불법행위에 따른 손해배상책임도 물어야 하고, 업무상 과실치상죄에 따른 형사책임도 물면서, 국가공무원의 직무상 위법행위로 인한 손해배상책임도 물게 됩니다. 이렇게 현대 법체계에서는 각 법의 규율 원리에 따라 각기 다른 책임을 지우고 있습니다.

중요한 것은 민사책임과 형사책임의 분화입니다. 근대 이후에는 이 둘의 분화가 특히 중요해졌습니다. 민사책임의 목적은 '가해자와 피해자 사이의 손해와 이익'을 공평하게 분배하는 것이었죠. 손해가 생기면 금전으로 배상하게 해서 불균형 상태를 원상회복시키는 것이었고요. 그런데 형사책임의 목적은 가해자를 교화하고, 다른 잠재적 범죄자의 범죄를 예방하기 위한 것입니다. 절도범에게 형사책임을 지우는 이유는 그에게 다시는 절도를 하지 말라고 경고하는 취지와 다른 예비 절도범들에게 경고를 주는 취지가 있다는 것이죠.

민사재판, 특히 손해배상청구소송이라면, 피해자가 원고로서 소송을 제기하고, 가해자 측이 피고가 됩니다. 하지만 형사재판은 공익의 대표자인 검사가 피고인을 상대로 공소를 제기하는 것입니다. 피해자는 제3자로서 보통 증인의 역할을 하게 되죠. 민사는 개인의 관계를 규율하므로 두 당사자가 모두 사인이겠지만, 형사는 국가가 벌을 주는 것이므로 원고는 국가입니다. 실제 국가의 역할은 공익의 대표자인 검사가 맡는 것이고요.

민사는 손해와 이익을 조정하는 일이기 때문에 서로 적절한 수준에서 타협할 수 있습니다. 양 당사자가 합의를 하면 거기서 재판

은 종료됩니다. '상계相計'라는 것도 가능합니다. 상계는 서로 계산을 한다는 뜻인데, 양 당사자 모두에게 과실이 있고 한쪽이 70퍼센트의 책임이 있다면, 손해배상은 70퍼센트만 하면 된다는 뜻입니다. 상대방의 과실과 본인의 과실이 서로 상쇄되는 것이죠.

하지만 형사책임에는 그러한 것이 없습니다. 검사와 피고인 사이의 '거래'는 불법입니다. 중간에 합의를 할 수도 없고, 상계 같은 것도 없습니다. 형사재판에서는 오로지 피고인의 잘못이 어느 정도인지를 따지고, 그에 합당한 벌을 내립니다.

'형사 합의'라는 것도 있기는 한데, 폭행처럼 경미하거나 모욕죄같이 피해자가 원치 않는데 굳이 국가가 나설 필요가 없는 경우에 적용됩니다. 예외적으로 피해자가 고소를 하거나 처벌 의사를 표시하지 않는 이상 국가가 처벌하지 않는 것이죠. 이것을 **친고죄·반의사불벌죄**라고 하는데, 몇몇 범죄에만 적용됩니다. 하지만 이는 원칙적으로 범죄이지만 특별한 이유에서 국가 공권력의 발동을 자제하는 것이지, 피해자와 가해자 사이에서 어떤 거래가 이루어져 손해와 이익이 조정되는 것과는 다릅니다.

지금까지 개인과 개인의 관계에서 균형이 깨졌을 때, 즉 피해가 발생했을 때 그 피해를 보상받는 불법행위법에 대해서 살펴봤습니다. 이때 민사법적 정의, 즉 교환적·시정적 정의의 원칙이 작동한다고 했지요. 그 균형을 찾기 위해 피해자에게는 손해배상청구권이 생기는 것이고, 가해자에게는 손해를 보전할 책임이 생기는 것입니다. 현대사회에서는 각 법률의 취지에 따라 책임이 분화되었다는 점도 언급했습니다. 취지가 다르니 당연히 각기 다른 책임이 부

과되는 것이고, 때로는 하나의 행위가 여러 법적 책임을 야기하기도 합니다.

앞에서 손해를 보전한다는 것이 생각보다 복잡한 문제라는 말씀을 드렸는데요. 불법행위법을 만들고 집행할 때도 어려운 과제였지만, 사회가 복잡해지면서 손해의 양상 또한 복잡해진 지금 시점에서는 더욱더 중요한 문제가 되었습니다. 현대사회에서 각 사인이 처한 처지와 조건을 빠짐없이 고려하여 누구에게나 실질적으로 평등한 손해보전 체제를 만드는 것은 무척 어려운 일입니다. 그래서 경제학적 계산을 통해 적절한 손해보전의 방식을 고민하기도 하고, 교환적 정의에 관한 새로운 사회철학적 이념들이 현행법의 부족한 점을 채워 나가고 있기도 합니다. 어떻게 손해를 보전해 주는 것이 정의로운 것인가? 아주 오래된 인류의 숙제이기도 했지만 지금도 현재진행형의 문제입니다.

8장   자유로운 개인들의 약속
──── 계약법

계약은 상호 간의 약속입니다. 약속이니 당연히 지켜져야 하고요. 그런데 법에서 가장 중요한 것 중 하나가 바로 이 계약입니다. 계약에는 계약의 자유 원칙이 지배하는데, 계약을 체결할지의 여부, 계약 상대방의 선택, 계약의 내용, 계약의 방식 등을 원하는 대로 정할 수 있다는 뜻입니다. 하지만 계약의 자유가 무제한으로 인정되는 것은 아닙니다. 이 장에서는 셰익스피어의 희곡 『베니스의 상인The Merchant of Venice』을 중심으로 계약에 관한 얘기를 해 보려고 합니다. 2004년에 발표된 같은 제목의 영화를 참조하셔도 좋습니다.▶1

캐나다의 맥길 로스쿨Mcgill University이 주최하는 '셰익스피어 모의재판'에서는 오로지 셰익스피어의 작품만을 선례로 원용할 수 있다고 합니다. 이러한 모의재판이 가능하다는 것은 셰익스피어의 작품에 법적인 쟁점이 그만큼 많이 담겨 있다는 뜻이겠죠. 특히 『베니스의 상인』은 '법률 희곡'이라 해도 좋을 만큼 법이 중심인 작

품입니다. 4막은 아예 재판 장면으로 채워져 있고요.

『베니스의 상인』의 무대는 이탈리아의 베네치아Venecia, 영어로 '베니스Venice'입니다. '물 위의 도시'라는 별명을 지닌 세계적 관광 명소죠. 이 희곡이 쓰인 1600년경 베니스는 강력한 도시국가이자 세계적인 도시였습니다. 자본주의가 지배하는 국제 해상무역의 중심지였죠. 원활한 국제무역을 위해서는 규칙이 필요했는데, 그 점이 베니스에서 '법'이 발달한 이유기도 합니다.

한편 셰익스피어가 살던 영국에서는 소송이 폭주했다고 합니다.▶² 당시 영국인에게 법이 매우 가까웠고, 런던에서 공연되던 연극의 상당수가 법과 소송을 다뤘다고 하니 『베니스의 상인』을 쓴 셰익스피어가 유별난 것은 아닙니다. 대중적인 인기를 끌려면 시민의 일상을 이야기해야 하는데, 그게 바로 법과 소송이었던 거죠. 셰익스피어의 아버지도 여러 차례 소송을 제기한 바 있고, 셰익스피어 스스로도 세 건의 소송을 통해 자신의 권리를 찾으려고 했습니다. 그런 경험이 자연스럽게 자신의 작품에 담긴 것입니다.

『베니스의 상인』의 주인공 샤일록은 유대인이며 돈을 빌려주는 고리대금업자이고, 안토니오는 베니스의 상인입니다. 우리가 여기서 다룰 내용은 샤일록과 안토니오 두 사람 사이의 '계약', 그리고 안토니오가 그 계약을 지키지 못했기 때문에 열리는 재판입니다. 안토니오의 친구 바사니오는 포샤에게 구혼하기 위해 돈이 필요하지만 수중에 돈이 없습니다. 바사니오는 안토니오에게 돈을 빌려 달라고 부탁을 하죠. 그런데 하필 안토니오도 현금이 없었고, 친구를 위해 샤일록에게 돈을 빌리게 된 것입니다.

바사니오와 안토니오는 샤일록에게 3개월 후에 갚는 조건으로 3000더컷의 돈을 빌리러 가는데, 대화를 보면 묘한 긴장감이 흐릅니다. 당시에는 기독교도 사이에 이자를 받는 것이 금지되어 있었습니다. 1571년 고리대금금지법에는 "하느님의 법이 금지하는 모든 고리대금업은 근절해야 하는 죄"라는 조항이 있었거든요.[3] 그래서 대금업은 오로지 이교도인 유대인들만 할 수 있었고, 대금업을 하는 샤일록 같은 유대인들은 사회적으로 증오의 대상이 되었습니다.

포샤의 판결

안토니오 선생님, 당신은 거래소에서 몇 번인지 모를 정도로 내 돈과 대금업을 비난했소이다. 저는 항상 어깨를 움츠릴 뿐 참을성을 갖고 견뎌 왔습지요. 고통을 참고 견디는 것은 저희 족속의 표지이니까요. 당신은 저를 이교도, 사람의 목을 무는 살인견으로 부르고, 내 유대인 망토에 침을 뱉었습죠. 그게 모두 제 돈을 제가 쓴다는 이유 때문이었죠. 자, 그런데 이제 보아하니 당신은 제 도움을 필요로 하게 된 모양이군요. 별일도 다 있지.[4]

샤일록은 "이윤이라는 것은 훔친 것이 아닐 때는 축복"이라면서, 자신의 대금업을 비난해 온 안토니오에게 시비를 겁니다. 안토니오가 대금업자인 자신에게 그렇게 모욕을 주었는데, 이제는 돈을 빌리러 왔으니 얼마나 황당하겠습니까? 얄밉기도 하겠죠. 그래

서 샤일록은 안토니오에게 복수할 기회라 생각하고 이상한 계약 조건을 제시합니다.

> 여차여차한 금액을 여차여차한 날에 여차여차한 장소에서 갚지 못한다면 벌금으로 당신의 몸 어느 부분에서든지 제가 원하는 데서 당신의 흰 살을 정확히 1파운드 베어 낸다고 명기해 주시기 바랍니다.▶5

바사니오는 말리지만, 안토니오는 돈을 갚을 수 있으니 걱정 말라며 계약을 하겠다고 합니다. 샤일록은 벌금으로 받겠다는 살 1파운드가 무슨 가치가 있냐면서, 자신은 그동안 본인이 당한 치욕에도 불구하고 친절을 베푸는 것이라고 말합니다. 그렇게 계약이 성사된 것입니다.

얼마 후, 바다에 떠 있던 안토니오의 상선이 모두 실종되고 안토니오는 파산합니다. 샤일록은 그 소식을 듣고 복수할 기회를 노립니다. 수감된 안토니오를 만난 샤일록은 "차용증서대로 하겠소"라고 말합니다. 어떠한 타협도 없이 살점 1파운드를 베겠다는 것입니다. 그리고 이 문제를 해결하기 위한 재판이 열립니다.

4막은 베니스에서 열린 법정을 다룹니다. 바사니오는 빌린 3000더컷을 6000더컷으로 갚겠다고 제안하지만, 샤일록은 돈에는 관심이 없습니다. 계약을 어겼으니 안토니오에게 계약 위반에 따른 벌을 받게 하겠다고 주장합니다. 베니스의 대공大公은 발사자 박사에게 재판을 맡기는데, 사실 발사자 박사는 포샤가 판사로 위

장한 것이었습니다.

재판을 맡은 포샤는 샤일록에게 자비를 베풀 것을 요청하지만 샤일록은 거부합니다. 바사니오는 당장 돈을 갚을 테니 벌금이 집행되지 않게 해 달라고 요청하지만 이번에는 포샤가 거부합니다.

> 베니스의 어떤 권력도 기정의 조항을 하나라도 변경할 수는 없습니다. 그것이 판례로 기록된다면 그 선례를 따라서 위법 처사가 수없이 감행되어 국가의 화근이 될 것입니다. 그것은 안 됩니다.▶6

기정의 조항은 미리 정해져 있는 계약 조항이라는 뜻입니다. 이는 법적 안정성, 판결의 일관성과 연관되어 있습니다. 즉, 포샤는 샤일록이 스스로 자비를 베풀지 않는 한 계약서 내용은 그대로 집행되어야 한다고 말하고 있는 것입니다. 모든 판단은 끝났고 결국 살점을 떼어 내는 집행이 시작됩니다.

그런데 이때, '추가 사항'이 있다며 포샤는 말합니다.

> 이 차용증서에는 당신에게 피 한 방울도 준다는 말은 없고, '살 1파운드'라고 명기되어 있을 뿐이오. 자 그러면 증서대로 하시오. 1파운드의 살을 취하시오. 그렇지만 살을 베어 낼 때 단 한 방울이라도 기독교인의 피를 흘린다면 당신의 토지와 재산은 베니스법에 의거 몰수되어 베니스 국가에 귀속됩니다.▶7

피를 흘리지 않고 살아 있는 사람의 살을 베는 것은 불가능하

죠. 당황한 샤일록은 "법이 그렇습니까?"라고 묻습니다. 이윽고 어쩔 수 없는 상황임을 직감한 샤일록은 살 1파운드를 포기하는 대신, 빌려준 돈의 2배를 받겠다고 하죠. 바사니오가 원래 제안했던 대로 말이죠. 바사니오는 그 돈을 주려고 하지만, 포샤는 이미 샤일록이 그 제의를 거절했기 때문에 이제 와서 제의를 받아들일 수는 없다고 말합니다.

그리고 포샤는 베니스 법률에 외국인이 시민의 생명을 빼앗으려고 한 경우 재산을 몰수하고 생명을 빼앗기게 된다고 적혀 있다면서, 샤일록에게 살인미수 혐의를 뒤집어씌웁니다. 샤일록은 간신히 죽음은 면하지만, 대신 기독교로 개종하고 딸과 사위에게 재산을 상속하는 조건에 서명하게 됩니다. 강제 개종당하는 치욕을 감수해야 했던 것입니다. 게다가 딸은 기독교인인 로렌조와 결혼하여 집에서 도망쳐 나간 상황이었고, 자신의 재산도 그 부부에게 넘겨야 했습니다. 치욕도 이런 치욕이 없었을 겁니다.

악인 샤일록에 대한 복수극으로 이 희곡을 본다면, 샤일록은 복수를 하려다가 도리어 치욕을 당하고 재산을 잃은 셈이죠. 그런 이야기라면 반유대주의적인 희곡이 맞을 테고요. 하지만 우리는 이 재판의 공정성에 대해 좀 따져 봐야 합니다. 포샤가 기지를 발휘해 샤일록을 골탕 먹인 이야기라기엔 좀 찜찜한 구석이 있거든요.

계약법의 기본

『베니스의 상인』에서 우리가 살펴본 이야기의 근간에는 '계약'

의 문제가 있습니다. 샤일록과 안토니오가 계약을 맺었고, 그 계약을 어떻게 해석할 것인지를 놓고 재판이 열리니까요. 일단 계약법의 기본적인 개요부터 살펴보겠습니다.

계약은 당사자 간의 구속력 있는 합의이며, 법률관계를 형성하는 데 가장 중요한 기초가 됩니다. 개인들은 서로 계약을 맺어서 서로에게 권리와 의무를 갖게 되니까요. 샤일록과 안토니오가 계약을 맺었기 때문에 안토니오는 계약을 이행할 의무, 즉 3000더컷을 갚을 의무가 생긴 것이고, 샤일록은 3000더컷을 갚으라고 요구할 권리가 생긴 것이죠. 그리고 돈을 갚지 못할 경우 안토니오는 살점 1파운드를 내줘야 할 의무가 있는 것이고요.

개인 상호 간, 즉 사인 간의 계약 말고도 또 다른 계약이 있습니다. 국가가 시민들의 사회계약에 의해 성립되었다고 한다면, 그 약속을 적어 놓은 것이 바로 헌법이죠. 국제법은 국가 간 계약에 관한 법률이고요. 지방자치단체끼리 계약을 맺는 경우도 있습니다.

형법은 국가가 개인을 처벌하는 것을 규율하는 법이기 때문에 원칙적으로 협상은 인정되지 않습니다. 하지만 미국에는 **플리바게닝** plea bargaining, 즉 유죄협상제도 또는 유죄답변거래라는 제도가 있습니다. 피의자가 혐의를 인정하거나 다른 사람에 대해 증언하는 조건으로, 가벼운 죄로 기소하거나 형량을 낮춰 주는 것이죠. 검찰과 피의자가 일종의 계약을 맺는 것입니다.

이렇게 다양한 형태의 계약이 있는데, 그중 우리가 살펴볼 것은 사인 간의 계약입니다. 계약은 당사자 간의 자율적인 약속을 기본으로 합니다. 그리고 맺어진 약속은 그 자체로 효력을 갖습니다. 당

사자들은 계약이 지켜질 것을 기대하고 또 그것을 신뢰합니다. 계약법은 그 신뢰를 보호하기 위해 계약을 강제로 이행하게 하거나, 특별한 경우에는 계약을 무효로 만들기도 합니다.

기본적으로 계약은 당사자의 자율적 의사에 기반합니다. **사적 자치**라는 말이 있습니다. 사법상의 법률관계는 개인의 자유로운 의사에 따른다는 근대 사법의 기본 원칙입니다. 계약의 자유도 이러한 사적 자치 원칙에 따른 것인데, 구체적으로 세 가지가 포함됩니다. 첫째는 계약 체결의 자유, 즉 계약을 체결할지 말지 여부를 스스로 결정할 수 있다는 것입니다. 둘째, 계약 방식의 자유, 즉 그 계약 체결 방식을 무엇으로 할지 스스로 결정할 수 있다는 것입니다. 마지막으로 계약 내용의 자유, 즉 계약 내용을 어떤 것으로 할지도 자유롭게 결정할 수 있다는 것을 말합니다.

안토니오와 샤일록은 스스로 결정해 3000더컷을 빌리고 빌려주는 계약을 체결했죠. 차용증서에 서명을 하고, 공증인에게 공증을 받는 방법으로 계약을 체결했습니다. 당사자들이 원한다면 구두계약을 해도 무방합니다. 하지만 아무래도 서명하고 공증을 받는 것이 좀 더 확실하니 그렇게 하는 편이 낫겠죠.

민법에서는 이러한 계약의 자유를 있는 그대로 인정하는 것을 기본으로 합니다. 민법은 기본적으로 **임의규정**인데, 당사자의 의사가 우선시된다는 말입니다. 민법 제105조에 "법률행위의 당사자가 법령 중의 선량한 풍속 기타 사회질서에 관계없는 규정과 다른 의사를 표시한 때에는 그 의사에 의한다"라는 조항이 있습니다. 선량한 풍속이나 사회질서에 반하지 않는 한 당사자의 의사가 우선

한다는 뜻입니다. 반대로 선량한 풍속이나 사회질서 유지를 위해서 당사자의 의사보다 법 규정이 우선해서 적용되는 경우도 있는데, 이것을 **강행규정**이라고 합니다.

예를 들어, 최저임금 이하로 근로계약을 맺었다면, 그 계약의 효력은 인정되지 않습니다. 근로계약에는 노동자를 보호하기 위한 강행규정이 많습니다. 심지어 노동자가 사용자가 강요한 것이 아니라 내가 원해서 최저임금 이하로 받겠다고 한 것이라고 주장해도, 그 계약은 인정되지 않습니다. 최저임금법 제6조에는 "사용자는 최저임금의 적용을 받는 근로자에게 최저임금액 이상의 임금을 지급하여야 한다"라고 명시되어 있습니다. 심지어 최저임금 이하로 임금을 주면 "3년 이하의 징역 또는 2000만 원 이하의 벌금"에 처합니다. 사회적 약자인 노동자 보호를 위해 당사자의 의사보다는 법이 우선시되는 것이죠.

계약의 자유가 제한되는 경우

계약의 자유가 제한되는 사유를 살펴보면 이렇습니다. 먼저 사회질서 유지를 위해 계약의 자유가 제한되는 경우가 있습니다. 예를 들어, 혼인 계약은 기본적으로 자유입니다. 원하는 사람과 자유롭게 계약을 맺으면 됩니다. 그런데 이미 혼인한 사람이 다시 혼인을 하지는 못하죠. 민법에서는 중혼을 금지하고 있기 때문입니다. 민법 제810조는 "배우자 있는 자는 다시 혼인하지 못한다"라고 혼인의 자유를 제한하고 있습니다.

한편 민법 제103조에는 "선량한 풍속 기타 사회질서에 위반한 사항을 내용으로 하는 법률행위는 무효로 한다"라고 되어 있습니다. 즉 선량한 풍속이나 사회질서에 반하는 법률행위는 아무리 당사자 간의 합의로 계약을 체결했다고 해도 무효가 됩니다. 살인 청부 계약이나, 이혼 금지 약속, 뇌물을 받기로 한 계약, 도박 관련 계약, 첩 계약 등은 선량한 풍속이나 사회질서에 반하는 법률행위로서 무효가 됩니다.

거래 안전을 위해 계약의 자유를 제한하기도 합니다. '등기'라는 제도가 그것입니다. 국가가 관리하는 등기부에 부동산이 누구 소유인지, 누구한테 빌려줬는지 등을 적어 놓는 것인데, 이렇게 등기를 해야 부동산에 관한 법적 효력이 생깁니다. 민법 제186조를 보면, "부동산에 관한 법률행위로 인한 물권의 득실 변경은 등기하여야 그 효력이 생긴다"라고 되어 있습니다.

예를 들어, 귀찮다고 해서 당사자들끼리 변경등기를 하지 않기로 합의를 해도 그것은 의미가 없습니다. 거래 안전을 위해 부동산 관련 법률행위는 등기를 해야 효력이 있도록 정해져 있으니까요. 부동산은 아주 중요한 재산이고, 또 대개는 그 가격이 비싸기 때문에 국가가 등기부를 통해 부동산을 관리함으로써 거래 안전을 보장하는 것입니다. 만일 어떤 사람이 집을 판다고 할 때, 그 집이 진짜 그 사람 집인지 어떻게 알 수 있을까요? 매매 대금을 다 지불했는데 엉뚱한 다른 사람이 나서서 사실은 내가 주인이니까 집에서 나가라고 한다면 낭패가 아닐 수 없죠. 하지만 우리는 등기부를 열람하여 누가 진짜 주인인지 미리 확인할 수가 있기 때문에 그런 위

험을 낮출 수 있습니다.

공정성을 위해서 계약의 자유를 제한하기도 합니다. 민법 제2조에는 "권리의 행사와 의무의 이행은 신의에 좇아 성실히 하여야 한다", "권리는 남용하지 못한다"라고 되어 있고, 민법 제104조에는 "당사자의 궁박, 경솔, 또는 무경험으로 인하여 현저하게 공정을 잃은 법률행위는 무효로 한다"고 되어 있습니다. 여기서 궁박은 심리적·정신적으로 또는 경제적으로 급박한 곤궁 상태를 의미하고, 경솔은 교묘한 상술 같은 것에 속아 넘어간 것 등을 뜻합니다. 무경험은 일반적인 생활 경험이 부족하다는 의미입니다. 세상 물정을 잘 모르고 시가보다 훨씬 싸게 집을 팔았다거나 하는 경우를 말하는 것이겠죠. 이때 궁박이나 무경험은 나이, 직업, 교육, 사회 경험의 정도, 재산 상태, 절박한 상황 등을 고려하여 판단합니다.

궁박, 경솔, 무경험 탓에 현저하게 공정을 잃은 계약이라면, 당사자가 자발적으로 계약 문서에 도장을 찍었어도 무효가 됩니다. 계약이 공정하려면 양 당사자가 평등한 지위에서 계약을 맺어야 하는데, 일방 당사자가 취약한 지위에서 지나치게 불리한 계약을 맺었다면 공정하지 않은 것이겠죠.

사회적 약자를 보호하기 위해서 계약의 자유가 제한되기도 합니다. 특히 근로계약에서 계약의 자유를 제약하는 경우가 많죠. 근로기준법 제55조는 "사용자는 근로자에게 1주일에 평균 1회 이상의 유급 휴일을 주어야 한다"라고 되어 있습니다. 노동자는 취약한 지위에 있고, 사용자가 제시하는 불리한 계약 조건을 감내할 수밖에 없는 경우가 많습니다. 그래서 노동자를 보호하기 위해, 1주일 1회

이상 유급 휴일을 주어야 한다는 내용을 법으로 정해 버린 거죠. 이 부분은 당사자들이 자율적으로 달리 계약을 해도 무효입니다.

예를 들어, 노동자가 자발적으로 "저는 휴일 없이 일하겠습니다"라고 먼저 제안을 했고, 사용자가 "굳이 원한다면 그렇게 합시다"라고 해서 그렇게 계약이 맺어졌다고 해도 효력이 없습니다. 이렇게 계약한 사용자는 3년 이하의 징역 또는 2000만 원 이하의 벌금에 처하게 됩니다. 계약의 자유를 제한함으로써, 근로기준법은 노동자를 보호하고 있는 것입니다.

또 주택을 임대할 때는 임차인이 불리한 처지에 놓이는 경우가 많죠. 그래서 주택임대차보호법 제4조 제1항은 "기간을 정하지 아니하거나 2년 미만으로 정한 임대차는 그 기간을 2년으로 본다. 다만, 임차인은 2년 미만으로 정한 기간이 유효함을 주장할 수 있다"라고 되어 있습니다. 당사자가 합의하여 임대차계약을 2년 이하로 정해도 2년으로 간주됩니다. 그러므로 1년 계약을 했어도 임차인은 2년 동안 쫓겨나지 않고 살 수 있습니다. 임대인이 1년 계약 약속을 했으니 지키라고 요구해도 쫓겨나지 않을 수 있는 겁니다. 반면에 임차인이 스스로 1년 만에 나가겠다고 하는 것은 가능합니다.

공공성을 확보하기 위해서, 공공재를 제공하는 서비스 제공업자들도 계약 자유의 제한을 받습니다. 통신·운송·수도·전기·가스·의료 등의 서비스를 제공할 때, 사업자가 이유 없이 서비스 제공을 거부하여 시민들이 공공서비스를 못 받게 된다면 공공성이 크게 훼손될 겁니다. 계약의 자유 가운데 '계약 체결의 자유'가 제한받는 거죠. 따라서 특별한 사유가 없으면 이들 사업자는 계약 체결을 거

부할 수가 없습니다.

예컨대 전기사업법 제14조에는 "발전사업자 및 전기판매사업자는 대통령령으로 정하는 정당한 사유 없이 전기의 공급을 거부하여서는 아니 된다"라고 되어 있고, 의료법 제15조에는 "의료인은 진료나 조산 요청을 받으면 정당한 사유 없이 거부하지 못한다"고 적혀 있습니다. 약사법 제24조 제1항은 "약국에서 조제에 종사하는 약사 또는 한약사는 조제 요구를 받으면 정당한 이유 없이 조제를 거부할 수 없다"라고 되어 있습니다. 서비스를 제공받는 입장에서 생각해 보면, 서비스 공급자의 계약 체결의 자유를 제한하는 이유를 쉽게 이해할 수 있을 겁니다.

그럼, 안토니오와 샤일록의 계약에는 아무런 문제가 없을까요? 혹시 안토니오가 '계약 무효'를 주장할 만한 것이 있을까요?

계약의 구속력이 인정되지 않는 경우

먼저 계약의 구속력이 인정되지 않는 경우를 몇 가지 살펴보겠습니다.

의사표시의 착오

계약은 서로 약속을 한 것이고, 약속에 대한 신뢰는 유지되어야 한다고 했습니다. 이때 당사자의 진정한 의사가 무엇인지를 따져봐야 하는 경우가 있습니다. 당사자는 A라고 생각하고 계약을 했는데 표면상으로 계약서에는 B라고 쓰여 있다면, A의 효력을 인정

해야 할까요? 아니면 B의 효력을 인정해야 할까요? 계약의 자유가 당사자들의 진정한 의사에 따라 자유롭게 계약을 체결할 수 있다는 것을 뜻한다면, A를 인정하는 게 맞는다는 겁니다.

그래서 민법 제109조에는 "의사표시는 법률행위의 내용의 중요 부분에 착오가 있는 때에는 취소할 수 있다"라고 적혀 있습니다. 계약서에 표시가 잘못되었다거나 계약서 내용의 의미를 잘못 이해한 경우에는 취소할 수 있다는 것이죠. 예컨대, 1억 원짜리 아파트를 거래했는데, 'O' 세 개를 실수로 빠뜨려서 계약서에 10만 원이라고 썼다고 가정해 봅시다. 누가 봐도 명백하게 표시가 잘못된 경우에는 계약을 취소할 수 있게 하는 것이 합당하지 않을까요? 그래야 당사자의 의사대로 계약이 실현될 수 있을 테니까요.

하지만 계약에서 사소한 실수가 있는 경우는 허다할 텐데, 그런 경우까지 죄다 취소할 수 있게 하면 또 다른 혼란에 빠지게 될 겁니다. 그래서 민법에서는 "중요 부분에 착오가 있는 경우"에 한해서만 계약 취소가 가능하도록 규정하고 있는 것이죠.

사기나 강박에 의한 의사표시

민법 제110조에 "사기나 강박에 의한 의사표시는 취소할 수 있다"라고 되어 있습니다. 사기는 상대방을 속이는 것이고, 강박은 상대방을 협박해서 공포심을 유발하는 것을 뜻합니다. 속아서 또는 강제로 계약을 했다면, 당사자의 진정한 의사에 따라 체결된 계약이 아닙니다. 그렇다면 취소할 수 있게 하는 게 맞겠죠. 예를 들어, 가족을 해치겠다고 위협해서 계약을 했다거나 중고품을 신상품이

라고 속여서 계약을 했다면 그 계약은 취소가 가능하다는 겁니다.

사정 변경

계약 당시에는 당사자들의 진정한 의사가 잘 합치되었는데, 그 이후에 사정이 바뀌어서 계약서에 쓰인 대로 이행을 하는 것이 오히려 불합리한 상황이 발생할 수 있습니다. 사정 변경에도 불구하고 당초 계약의 효과를 그대로 인정할 경우 신의·공평에 심각하게 반한다면 계약이 해제될 수 있게 해 주는 것이 맞겠죠.

예를 들어, 10만 원을 빌려주고 5년 안에 갚기로 했는데 그 사이에 엄청난 인플레이션이 발생해서 10만 원의 값어치가 너무 떨어졌다고 가정해 봅시다. 물가가 10배 이상 올라서 학교 식당 식권이 10만 원이라고 생각해 보십시오. 그런 상황에서 원래 계약대로 10만 원을 갚아야 한다면 신의나 공평에 심각하게 반한다고 볼 수 있을 것이고 계약이 해제될 수 있습니다.

자, 그럼 지금까지 살펴본 내용을 샤일록과 안토니오의 계약에 한번 적용해 보겠습니다. 문제가 될 만한 것이 뭐가 있을까요?

일단 안토니오와 샤일록은 계약의 조건을 꼼꼼히 확인하고 자유의사로 계약을 체결했습니다. 계약 체결의 방식으로는 공증인 사무실에 가서 차용증서를 공증받는 방식을 택했고, 사기나 강박이라 할 만한 요소는 없어 보입니다.

다만, 안토니오와 바사니오의 상황이 좀 급박하긴 했죠. 앞에서 "당사자의 궁박, 경솔, 또는 무경험으로 인하여 현저하게 공정을 잃

은 법률행위는 무효로 한다"라고 했는데, 베니스의 거상인 안토니오가 경솔하거나 무경험이라고 할 수는 없을 것이고, 사정이 좀 급하긴 했지만 "궁박한 처지로 인하여 현저하게 공정을 잃은" 경우라고까지 하기는 어렵습니다. 대개 궁박한 처지를 이용해서 '폭리'를 취하게 되는데, 샤일록은 폭리는커녕 친절을 베푼 것이라고 말하면서 계약을 했거든요. 샤일록은 말합니다.

> 만약에 저분이 기한을 어겼다 해도 벌금을 징수해서 제가 무슨 득을 본단 말입니까? 사람의 몸에서 취한 사람의 1파운드의 살이란 양고기, 쇠고기 혹은 염소고기만큼의 가치도 없고 소용도 없어요. 저분의 환심을 사려고 저는 이 친절을 베풀지만 한 가지 말씀드릴 것은 저분이 이것을 받아들인다면 좋고 그러지 않는다면 '안녕히 계십시오'입니다. 제발 저의 친절을 곡해 마시길.▶8

부자 상인인 안토니오가 당장 현금이 없는 상황이긴 했지만, 안토니오를 사회적 약자로 보기도 어렵고, 경험이 없다거나 궁박한 처지여서 어쩔 수 없이 계약을 한 것도 아닙니다. 다만 친구의 구혼을 위해서 잠시 현금을 융통하려 샤일록과 계약을 한 것일 뿐이죠.

물론 샤일록이 이상한 계약 조건을 내걸긴 했지만 안토니오는 그걸 억지로 받아들였다기보다는, 당연히 갚을 자신이 있기 때문에 대수롭지 않게 생각했습니다. 바사니오는 "나 때문에 자네가 그와 같은 증서에 날인하게 할 수는 없네. 나는 차라리 곤궁한 상태로 남고 싶네"라고 하면서 계약을 만류하지만 안토니오는 이렇게 자

신 있게 말하죠.

> 이 사람아, 무엇을 염려하나. 나는 벌금을 물게 되지는 않을 걸세. 두 달 안에, 그러니까 이 증서의 기간이 만료되기 한 달 앞서 나에게는 이 증서에 명기된 차용금의 세 곱의 세 갑절이 돌아오게 될 걸세.▶9

그리고 안토니오는 "친절한 유대인 서둘러요. 이 히브리인이 기독교로 개종하겠는걸. 점점 친절해지는데…."라고 말하기까지 합니다. 안토니오 역시 이 계약을 선의로 해석했던 겁니다.

다만 문제가 될 만한 부분은 바로 이 계약이 사회질서를 위반하는 내용을 담고 있다는 겁니다. 앞서 살펴본 민법 제103조는 "선량한 풍속 기타 사회질서에 위반한 사항을 내용으로 하는 법률행위는 무효로 한다"라고 되어 있죠. 살인 청부 계약이나, 뇌물을 받기로 한 계약 등은 무효입니다. 예전에 종종 보도되었던 '신체 포기 각서'도 무효고요. "살 1파운드를 베어 낸다"라는 계약은 신체 포기 각서와 유사해 보입니다. 만약 대한민국 법정에서 이 문제를 다룬다면 계약 자체가 무효가 될 가능성이 높습니다.

그런데 『베니스의 상인』에서는 그렇게 문제가 해결되지는 않습니다.

포샤의 판결은 과연 정당한가?

바사니오가 "이 잔인무도한 악마의 의도를 꺾어 주십시오"라고 간청하며 샤일록을 '악마'라 부르는 대목은, 이 계약이 사회질서에 반하는 계약임을 부각시키는 것으로 보입니다. 그러나 포샤는 계약 내용에 문제가 없다고 판단합니다. 어떠한 여지도 두지 않고, 계약서 문구 그대로 집행되어야 한다고 말합니다. 이제라도 돈을 두 배, 열 배로 갚겠으니 살을 베는 것만큼은 피하게 해 달라는 바사니오의 간청도 받아들이지 않습니다. '복수'하겠다는 의사가 분명한 거죠.

앞서 계약이 지켜져야 하는 이유는 계약한 당사자의 신뢰와 기대가 유지되어야 하기 때문이라고 했지요. 샤일록은 안토니오가 돈을 갚지 않을 경우 살을 벨 수 있다는 신뢰하에 계약을 체결한 것이니, 그것은 그대로 이행되어야 합니다. 샤일록이 스스로 '살을 베지 않아도 된다'고 양해해 준다면 모를까, 그렇지 않으면 샤일록의 신뢰는 지켜져야 한다는 겁니다. 이렇게 엄격하게 계약 내용을 집행하려고 하는 포샤 판사에게 샤일록은 찬사를 보내죠. "총명하신 젊은 판사님, 당신을 진정 존경합니다!", "당신은 법에 정통하고 당신의 법해석은 가장 건전한 것이었습니다." ▶10

포샤는 안토니오의 살을 베지 않을 유일한 방법은 샤일록이 자비를 베푸는 것뿐이라고 말합니다. 샤일록이 그렇게 한다면, 샤일록 스스로 자신의 이익을 포기하는 것이니 굳이 국가가 나서서 그 계약을 집행할 필요가 없겠죠. 하지만 안토니오에게 '복수'를 하고

싶은 샤일록은 전혀 흔들리지 않습니다.

포샤가 엄격한 법 집행을 강조하는 동안에도 안토니오의 살을 베기 위한 시간은 점점 다가옵니다. 극의 분위기는 점점 고조됩니다. 그런데 여기서 포샤는 한 번 더 '계약서 문자 그대로'의 법률 해석을 시도합니다. 살을 베어 내더라도 정확히 1파운드의 살만 베어내야 하고, 피를 흘려서는 안 된다는 겁니다. 왜냐하면 계약서에는 '살 1파운드'라고만 명시되어 있기 때문입니다.

결국 샤일록은 안토니오 살 1파운드를 베어 내는 것을 포기하고 돌아서려고 하는데, 포샤는 "잠깐만"이라고 외칩니다. 그러더니 이번에는 샤일록이 안토니오의 생명을 위협했다는 죄를 뒤집어씌웁니다. 샤일록은 간신히 목숨은 유지하지만, 기독교로 개종당하고 기독교인인 사위와 딸에게 재산을 상속한다는 약속까지 하는 치욕을 당합니다.

그런데 포샤의 판결은 두 가지 측면에서 문제가 있습니다. 먼저, 샤일록의 계약 자체가 '살해'하려는 의도를 담고 있는 것이었다면 계약 자체를 무효로 보는 것이 합당합니다. 그렇다면 샤일록에게 자비를 베풀라고 할 것도 없었고, 피를 흘리지 않고 정확히 1파운드만 베라는 이상한 주문을 하지 않아도 되었습니다. 재판을 시작할 때 바로 계약 내용 자체를 문제 삼았어야 합니다.

또한 피를 흘리지 않고 살을 베어야 한다는 것도 궤변입니다. 모든 계약에는 부수되는 것이 있습니다. 굳이 계약서에 적지 않아도 상식적으로 따르는 내용이 있는 것이죠. 살을 베는 계약이 유효하다면, 그 과정에서 피를 흘릴 수 있다는 것은 당연한 전제라고 봐

야 맞습니다.

사실 포샤는 여성 변호사의 롤 모델 같은 존재였습니다. 1908년, 노동자 가정 출신 여성들에게 법 교육을 시키는 것을 목표로 설립된 미국 최초의 여성 로스쿨의 이름은 '포샤 로스쿨'이었습니다. 지금은 남학생도 받고 있고, 이름도 '뉴잉글랜드 로스쿨'로 바뀌었지만요. 하지만 과연 포샤가 온당한 법률 해석을 한 것인지는 의문입니다.

뉴욕대학교 로스쿨의 켄지 요시노 교수는 포샤가 훌륭한 변호사의 표상이 아니라, "비겁한 트집 잡기"와 "좀스러운 속임수"를 일삼는 교활한 법률가의 전형이며, 포샤의 법률 해석은 작위적인 것으로서 그럴듯해 보이지만 명백하게 틀린 법적 판단이라고 말합니다.▶[11]

나아가 그 유명한 '클린턴 스캔들'을 예로 들면서, 포샤의 법률 해석을 클린턴B. Clinton의 궤변과 동치시킵니다. 미국의 전 대통령인 클린턴은 "마리화나를 피운 일은 있으나 흡입하지는 않았다", "구강성교를 한 적은 있지만, 성적인 관계를 맺은 것은 아니다"라며 궤변을 늘어놓았죠. 클린턴의 이 술수가 포샤와 똑같다는 것입니다. 결국 클린턴은 대통령직은 유지했지만, 변호사 자격을 박탈당했죠. 포샤가 변호사였다면 변호사 자격을 박탈당할 만한 잘못을 했다는 것이 요시노 교수의 지적입니다.

게다가 포샤는 일관성도 없습니다. 샤일록에게는 법대로 할 수는 있지만 자비를 베풀라고 수차례 권유합니다. 하지만 샤일록에게 죄를 덮어씌운 후에는 어떠한 자비도 없습니다. 오히려 재산 몰

수와 더불어 기독교로의 강제 개종이라는 반인권적인 조치까지 용인합니다.

포샤의 이런 궤변은 『베니스의 상인』이 단순히 반유대주의로 읽힐 여지를 차단하기도 합니다. 반유대주의 작품이 되려면, 유대인이자 고리대금업이나 하는 나쁜 놈인 샤일록이 안토니오에게 복수를 하려다가 제 꾀에 제가 넘어가서 도리어 처절한 복수를 당하는 전개여야 할 테니까요.

물론 이 재판을 포샤의 승리로 해석하고, 포샤의 기발한 논리에 공감하는 시각이 있는 것은 사실입니다. 하지만 샤일록은 기독교도들에게 박해를 받던 외국인이자 소수 종교인, 소수 인종이었습니다. 그런 맥락에서 그가 안토니오에게 하려던 복수를 이해할 수도 있습니다. 또한 포샤의 말도 안 되는 재판에 의해 희생된 인물이라고 동정할 수도 있습니다. 그렇게 본다면 『베니스의 상인』을 단순히 반유대주의 작품으로 해석할 수는 없겠죠. 셰익스피어가 반유대주의 정서에 편승해 샤일록을 악한으로 그려 냈다고 볼 수도 없을 것이고요.

셰익스피어의 작품은 단순히, 법과 소송이 정의를 실현시켜 준다고 말하지 않습니다. 또 다른 희곡인 『헨리 6세Henry VI』에는 "우리가 맨 먼저 할 일은 모든 법률가를 죽이는 것이다"라는 대사가 나옵니다. 다만 셰익스피어가 법을 꼭 부정적으로 묘사했다기보다는, 정의가 법을 통해 실현되는 과정에서 발생하는 여러 문제를 다뤘다고 보는 게 더 적절할 것 같습니다.

지금까지 주로 계약의 '한계'에 대해서 말씀드렸는데, 그렇다

고 계약의 자유가 쉽게 제한될 수 있는 것처럼 받아들이면 곤란합니다. 법으로 뭔가를 규율할 때 원칙과 예외를 정하곤 하는데요. 법에서는 보통 그 예외를 자세히 규정하곤 합니다. 예외가 더 중요하다는 의미라기보다는, 그 예외를 빼놓고는 원칙대로 한다는 뜻입니다. 예외가 정확히 규정되면 그만큼 자유가 더 확실하게 보장되기도 하고요. 계약의 자유와 한계도 마찬가지입니다. 계약의 자유의 한계를 세밀하게 확정하려고 하는 이유는 그만큼 계약의 자유가 중요하기 때문입니다. 시민들이 서로 관계를 맺으며 살아가는 가운데 각자의 자유가 최대한 보장되려면 계약의 자유가 중요합니다. 그 자유를 위해 계약은 지켜져야 합니다. 다만 계약의 자유가 무제한은 아니라는 것도, 그 한계를 정확히 확정하는 것도 중요한 과제입니다.

9장 도덕을 법으로 강제할 수 있을까
────── 법 규제의 딜레마

법과 도덕의 관계는 법학에서 가장 근본적이고 중요한 주제 중 하나입니다. 크게 보면 두 입장이 대립하고 있는데요. 하나는 법은 최소한의 도덕이라는 입장입니다. 도덕의 범위가 법보다 넓다는 것이고, 법은 도덕 중의 일부를 규율하고 있을 뿐이라는 것입니다. 반면, 법이 도덕을 증진하는 데 역할을 해야 한다는 입장도 있습니다. 이 두 입장이 정면으로 충돌하고 대립하는 것은 아니지만, 대체로 전자는 도덕의 고유 영역이 있기 때문에 법이 도덕의 모든 영역에 개입하면 안 된다는 입장이고요. 후자는 도덕의 여러 문제에 법이 적극적으로 개입하여 도덕을 증진하는 역할을 해야 한다는 입장이라고 할 수 있습니다. 일반적으로 현대사회나 서구는 전자의 입장에 가깝고, 전통 사회나 동양은 후자의 입장에 가깝다고 얘기하기도 합니다. 한국은 어떨까요?

한국 사회는 도덕 지향적인 사회로 알려져 있죠. 법보다는 윤

리나 도덕을 중시하는 사회라는 이미지도 있고요. 도덕을 중시한다는 건 여러 의미가 있지만, 분쟁이 생겼을 때 법으로 해결하지 않으려고 한다는 뜻도 있을 겁니다. 실제로 한국의 법 문화를 외국에 처음으로 소개한 함병춘 교수의 지적에 따르면, 한국의 전통문화에서 소송을 제기하는 것은 분쟁 해결이 아니라 오히려 갈등의 시작이며, 실제로도 소송을 제기하지 않으려는 성향이 있다고 합니다.▶[1]

하지만 과연 현대 한국 사회도 그러한지는 의문입니다. 1910년부터 1960년까지는 민사소송사건 건수가 잠잠했지만, 1970년도부터 소송 건수가 늘어나기 시작해서 1980년도부터는 기하급수적으로 증가했습니다. 현재 기준으로, 매년 시민 열 명 중 한 명이 소송을 하고, 비소송 사건까지 포함하면 시민 세 명 중 한 명이 법원을 다녀간 적이 있는 것으로 나옵니다. 즉, 더 이상 한국 사회가 법보다 도덕에 의존하며 법적 분쟁 해결을 회피하고 있다고 보기 어렵다는 얘기입니다. 입법적인 차원에서 봐도, 이제는 어떤 문제가 생기면 바로 법을 만드는 일부터 시작합니다. 시민사회의 자율적인 해결이나 도덕적인 판단에 맡기기보다는 법에 의한 해결을 선호한다는 것이죠.

또한 우리 사회에서는 사회정책의 실현을 위해서 법을 적극적으로 활용하고 있습니다. '도덕의 법적 강행화'라는 주제로 이 문제를 살펴볼 텐데, 도덕을 자율에 맡기는 것이 아니라 법제화하여 이를 어기는 사람을 처벌하고 규제해 도덕을 강제로 지키게 한다는 것입니다. 어느 틈엔가 우리 사회에서 이런 경향이 일반화되었죠.

과연 이러한 현상이 바람직한 것인지, 영화 〈래리 플린트〉(1996)를 통해 살펴보고자 합니다. 조금 오래된 영화지만 여전히 한국 사회에 시사하는 바가 큽니다.

시민의 이름으로 래리 플린트를 처벌할 수 있을까?

〈래리 플린트〉는 현존 인물인 래리 플린트Larry Flynt의 일대기를 그린 영화입니다. 원래 영어 제목은 'The People vs. Larry Flynt', 직역하면 '국민 대 래리 플린트' 정도 되겠네요. 시민의 이름으로 래리 플린트를 처벌하는 것이 적절한지를 묻는 영화라고 할 수 있겠습니다. 래리 플린트는 기행을 일삼는 인물이지만 나름대로 철학이 있고 일관된 논리가 있는 사람으로 묘사됩니다. 또 그의 변호사인 앨런 아이작맨Alan Isaacman이 법정에서 래리의 독특한 생각을 법리적으로 잘 풀어냅니다. 법정 영화스러운 부분도 있고, 대사 한마디 한마디 음미할 부분이 많습니다.

이 영화를 만든 밀로스 포먼Milos Forman 감독은 체코 출신으로, 나치 수용소에서 가족을 잃었고 프라하의 공산 치하를 겪었습니다. 이때의 '정치적 억압'에 대한 경험으로 비판적 영화를 만들었고, '표현의 자유'라는 관점에서 래리 플린트의 인생을 담은 영화를 만들게 되었다고 합니다.

영화 내용은 이렇습니다. '허슬러 고고 클럽'이라는 바를 운영하는 래리 플린트는 클럽 소식지를 월간지 《허슬러》로 만들어 전국에 배포하기 시작합니다. 그리고 재클린 오나시스Jackie Kennedy

Onassis의 나체 사진을 게재하면서 《허슬러》는 대성공을 거듭합니다. 판매 부수가 200만 부를 넘으며 단숨에 백만장자가 되죠. 하지만 이때부터 보수주의자들의 공격이 시작되어 래리 플린트는 음란물 발간 혐의 등으로 구속됩니다. 래리는 보석으로 석방되면서, 아내가 소개해 준 젊은 변호사 앨런 아이작맨을 만납니다. 래리는 젊은 변호사의 실력을 의심쩍어하지만, 앨런은 "당신이 하는 일은 마음에 안 들지만, 시민의 자유가 내 전문이에요"라고 당차게 말합니다. 앨런이 등장하면서부터 영화는 법정 영화가 됩니다. 앨런은 배심원들을 향해 이런 말을 합니다.

> 전 여러분에게 래리 플린트가 한 일을 좋아하라고 설득하려는 게 아닙니다. 제가 좋아하는 것은 제가 자유의지대로 결정을 내릴 수 있는 나라에 살고 있다는 겁니다. 원한다면 《허슬러》를 사서 볼 수도 있고, 반대로 쓰레기통에 버릴 수도 있다는 겁니다. (…) 그런 권리를 누릴 수 있다는 게 좋은 겁니다. (…) 왜냐하면 우린 자유로운 나라에 살고 있기 때문입니다.

하지만 배심원들은 래리에게 유죄 평결을 내리고, 재판장은 25년 형을 선고합니다. 5개월 뒤 래리 플린트는 항소심에서 무죄판결을 받고, '자유 언론을 위한 미국인' 행사에 초대받습니다. 여기서 그는 '자유의 투사'로 소개되죠. 그리고 이렇게 연설을 합니다.

> 진짜 외설은 청소년에게 성은 나쁘고 추악하다고 가르치고, 인간

성이란 이름하에 자행되는 살인은 영웅적이라고 가르치는 겁니다. 성에 관해선 모든 걸 금기시하니, 분노와 폭력 같은 문제가 생기는 것은 당연합니다. 스스로에게 물어보십시오. 무엇이 더 외설적인가요? 섹스인가요? 전쟁인가요?

래리는 "미국이 세계 최강 대국인 이유는 가장 자유로운 국가이기 때문이다"라며 자신만만해합니다. 하지만 법정을 나서는 순간, 래리와 앨런은 극우 종교 집단으로 추정되는 사람으로부터 총격을 맞고 쓰러집니다. 현실에서도 래리 플린트는 테러를 당해 하반신이 마비되어 지금도 휠체어를 타고 있습니다.

영화에는 제리 폴웰Jerry Falwell 목사와의 일화도 나옵니다. 제리 폴웰은 미국에서 존경받는 성직자이자 보수주의의 대표적인 인물이죠. 그런데 《허슬러》에서 그를 풍자하는 광고를 게재했습니다. 조롱의 수준은 도가 지나쳤습니다. 폴웰 목사가 난교 파티에 참가했다거나 술에 취해 어머니와 성관계를 가졌다는 기사였으니까요. 기사 하단에는 깨알 같은 글씨로 "패러디이니 심각하게 받아들이지 말라"라고 적혀 있었습니다.

이 사건은 미국 연방 대법원까지 갑니다. 변호사 앨런은 이렇게 주장합니다.

누구도 《허슬러》를 보고 제리 폴웰이 근친상간을 했다고 생각하진 않는다. 그것은 공인인 제리 폴웰에 대한 풍자이자 문학적인 희화화일 뿐이다. 공인이 괴롭다고 해서 그런 풍자를 금지한다면

듣기 싫은 얘기는 처벌해야 한다고 생각할 수 있다. 듣기 싫은 얘기도 사회의 건강을 유지하는 데 꼭 필요하다는 강한 믿음이 미국의 건국이념에도 있다.

그리고 법정을 나서는 래리 플린트는 이렇게 말하죠.

만약 수정헌법 1조가 나 같은 쓰레기를 보호한다면, 여러분도 보호받을 수 있습니다. 나는 최악이니까요.

래리 플린트는 결국 승소합니다. 앨런은 래리에게 만장일치로 이겼다면서, 판결문의 일부를 읽어 줍니다.

수정헌법 제1조의 핵심은 사상의 자유이다. 개인의 언론의 자유는 자유민주주의의 한 요소로 진리의 탐구와 건강한 사회 유지에 필수적이다. 하찮고 통속적인 논쟁이라도 수정헌법 제1조의 보호를 받는다.

영화는 이렇게 막을 내립니다. 자, 여러분은 래리와 앨런의 주장에 대해 어떻게 생각하는지요?

합법적인 것과 도덕적인 것

영화 〈래리 플린트〉는 여러 관점에서 읽을 수 있는데요. 먼저

법과 도덕의 관점에서 한번 살펴보겠습니다. 보통 법과 도덕의 차이를 이렇게 설명합니다. 법의 목적은 사회질서의 유지 또는 정의의 실현이고, 도덕의 목적은 개인의 인격 완성이나 선의 실현이라고요. 법의 판단 기준은 외부적 행위이고 그 행위가 규범에 부합했는지를 따집니다. 반면, 도덕은 내심의 행위 동기를 따지죠. 규범에 합치하는 심정을 가지고 있는지가 중요합니다.

예를 들어 초록불에 건널목을 건너는 행인의 행위는 그 자체로 합법적이죠. 법은 그 이상을 묻지 않습니다. 하지만 도덕에서는 규범을 준수하려는 순수한 동기에서 초록불에 길을 건너고 있는지가 중요하죠. 예컨대 단순히 벌금을 내지 않으려고, 부모님한테 혼날까 봐, 혹은 아무 생각 없이 초록불에 건너고 있다면 그건 도덕적이라고 보기 어렵습니다. 즉, 법은 행위의 결과를 중시하지만, 도덕은 양심이나 동기를 중시하는 것입니다.

또한 법은 인간과 인간의 관계를 규율하기 위한 것이고 외부적 행위를 적절하게 규율하기 위한 약속인 반면, 도덕은 자기 자신과의 약속일 때가 많습니다.

법과 도덕을 지키는 이유도 다릅니다. 법은 외적 강제에 따른 타율성에 의해 준수되는 것을 목표로 합니다. 그래서 기본적으로 법은 어떤 규범적 명령을 규정하고 그것을 준수하지 않을 경우 어떻게 제재할 것인지까지 규정합니다. 반면 도덕은 내면의 자율적인 양심에 따라 결정하는 것이고 특별히 제재 방법을 가지고 있지 않습니다.

다른 말로 표현하면, 법은 강제성을 갖지만 도덕은 강제성을 갖

지 않는다고 할 수 있습니다. 예컨대 도덕은 '도둑질하지 말라'고 말할 뿐이지만, 법은 '타인의 재물을 절취한 자는 6년 이하의 징역 또는 1000만 원 이하의 벌금에 처한다'고 규정하는 것이죠. 물론 도덕을 위반할 때 제재가 아예 없는 것은 아닙니다. 법을 어길 때처럼 공권력에 의해 강제 집행되는 것은 아니지만, 사회 공동체에서 비난받는 방식으로 나름의 제재를 받게 되고, 때로는 그게 더 위협적이기도 합니다.

마지막으로 존재 형태가 다릅니다. 법은 실정법으로 존재하죠. 법을 제정하여 문서로 공식화하는 것입니다. 하지만 도덕은 구전되어 존재하고, 문서로 있다고 해도 어떤 형식적 승인을 받는 공식 문서는 아닙니다.

〈래리 플린트〉에서 래리는 본인의 잡지가 도덕적으로 옳다고 강변하지 않습니다. 심지어 스스로 '쓰레기'라고 인정합니다. 그는 "내가 원하는 것은 오로지 재미있는 일로, 그리고 정직하게 돈을 버는 것"이라고 말할 뿐이지, 위대한 일을 하고 있다거나 도덕적으로 훌륭한 일을 하고 있다고 주장하지 않습니다.

변호사 앨런도 래리의 잡지를 모두가 좋아해야 한다는 뜻이 아니며 자신도 사실 래리의 행위가 마음에 들지 않는다고 말하죠. 도덕적 판단의 측면에서 다양성을 인정하겠다는 겁니다. 《허슬러》를 좋아하는 사람도 있고 싫어하는 사람도 있고, 도덕적으로 별문제 아니라고 여기는 사람도 있고 비난하는 사람도 있습니다. 각자의 도덕적 잣대에 따라 《허슬러》를 좋아하거나 비난하는 것은 자유죠. 다만 법은 중립을 지켜야 한다는 것입니다. 법은 《허슬러》를

싫어하는 사람에게 좋아하라고 강요할 수 없고, 보기 싫다는 사람에게 억지로 보라고 강요할 수도 없습니다. 또 법이 그런 잡지를 발행하지 못하게 하거나, 보고 싶어 하는 사람을 보지 못하게 할 수도 없습니다. 법은 도덕의 자율성을 존중해야 한다는 이야기입니다.

이 영화는 한국에서 1997년에 개봉했습니다. 당시 영화 홍보기획사에서 법학도 500명을 특별시사회에 초대해 영화를 보여 주고, 과연 래리 플린트는 유죄냐 무죄냐를 묻는 설문 조사를 했는데요. 그중 65.5퍼센트가 래리 플린트의 손을 들어 주었습니다.▶² 성적인 표현을 하거나 공인을 풍자할 자유가 우선한다는 것이죠.

그런데 여기서 날카롭게 구분해야 할 것이 있습니다. '래리 플린트의 자유가 보장되어야 한다'는 주장은 반드시 '래리 플린트가 옳다'는 주장과 연결되지 않는다는 점입니다. 즉, 래리 플린트의 행위가 바람직하고 옳기 때문에 자유가 보장되어야 한다고 주장하는 경우도 있는 반면, 래리 플린트의 행위가 도덕적으로 잘못되었지만 그의 자유는 보장되어야 하며 법은 개입하지 말아야 한다는 입장도 있을 수 있다는 것입니다.

법학도 65.5퍼센트가 래리 플린트의 자유가 보장되어야 한다고 답했지만, 그중에는 '래리 플린트의 행위에 반대하고, 도덕적으로 잘못되었다고 보지만…'이라는 단서를 달고 얘기한 사람도 있을 것입니다. 도덕의 영역과 법의 영역을 구분한다는 것, 굉장히 중요합니다.

한국 사회에서 유난히 법과 도덕의 영역을 구분하지 못하는 경우가 많은 것 같습니다. 저 역시 어떤 문제에 대해 '표현의 자유가

보장되어야 한다'고 할 때, '반드시 그것이 옳다는 것은 아니고'라는 단서를 특별히 달곤 합니다. 그러지 않으면 '그럼 잘했다는 얘기냐'는 항의를 받기 일쑤거든요. 저는 '자유의 영역이고 법이 개입할 문제가 아니다'라고 말했을 뿐인데, 도덕적으로 가치판단을 한 것으로 간주되곤 하죠.

사회가 '판결'을 받아들일 때도 마찬가지입니다. '무죄' 판결은 법적으로 죄가 없다는 뜻이지, 도덕적으로 잘했다는 의미는 전혀 아닙니다. 법관은 도덕적 가치를 판단하지 않습니다. 그렇기 때문에 도덕에 대해 잘 알지 못하는 법관도 감히 판결을 할 수 있는 것이죠. 법이 무죄를 선고하더라도 여전히 우리는 그 행위를 놓고 별도로 도덕적 판단을 할 수 있습니다. '법은 개입하지 말고 도덕의 영역, 자율적인 시민사회의 판단에 맡기자'는 입장에서 무죄일 수도 있다는 것입니다.

앞서 법과 도덕은 규범에 합치했는지를 따지느냐, 규범에 합치하는 심정을 가졌는지를 따지느냐에 따라 갈린다고 했습니다. 규범에 합치하는 행위를 했기 때문에 합법적이지만, 규범에 합치하는 심정이 아니었기 때문에, 즉 법 준수의 동기가 불순했기 때문에 도덕적으로 잘못이라고 할 수도 있는 것입니다.

도덕을 법으로 강제할 수 있을까?

이번에는 도덕과 법의 구분에 관한 문제를 '도덕의 법적 강행화'라는 주제로 한번 설명해 보겠습니다. 영어로는 legal enforcement

of morality라고 합니다. 말 그대로 도덕을 법으로 강제해야 하는지, 아니면 법은 도덕의 영역에 가급적 개입하지 말아야 하는지의 문제입니다.

특히 형법에서 두드러지는데요. 피해자가 없는 범죄, 구체적인 해악을 끼치지 않은 행위에 대해서는 형법으로 규율할 필요가 없다는 견해가 있는 반면, 도덕을 증진하기 위해 형법을 동원할 수 있다는 견해가 맞서죠.

예를 들어 보죠. 생명 윤리의 관점에서는 생명을 경시하면 안 됩니다. 생명을 존중하라는 것이 도덕적 요청이죠. 이 윤리를 법으로 강행한 것이 '살인죄'나 '낙태죄'입니다. '살인하지 말라'라는 도덕이 '사람을 살해한 자는 사형, 무기 또는 5년 이상의 징역에 처한다'는 규정으로 강행되는 겁니다. 하지만 낙태죄의 정당성에 대해서 찬반 논란 끝에 2019년 헌법재판소가 헌법불합치 결정을 내렸습니다. 낙태 금지를 법으로 강행할 것인지에 대해 법적 판단이 내려진 것입니다.

존속을 살해하거나 상해한 경우 가중처벌되는 조항도 '효 사상'을 법으로 강행한 것이라고 해석할 수 있습니다. 물론 이 조항에 대해서도 논란이 있습니다. 범행 대상이 존속이라고 해서 특별히 가중처벌하는 것이 적절하지 않다는 주장이죠.

'구조 의무'도 있습니다. 긴급한 위험에 처해 있는 낯선 사람을 구조할 의무가 있는지의 문제입니다. 이걸 '착한 사마리아인법'이라고도 합니다.

착한 사마리아인 이야기는 성경의 「누가복음」 10장에 나옵니다. 어떤 사람이 강도를 만나 부상을 입고 죽게 생겼는데, 제사장과

레위인은 아무런 도움을 주지 않고 지나갔지만, 이방인인 사마리아인이 그를 보고, 기름과 포도주를 상처에 붓고 짐승에 태워 주막에 데리고 가서 돌보아 주었다는 얘기입니다.

사마리아인은 아무런 관계가 없는 사람을 순수하게 양심의 요청에 따라 돌봐 준 것이죠. 앞에서 설명한 '도덕적인 행위'에 해당합니다. 그리고 '어려움에 빠진 사람을 도와야 한다'는 도덕적인 요청을 법적으로 의무화한 것이 바로 구조의무법, 일명 '착한 사마리아인법'입니다.

이건 나라마다 법규가 다른데, 영국이나 미국에는 이런 법이 없지만, 독일·프랑스·일본 등은 구조의무법을 두고 있습니다. 한국의 경우, 도움을 주어야 하는 법률상·계약상의 의무가 있거나, 특정인이 관리하고 있는 곳에서는 구조의무가 있지만 일반적인 상황에서 법적 의무는 없습니다. 길을 가다가 우연히 도움이 필요해 보이는 사람을 봤을 때 그를 도와줄 법적 의무는 없는 겁니다. 하지만 우리는 여전히 도덕적으로는 '도움을 줘야 한다'고 말할 수 있고요.

부부간의 윤리는 간통죄로 처벌해 왔지만 2015년에 위헌 결정이 났고, 가족 구성에 관한 윤리에 해당하는 호주제나 동성동본 금혼제 역시 2005년과 1997년 각각 헌법불합치, 위헌 결정이 내려져서 지금은 도덕적 판단에 맡겨진 상태입니다. 여전히 '간통하면 안 된다', '동성동본끼리 결혼하지 말라'고 도덕적인 판단을 하는 것은 자유지만, 그걸 지키지 않았다고 해서 법으로 처벌하거나 금지할 수 없습니다.

헌법재판소 결정문에 도덕과 법의 영역을 구분하고자 하는 이

런 구절이 있습니다.

비도덕적 행위라 할지라도 본질적으로 개인의 사생활에 속하고 사회에 끼치는 해악이 크지 않거나 구체적 법익에 대한 명백한 침해가 없는 경우에는 국가권력이 개입해서는 안 된다는 것이 현대 형법의 추세이다.[3]

또한 성도덕을 법으로 강행한 것이 음란물 유포죄나 공연음란죄겠죠. 영화 〈래리 플린트〉에서는 종교계 지도자들이 나서서 래리를 비난하는데, 그들은 성도덕을 법으로 강행해야 한다는 입장이라고 할 수 있습니다. 즉, 래리의 행위를 도덕적 판단에 내맡겨 두는 것이 아니라, 법으로 금지하거나 처벌하는 식으로 '개입'해야 한다는 입장이죠. 이런 입장을 '법적 도덕주의'라고 합니다. 도덕을 법으로 강행해야 하고, 도덕을 법으로 증진해야 한다는 입장이라고 보면 됩니다.

2009년 위헌 결정이 내려져서 지금은 폐지된 혼인빙자간음죄는 연애 윤리를 법으로 강행한 것입니다. 혼인을 빙자하여 간음하는 행위는 도덕적으로 옳지 않다고 할 수 있을 텐데, 예전에는 그런 행위를 법으로도 처벌했던 거죠. 헌법재판소는 위헌 결정을 내리면서 이렇게 말합니다.

최근 우리 사회에 성 개방적인 사고가 확산되면서 성과 사랑은 법으로 통제할 문제가 아닌 사적인 문제라는 인식이 커지고 있다.

(…) 성적자기결정권이 갈수록 중요해지는 상황에서 여성의 착오에 의한 혼전 성관계를 형사법률에 의해 보호해야 할 필요성은 미미해졌다.▶4

한마디로 굳이 법이 규율해야 할 문제는 아니라는 겁니다. 반면 '성희롱'은 예전에는 사적인 문제라고 여겨졌던 것을 법으로 금지하게 된 경우입니다. 세계적으로는 1980년대 이후, 한국에서도 1990년대 이후에나 법으로 금지되었으니 아주 최근의 일이라고 할 수 있습니다. 이렇게 사회 변화에 따라 도덕에 맡겨야 할 문제와 법으로 규율해야 할 문제 영역이 뒤바뀌기도 합니다.

도덕을 법으로 강행할 때는 크게 두 가지 방식이 있습니다. 하나는 '부정적 제재'이고 또 하나는 '긍정적 보상'입니다. 부정적 제재는 도덕을 위반할 경우 법적인 강제 조치로 제재를 가하는 것입니다. 래리 플린트에게 법적 책임을 물으려고 했던 도덕주의자들은 부정적 제재의 방법으로 자신들의 성도덕을 강행하려고 했던 것입니다.

반면 긍정적 보상은 도덕을 잘 지킬 경우 법적인 보상을 해 주는 것입니다. 처벌보다는 지원을 하는 방식입니다. 예를 들어 효도를 하지 않는다고 처벌하는 것이 부정적 제재라면, 경로 우대를 하는 사람에게 세금 공제 혜택을 주는 것은 긍정적 보상이라고 할 수 있습니다.

도덕을 법으로 강행하는 것을 선호하는 입장이라면 부정적 제재를 주저하지 않겠지만, 그렇지 않은 입장에서는 되도록 법이 개

입하지 않아야 하며, 굳이 개입해야 한다면 긍정적 보상을 우선시해야 한다고 주장할 것입니다.

그렇다면 도덕을 법으로 강행할 때 어떤 문제가 있을까요? 먼저 법적 강행이 도덕을 증진하는 데 기여하는지를 고려해야 합니다. 영화 〈래리 플린트〉 초반에 보수주의자들의 모임에서, 어느 연사가 《허슬러》를 그냥 두고 볼 수 없다면서 이렇게 말하죠. "점잖은 사람들이 타락하고 있습니다.", "우리나라의 정신이 파괴되는 것을 막아야 합니다." 이어 래리 플린트는 구속됩니다. 그런데 래리 플린트 같은 이들을 법으로 처벌한다고 성도덕이 바로 설까요? 고민해 볼 문제입니다.

다음으로, 도덕의 자율성이 훼손된다는 점입니다. 도덕은 그 성격상 사회 구성원들이 스스로 내면화해 준수하는 것이 가장 바람직합니다. 그런데 특정한 도덕적 가치를 법으로 강제하는 것이 그 자체로 옳을까요? 설사 법으로 도덕을 강제한다고 해도 근본적인 변화는 아닐 수 있습니다. 이차피 법은 외적 행위만 규율하니까요.

좀 극단적인 예입니다만, 만약 매일 부모님께 안부를 물어야 하고, 이를 이행하지 않으면 벌금형에 처하는 법을 만들었다고 칩시다. 그래서 모든 국민이 처벌받지 않으려고 매일 부모님께 전화를 드린다면, 그런 상황을 놓고 '효 도덕이 회복되었다'고 말할 수 있느냐는 겁니다. 도덕은 자율적으로 준수될 때 가장 빛나는 것인데 말이죠.

문제는 또 있습니다. 도덕은 가변적인데 법은 안정을 추구하죠. 도덕적 가치판단은 잘 변하지 않을 때도 있지만 아주 빠른 속도

로 바뀌기도 합니다. 〈래리 플린트〉의 배경인 1970년대 중반은 미국에 문화적 격변이 있던 시기였습니다. 민권운동·여성운동·반전운동·학생운동 등 기존의 보수적 권위에 도전하는 새로운 바람이 불던 시기죠. 지금 우리가 자유주의적인 '서구 문화'라고 하는 것은 사실 이때 형성된 것이지, 미국이나 유럽이 아주 오래전부터 그런 문화를 가지고 있었던 것은 아닙니다.

이때 보수층의 반발도 극심했습니다. 영화에서 그들은 래리를 감옥에 넣어야 한다고 주장하죠. 래리는 당시 문화 혁명의 바람을 등에 업고 기존의 권위에 도전합니다. 그의 변호사는 "우리는 싫어하는 것도 참아야 한다"면서 그것이 자유의 대가라고 주장하죠. 그것을 참기 싫다고 해서 법으로 금지하겠다고 한다면, 우리의 가장 소중한 가치인 자유를 잃게 된다고요. 당시 보수층에 대한 도전장처럼 들리는 말입니다. 하지만 법은 래리에게 유죄판결, 그것도 25년 형이라고 하는 극형을 선고하죠. 시대의 변화를 법이 따라가지 못하고 있는 장면입니다.

그런데 이때 판결을 내린 판사는 흥미롭게도 실존 인물 래리 플린트가 직접 연기를 했습니다. 현실의 래리 플린트가 극 중의 래리 플린트에게 유죄판결을 내리죠. 아이러니한 상황을 극단적으로 보여 주기 위해서 설정된 영화적 장치로 보입니다. 아마 감독은 '이 판결이 얼마나 웃기는 일이냐'고 질문을 던지고 싶었겠죠.

당시 미국은 도덕적인 가치가 서로 충돌하는 시기였습니다. 진보와 보수의 갈등이기도 했고, 구세대와 신세대의 충돌이기도 했습니다. 하지만 법은 그 변화를 따라가지 못했습니다. 그런 상황에

서 법이 '안정'을 추구한답시고, 구세대의 편을 들어주는 것이 과연 적절한지 의문이 아닐 수 없습니다.

법이 할 일, 도덕이 할 일

이제부터는 법 집행상의 문제인데요. 사실 세계 어디에나 음란물이 정말 많습니다. 요즘 같은 인터넷 시대에는 말할 것도 없죠. 그런데 이걸 다 규제하려면 법 집행에 너무 많은 시간과 비용이 듭니다. 정말 제대로 집행하려면 국가 개입이 전반적으로 증대될 수밖에 없습니다. 국민들의 일거수일투족을 감시 대상으로 삼을 가능성도 커지고요.

영화의 첫 재판 장면에서 변호사가 《플레이보이》, 《펜트하우스》 등 신시내티에서 판매되는 27종의 잡지를 증거로 제출합니다. 변호사는 이때 이렇게 얘기하죠. "이 잡지들도 《허슬러》와 같은 내용을 담고 있는데, 이것들은 합법이고 《허슬러》만 불법이라면 이건 선별적 기소다."

법은 모든 음란물을 다 기소할 수 없습니다. 그러다 보면 어떤 음란물만 '재수 없게 찍혀서' 걸리는 거죠. 이것을 선별적 기소 selective prosecution라고 합니다. 선별적 기소가 악용되면, 국가가 마음에 안 드는 사람만 찍어서 처벌하게 될 수 있습니다. 공권력이 남용되고 법이 자의적으로 집행되는 것이죠. 이때 법에 대한 신뢰는 무너지고 맙니다. 공정하고 일관된 법 집행이라는 법치국가의 원칙도 훼손될 것입니다.

법 집행에 대한 불신이 야기되고 법치국가의 공정성이 깨지는 또 다른 이유는 도덕에 대한 판단 기준이 불명확할 수밖에 없기 때문입니다. 법이 도덕의 문제에 깊숙이 개입할수록 명확한 기준을 세우기가 어려워집니다. 만약 외설의 범위를 극도로 좁혀서 정말 심각한 문제만 처벌한다면 기준이 명확해지겠지만, 이른바 '도덕주의자'들은 다양한 형태의 외설을 광범위하게 규제해야 성도덕이 바로 선다고 주장하겠죠. 그렇다면 도대체 무엇이 외설인지가 더욱 불명확해질 겁니다.

여기서 딜레마가 생기는데, 그렇다고 해서 집행하기 좋은 명확한 기준만을 추구한다면 원래 목적을 달성하기가 어렵습니다. 예를 들어, 일본에서는 성기나 체모가 드러나는 것만 음란물로 간주합니다. 그러니까 그 부분만 모자이크로 가리면 성인물로서 합법적으로 유통되죠. 나름대로는 매우 명확한 기준을 가지고 있는 셈입니다. 그런데 과연 모자이크 처리를 했는지 안 했는지 여부가 음란물의 기준이 될 수 있을까요? 그렇게 한다고 해서 성도덕이 바로 선다고 말할 수 있을까요?

그런 식의 규제로는 도덕주의자들이 바라는 진정한 목표를 달성할 수 없습니다. 명확한 기준을 설정하는 것만 추구할 수도 없고, 그렇다고 모호한 기준으로 법 집행을 곤란하게 만들 수도 없습니다. 한마디로 진퇴양난입니다.

결론적으로, 이러한 도덕의 법적 강행화 문제에 대한 입장은 대략 두 가지로 나뉩니다. 하나는 도덕의 증진을 위해 법이 개입할 수 있다는 입장입니다. 법적 도덕주의 혹은 온정주의, 후견적 간섭주

의, 보호주의라고도 하는데, 부모가 자식 돌보듯이 국가가 시민들의 도덕의 문제에 개입해야 한다는 입장입니다. 고故 마광수 교수의 소설 『즐거운 사라』를 음란물로 판결하면서 대법원은 이렇게 말했습니다.

> 문학에 있어서도 공중도덕이니 사회윤리를 침해하는 경우에 이를 제한할 수 있도록 하였으며 (…) 그것이 건전한 성적 풍속이나 성도덕을 침해하는 경우에는 형법규정에 의하여 처벌할 수 있다.▶5

즉, 도덕이나 사회윤리를 침해한 경우에 법이 여기에 개입하여 문제를 해결해야 한다는 뜻이겠죠.

다른 하나는 타인에게 구체적으로 해를 끼치는 행위에 대해서만 법이 개입하자는 입장입니다. 사회 유해성의 원칙 또는 해악의 원칙이라고 하는데, 이때 해악은 구체적으로 인지 가능한 해악을 말합니다. 다른 사람에게 상처를 입혔다거나 재산상의 손해를 가했다거나 하는 경우에는 법이 개입할 수 있지만, 앞서 판결문에 나오는 것처럼 공중도덕이나 사회윤리 같은 추상적 가치를 침해한 경우는 법적 규율의 대상이 아니라는 것입니다.

이 입장은 '자유주의적' 입장이며, 앞서 설명한 '법과 도덕'을 구분하는 견해입니다. 해악이 없다고 해서 도덕적으로 옳다는 것은 아닙니다. 다만 그런 해악이 없는 도덕의 문제는 사회가 자율적으로 해결하는 것이 맞지 '법이 개입할 수 있는 영역'이 되어서는 안

된다는 것이겠죠. 래리 플린트 문제에 적용해 보면, 《허슬러》가 누군가에게 해악을 끼친 것은 아니다'라는 것이 래리의 자유가 보장되어야 하는 이유가 될 수 있을 겁니다.

영화의 마지막 장면에서, 문제가 되는 표현 수위의 정도에 대한 대법관들의 질문에 변호사 앨런은 "기호의 문제, 취향의 문제 matter of taste일 뿐"이라고 답하죠. 누군가에게 해악을 끼치지 않는 한, 그건 법의 문제가 아니라 기호나 취향의 문제라는 이야기입니다.

저는 한국 사회에서 아직 법과 도덕이 충분히 분화되지 않았다고 생각합니다. 법이 할 일, 도덕이 할 일을 충분히 구분하지 못한다는 것이죠. 그런 상황에서 법에 너무 많은 문제를 위탁하고 있는 것 같습니다. 도덕으로 해결될 문제, 자율에 맡겨도 되는 문제까지 죄다 법으로 금지하고 법정에 가져가곤 하죠.

그런 점에서 영화 〈래리 플린트〉는 흥미로운 텍스트입니다. 어떻게 보면 래리는 누구나 거부감을 가질 수 있는 가장 저속한 표현물을 가지고 '자유'를 주장한 것이었고, 대놓고 스스로를 '쓰레기'라고 인정하면서, 그래도 자유를 누릴 권리가 있다고 주장하는 것이니까요. 래리에게 자유를 선사한 미국 연방 대법원 역시 래리가 잘했다는 취지의 판결을 내린 것은 아닐 겁니다. 더 정확하게는 '이건 법의 소관 사항이 아니다'라는 것이겠죠. 문제가 있다면 사회가 자율적으로 해결할 영역이라는 뜻이겠고요.

이러한 법과 도덕의 딜레마를 빠져나오려면 애매할 수밖에 없는 '도덕'을 내세우기보다는, '권리'를 기준으로 삼는 게 좋습니다.

음란물의 경우에 도덕에 어긋나서 보기 싫다는 식으로 접근하면 답이 없습니다. 그보다는 음란물이 누군가의 권리를 침해했는지 세심하게 따져야 합니다. 예를 들어, 당사자의 동의와 상관없이 촬영되거나 배포된 불법 촬영물은 당사자의 사생활과 권리를 심각하게 침해하니까 당연히 금지되어야 할 겁니다. 의사 결정 능력이 충분하지 않은 아동을 출연시킨 음란물도 금지되어야 할 겁니다. 또한 음란물이 여성을 성적 대상화하는, 여성에 대한 폭력이라는 관점으로 접근한다면 그 규제 필요성에 관하여 훨씬 더 의미 있는 논점이 형성될 수 있을 겁니다.

'공인'은 명예훼손의 피해자가 될 수 있을까?

〈래리 플린트〉에서 금과옥조처럼 여기는 조항이 바로 수정헌법 제1조입니다. 여기서 미국의 수정헌법이 어떻게 만들어졌는지 확인을 해 보겠습니다.

미국 헌법은 1787년에 제정된 원문을 그대로 둔 채, 이후 수정 제1조, 제2조로 뒤에 첨부하며 개정해 왔습니다. 1787년 헌법은 기본권에 대한 내용이 없고, 미국이라는 연방 국가의 구성에 대한 규정들로 되어 있습니다. 그러나 수정 제1조부터 제10조까지 국민의 기본권이 규정되어 이 10개조를 '권리장전'이라 부르죠. 이 권리장전은 모두 1791년에 비준되었습니다.

수정헌법 제1조 (종교·언론·출판의 자유와 집회·청원의 권리)

> 연방 의회는 국교를 정하거나 자유로운 종교 활동을 금지하는 법률을 제정할 수 없다. 또한 언론, 출판의 자유나 국민이 평화롭게 집회를 할 수 있는 권리, 불만 사항의 해결을 위해 정부에 청원할 수 있는 권리를 제한하는 법률을 제정할 수 없다.

이것이 미국의 역사적인 수정헌법 제1조입니다. 표현의 자유를 보장하는 조항이라 할 수 있습니다. 한편으로 법의 한계를 명확히 하는 조항이기도 합니다. 표현의 자유를 침해하는 법률을 제정할 수 없다고 명시하고 있으니까요. 그럼 이른바 '나쁜 표현', '도덕적으로 옳지 않은 표현', '듣기 싫은 표현'은 어떻게 할까요? 미국에서는 그런 문제는 도덕적인 문제일 뿐이며, 법이 아니라 사회가 자율적으로 해결해야 한다는 입장이 강하다고 볼 수 있을 겁니다.

이와 관련해 〈래리 플린트〉에는 '공인公人'의 문제가 나옵니다. 공인이라 불리는 사람이 명예훼손의 피해자가 될 수 있는가 하는 문제입니다. 1960년 한 인권 운동 단체는 마틴 루터 킹 목사가 일곱 번이나 체포되었고, 경찰이 인권 운동을 벌이는 앨라배마주립대학교 학생들을 위협하려고 학교를 포위하고 식당을 폐쇄했다는 광고를 게재하는데요. 당시 앨라배마주 몽고메리시 경찰국장이었던 설리번은 광고 내용이 사실이 아니라면서 《뉴욕타임스》를 명예훼손 혐의로 고소합니다. 하급심에서는 설리번이 이겼지만, 1964년 연방대법원은 9대0으로 《뉴욕타임스》의 손을 들어 줍니다. 공인에 대한 비판은 현실적 악의actual malice가 없는 한 명예훼손이 될 수 없다는 취지입니다. 즉, 공직자나 공적 인물에 대한 진술은 비

록 허위라고 해도 현실적 악의가 입증되지 않는 한 명예훼손에 대한 손해배상을 받을 수 없다는 원칙을 확립한 것이죠. 달리 말해, 설사 허위였다고 해도 명예를 훼손시키려고 고의로 사실을 조작한 것이 아닌 이상 법적 문제가 될 수는 없다는 겁니다. 공직자나 공적 인물은 공적 비판의 대상이 될 수밖에 없고 이 과정에서 발생하는 오류에 대해 법이 처벌하면 안 된다는 것입니다. 그러면 공적 비판이 위축될 수밖에 없으니까요.

이때 공적 인물에는 제리 폴웰 목사 같은 사회 저명인사도 포함됩니다. 1988년 《허슬러》대 폴웰 사건에서도 미국 연방 대법원은 같은 입장을 내놓습니다. 한국 대법원도 광우병 보도로 공직자의 명예를 훼손했다는 이유로 고소를 당한 'MBC 〈PD수첩〉 사건'에서 이러한 입장을 내놓습니다.

> 정부 또는 국가기관의 정책 결정이나 업무 수행과 관련된 사항은 항상 국민의 감시와 비판의 대상이 되어야 하는 것이고 (…) 정부 또는 국가기관의 정책 결정 또는 업무 수행과 관련된 사항을 주된 내용으로 하는 언론 보도로 인하여 그 정책 결정이나 업무 수행에 관여한 공직자에 대한 사회적 평가가 다소 저하될 수 있다고 하더라도, 그 보도의 내용이 공직자 개인에 대한 악의적이거나 심히 경솔한 공격으로서 현저히 상당성을 잃은 것으로 평가되지 않는 한, 그 보도로 인하여 곧바로 공직자 개인에 대한 명예훼손이 된다고 할 수 없다.▶6

영화에서 변호사 앨런은 제리 폴웰 목사가 정신적으로 고통받았을 것이라는 사실을 부정하지 않습니다. 괴로웠을 수 있지만, 공적 인물인 제리 폴웰을 조롱할 자유가 더 우선한다는 것이죠. 그리고 누가 봐도 그건 제리 폴웰을 놀리는 것일 뿐, 누구도 제리 폴웰이 근친상간을 했다고 믿지는 않을 것이기 때문에 문제 될 것이 없다는 것입니다. 설사 그런 광고가 바람직하지 못하다고 해도 문제의 해결은 법이 아닌 사회에서 자율적으로, 즉 '사상의 자유' 시장에 맡겨야 한다고 주장하고 있습니다. 변호사 앨런은 이렇게 말합니다.▶7

> 수정헌법 제1조의 핵심에는 사고의 자유로운 교류의 근본적인 중요성에 대한 인지가 있다. 개인이 자신의 생각을 표현할 수 있는 자유는 개인의 자유의 양상일 뿐 아니라, 진실의 추구와 사회 전체의 활력에 있어서 불가결한 것이다. 공공 문제에 대한 토론의 장에서, 좋지 못한 동기에서 비롯된 많은 행위들도 수정헌법 제1조의 보호를 받는다.▶8

도덕적으로 옳지 못한 표현, 사회적으로 바람직하지 못한 표현은 수도 없이 많을 겁니다. 그것을 다 법으로 규율할 수는 없는 노릇이지요. 그렇다면 법의 한계는 어디쯤에서 선을 그어야 할까요? 법과 도덕의 경계는 어디쯤일까요? 여러분에게 던지고 싶은 질문입니다.

10장 노동권이 보장되어야 하는 이유
——— 노동법

노동은 우리 일상의 문제입니다. 대부분의 사람은 노동을 하며 노동자로 살아가니까요. 그런데 의외로 영화나 드라마에서 노동문제를 직접 다루는 경우는 많지 않습니다. 물론 '직장'은 자주 나옵니다. 하지만 직장이 나오더라도 기업 경영에 관한 얘기나 직장 내에서의 사랑 얘기가 주를 이루지 노동 자체를 다루는 경우는 거의 없는 것 같습니다. 그래도 최근에는 노동을 소재로 한 드라마가 심심치 않게 나오고 있는데요. 〈인생 추적자 이재구〉(SBS, 2015), 〈특별근로감독관 조장풍〉(MBC, 2019) 등이 그 예입니다. 각각 산업재해 문제를 파고드는 공인노무사와 노동 현장에서의 갑질 문제를 적발해 내는 근로감독관의 이야기를 다룬 드라마죠. 〈닥터탐정〉(SBS, 2019), 청일전자 미쓰리 (tvN, 2019), 〈미생〉(tvN, 2014), 〈직장의 신〉(KBS, 2013) 같은 드라마도 노동문제를 다루고 있는 드라마로 분류될 수 있을 것입니다. 반도체 회사에서의 산업재해 문제를 다뤘던

김태윤 감독의 〈또 하나의 약속〉(2013)도 많은 시사점을 주는 노동 영화로 분류될 수 있을 것 같고요.

그런데 노동문제 중에서 '노동조합'의 문제를 다루고 있는 영화는 좀 더 특별한 의미가 있는 것 같습니다. 한국 사회에서 '노조'라고 하면 부정적인 이미지가 강하죠. 귀족 노조라든가, 노조 이기주의 같은 말이 먼저 연상되기도 하고요. 독립영화 중에는 장동홍, 이재구, 장윤현 감독이 연출한 〈파업전야〉(1990) 같은 노동영화의 고전도 있고, 외국 영화 중에는 광산 노동자 파업을 영화 속에 잘 녹여 내어 감동을 주었던 〈빌리 엘리어트〉(2001) 같은 영화도 있습니다만, 노동조합을 중심으로 이야기를 풀어 가는 영화는 쉽게 찾아보기 어렵습니다. 그런 점에서 부지영 감독의 〈카트〉(2014)는 아주 특별한 영화입니다. 상업 영화로 분류될 수 있지만 노동조합의 문제를 정면으로 다루고 있는 영화거든요. 특히 비정규직 노동자들이 노동조합을 결성하고 싸워 나가는 과정을 시간 순서대로 그려 내고 있어서, 왜 노동자들에게 노동조합이 필요하고 노동조합을 통해 권리 투쟁을 할 수밖에 없는지가 아주 설득력 있게 묘사되어 있습니다. 그래서 이 영화를 통해 노동자의 권리와 투쟁, 그리고 노동법의 문제들을 풀어 가 보려고 합니다.

먼저, 본격적인 얘기로 나아가기 전에 '노동자'라는 용어부터 짚고 넘어갈 필요가 있습니다. 헌법 관련 법령에는 '근로자'와 '사용자'라는 표현이 나옵니다. 근로자는 사용자로부터 임금을 받고 근로를 제공하는 자이고요. 사용자는 근로자에게 임금을 주고 일하도록 하는 사람입니다. 그런데 이 근로자라는 표현이 문제가 있다

는 지적이 지속적으로 제기되어 왔습니다. 한자로 근로勤勞는 부지런히 일을 한다는 뜻이잖아요. 그런데 근로자는 부지런히 일을 해야 하는 사람이 아니라, 계약에 따라 정해진 일을 하고 그에 걸맞은 정당한 임금을 받는 사람일 뿐입니다. 그런 점에서 근면하게 일해야 한다는 것은 사용자의 관점이 담긴 것이라 적절치 않다는 것이고요. 노동勞動이라는 용어는 사전적인 의미로도 "사람이 생활에 필요한 물자를 얻기 위하여 육체적 노력이나 정신적 노력을 들이는 행위", "몸을 움직여 일을 함"[1]이라고 되어 있으니 용어로도 훨씬 더 적절해 보입니다. 그래서 근로/근로자보다는 노동/노동자라고 하는 것이 적절하다는 의견이 끊임없이 제기되어 왔습니다. 역사적으로 보면 1923년에 노동절 기념행사가 처음 개최되었고, 1963년에 '근로자의 날'로 바뀌게 됩니다. 지금도 「근로자의 날 제정에 관한 법률」에 따라 근로자의 날이라고 칭하지만, 앞서 말씀드린 취지에 따르면, '노동절'이라고 바꾸어야겠죠.

이미 변화의 흐름이 있습니다. 2018년 문재인 대통령이 발의한 헌법개정안에는 '근로'라는 표현이 모두 '노동'으로 바뀌어 있습니다. '근로의 권리'는 '일할 권리'로 '근로자'는 '노동자'로, '근로'는 '노동'으로, '근로조건'은 '노동조건'으로 바꾼 것이죠. 이 개정안대로 헌법이 개정된다면, 관계 법령에서도 모두 용어가 변경될 것입니다. 2019년 3월 서울시 의회는 59개 조례에 있는 '근로'라는 용어를 '노동'으로 일괄 변경하는 조례를 통과시킨 바 있습니다. 이미 변화가 시작된 것이죠. 아래에서도 되도록 노동자라는 표현을 사용하려고 합니다.

영화, 비정규직 노동자를 다루다

〈카트〉는 실화를 바탕으로 만들어진 영화입니다. 2007년 '홈에버'라는 대형 할인점에서 비정규직 노동자 700여 명을 해고합니다. 이에 맞서 노동자들은 홈에버 월드컵점을 점거하고 500일이 넘게 점거 농성을 이어 가게 됩니다. 한국에서 비정규직 문제가 본격적으로 등장하게 된 사건이기도 하고, 서울 한복판에서 점거 농성이 길게 이어진 것도 이례적인 일이라 당시에도 언론에 자주 보도됐었습니다. 영화에서는 홈에버가 아닌 '더 마트'라는 이름을 썼는데, 한국 영화에서는 관행적으로 실명을 잘 쓰지 않습니다. 〈에린 브로코비치〉에서 'PG&E'라는 전기·가스회사가, 〈인사이더〉에서 '브라운앤드윌리엄슨'이라는 담배회사가, 〈빅쇼트〉(2015)에서 리먼브라더스, 도이치뱅크 등과 같은 금융회사가 실명 그대로 등장하는 것과 대조적이죠. 법적인 분쟁을 피하려는 의도로 추측할 수 있습니다. 사실 영화에서 실명을 썼는지 여부가 중요한 것은 아닙니다. 실명이 등장하지 않아도 〈카트〉는 홈에버를, 〈제보자〉(2014)는 MBC PD수첩 사건을, 〈또 하나의 약속〉은 삼성전자를 배경으로 하고 있다는 것은 누구나 다 알 수 있죠.

〈카트〉는 마트 계산대 앞에서 진상 고객들을 상대하느라 고생하지만 하루하루 열심히 일하며 살아가는 노동자들의 이야기에서 시작합니다. 그러던 중 청천벽력 같은 소식이 들려옵니다. 계약 해지 통보를 알리는 공고문이 붙은 겁니다. 이에 맞서 노동자들은 노동조합을 결성하게 됩니다. 그런데 여기서 주의 깊게 봐야 하는 부

분이 있습니다. 영화에서는 해고 통지를 받은 노동자들이 한 허름한 식당에서 대책 회의를 하는데, 혜미(문정희 분)와 순례(김영애 분)는 그 자리에서 바로 '노동조합 가입 신청서'를 돌립니다. 그리고 곧 회사를 그만둘 거라는 미진(천우희 분)을 제외하고 전원이 신청서에 지장을 찍습니다. 미진도 결국 그다음 날 노조에 가입하게 되고요.

그런데 현실에서는 노동조합 결성이라는 게 이렇게 쉽게 되는 경우는 잘 없습니다. 일반적으로 노조라는 것에 막연한 거부감을 갖고 있는 사람들도 적지 않고, 노조가 결성될 움직임이 있으면 회사 측에서 다양한 방법으로 회유를 하기도 하죠. 노조를 법에 따라 등록하는 절차도 간단하지가 않아서 대개는 외부 노동단체, 상급노조 또는 노무사, 변호사의 도움을 받아 노동조합을 등록하게 됩니다.

노동조합 결성이 결코 쉽지 않은 일이라는 점은, 드라마 〈송곳〉(JTBC, 2015)에 잘 묘사되어 있습니다. 〈송곳〉도 극 중에서는 '푸르미 마트'라는 이름을 쓰고 있지만 앞서 말한 홈에버 사건을 배경으로 하고 있는데요. 이 드라마는 노조가 결성되는 과정에 상당한 시간을 할당합니다. 4회쯤 되어야 노조가 틀을 갖춰 가고, 그 이후에도 노조를 와해시키려는 회사의 공작이 벌어집니다. 그 과정에서 '부진노동상담소'의 구고신 소장(안내상 분)의 역할이 두드러집니다. 구 소장의 적극적인 개입으로 노동자들이 자존감을 찾고, 노동조합을 중심으로 투쟁을 진행하는 과정이 자세하게 그려집니다. 노동문제에 관여해 온 많은 분들은 〈송곳〉이 실제 노동 현장의 현

실과 더 가깝다고들 이야기합니다. 물론 러닝타임이 104분인 〈카트〉에서는 그런 부분을 다 다루기에는 물리적인 한계가 있었으리라 생각합니다. 드라마 〈송곳〉은 같은 제목의 웹툰 (2013~2015)에 기반하고 있고 같은 제목으로 책도 나와 있으니 꼭 한 번 읽어 보시기 바랍니다. 노동조합을 둘러싼 여러 가지 노동문제들이 아주 상세하고 꼼꼼하게 잘 묘사되어 있는 수작입니다.

기울어진 운동장을 바로잡는 조직, 노동조합

혜미는 노동조합 가입 신청서를 돌리면서 이렇게 말합니다.

혼자서 아무리 회사에 말해 봐야 씨도 안 먹혀요. 우리 그날 복도에서 봤잖아요. 우리가 한꺼번에 덤비니까 최 과장이 당황하잖아요. 그래서 노동조합을 만들어야 해요.

짧은 말이지만, 노동조합이 필요한 이유를 이보다 더 잘 설명하긴 어려울 것 같습니다. 노동자들은 사용자와 근로계약을 맺고 일을 합니다. 얼마의 임금을 받고 어떤 일을 어떻게 할 것인지를 약속하는 것이죠. 그런데 통상적인 계약에서 양 당사자는 평등한 지위에서 계약을 하는 것으로 전제됩니다. 만약 한 당사자가 계약을 제대로 이행하지 않으면 그쪽에서 책임을 지는 게 당연한 것이고요. 그런 점에서 보면 근로계약은 매우 특이한 계약입니다. 근로계약의 한쪽 당사자인 노동자들에게는 노동자들의 '모임'을 만들 수 있

는 권리가 법으로 보장되어 있습니다. 그렇게 만들 수 있는 모임이 바로 노동조합입니다. 그리고 이렇게 노동조합을 결성할 수 있는 권리를 바로 '단결권'이라고 부릅니다.

노동조합을 결성하는 이유는 노동자들이 힘을 모아 협상을 하기 위한 것입니다. 혜미의 말처럼 노동자들이 고충 사항을 개별적으로 얘기하는 것으로는 회사가 꿈적도 안 하는데, 여러 사람이 모여서 이야기를 하면 회사가 들어줄 수밖에 없게 되는 거죠. 어찌 보면 당연한 얘기인데, 이렇게 노동자들이 모일 수 있는 권리를 법으로 보장하고 있다는 것이 중요한 부분입니다. 이것은 애초에 근로계약의 양 당사자가 불평등하다는 전제에서 출발합니다. 형식적으로만 본다면 노동자와 사용자가 서로 자유롭고 평등하게 계약을 맺는 것 같습니다. 노동자도 마음에 드는 직장을 고를 자유가 있고, 사용자도 노동자를 선택할 자유가 있는 거니까요. 하지만 현실에서는 일자리가 항상 부족하고 일자리를 구하는 노동자는 많습니다. 일의 시간과 방법을 정하고 일자리를 제공하는 것은 사용자입니다. 사용자 측에서는 "당신 말고도 일할 사람은 많다"는 식으로 노동자를 대할 수 있지만, 노동자 측에서는 그 일자리를 얻기 위해 언제나 아쉬운 소리를 해야 합니다. 그리고 그러한 관계는 근로계약을 체결한 이후에도 계속됩니다. 회사는 노동자가 떠나면 다른 노동자를 구하면 되지만, 노동자가 회사를 떠나 새로운 직장을 구하는 것은 언제나 힘겨운 일입니다. 그러니까 노동자와 사용자의 관계는 겉보기에는 평등해 보이지만, 실질적으로는 불평등하다고 할 수 있습니다. 비유하자면, '기울어진 운동장'이라고 할 수 있겠

죠. 이 기울어진 운동장을 바로잡기 위한 출발점이 바로 노동조합을 결성할 수 있는 권리의 보장입니다.

노동자들에게 처음부터 노조를 결성할 권리가 부여되어 있었던 것은 아닙니다. 영국에서는 18세기 산업혁명과 함께 노동자들의 지위가 계속해서 추락하고 노동자들은 점차 집단적으로 모여서 사용자에 맞서기 시작합니다. 이른바 '노동운동'의 시작입니다. 1799년 영국 정부는 노동자의 단결을 금지하는 법까지 만들어 노동운동을 탄압하지만, 1822년 결국 이 법은 폐지되었고, 이때부터 본격적으로 노동조합을 통한 노동운동의 시대가 열리게 됩니다. 그리고 오늘날 민주주의국가에서는 노동자가 노동조합을 결성하여 자신의 노동권을 지킬 권리를 중요한 기본권 중에 하나로 보장하고 있습니다. 이러한 권리가 보장되어야 비로소 노동자들은 사용자와 대등한 지위에서 자신들의 요구 사항을 관철시킬 수 있기 때문입니다.

단결권, 단체교섭권, 단체행동권

이렇게 중요한 권리이다 보니 노동조합을 결성할 권리를 헌법에 규정하고 있는 경우가 많습니다. 한국 헌법에는 이렇게 규정되어 있습니다.

헌법 제33조 제1항 근로자는 근로조건의 향상을 위하여 자주적인 단결권·단체교섭권 및 단체행동권을 가진다.

앞서 언급한 노동조합을 결성할 권리를 단결권이라고 하고, 이 단결권과 불가분의 관계에 있는 게 **단체교섭권**과 **단체행동권**입니다. 이 세 권리를 합쳐서 노동3권이라고 하고요. 이 노동3권은 헌법에 이렇게 규정되어 있을 뿐만 아니라, 법률에 의해 실질적인 보호를 받습니다. 노동3권이 실현될 수 있도록 규정한 법률이 바로 '노동조합 및 노동관계조정법'(노동조합법)입니다. 이 법은 노동3권의 행사를 방해하는 행위를 엄격하게 금지하고 처벌함으로써 노동3권의 행사가 실질적으로 가능하게 하는 역할을 합니다.

단결권의 보장과 관련해서는, 노조 가입 등 노조 업무를 했다는 이유로 해고하거나 불이익을 주는 행위, 또는 노조 가입을 불허하는 행위를 금지하고 있습니다(노동조합법 제81조 1호, 2호).

단체교섭권은 사용자와 교섭할 수 있는 권리를 뜻합니다. 〈카트〉에서 한 노동자가 이제 노조가 결성되었으니 노조가 회사에게 협상에 나오라고 하면 나오는 거냐고 묻자, 혜미는 이렇게 답합니다. "그럼요. 그거 안 나오면 불법이에요." 노조가 결성되었다고 해도 회사가 교섭에 응하지 않는다면 무용지물일 겁니다. 그래서 노동조합법 제81조 3호에는 "사용자는 노동조합의 교섭 요구에 반드시 응해야 하며 신의에 따라 성실히 교섭할 의무를 갖는다"고 규정되어 있습니다. 이것을 '성실교섭의무'라고 합니다.

그런데 사용자 측에서 교섭에 성실히 응하긴 했지만, 결론적으로 노동자 측의 요구를 거부한다면 노동자들의 단결권과 단체교섭권은 무력화될 겁니다. 노동자와 사용자의 협상이라는 게 더 '논리적인 의견'을 제시하는 쪽이 이기는 그런 게임은 아닐 겁니다. 결

국 노동자들의 협상력을 높일 수 있는 방법이 있어야 할 겁니다. 〈카트〉에서 회사는 노조의 교섭 요구를 계속 무시했고, 미진은 "회사가 언제 말로 해서 들어준 적 있어요?"라고 묻죠. 그리고 혜미는 "아무래도 다른 방법을 써야 할 거 같아요…. 파업이요"라고 말합니다. 노조를 결성하고 교섭권도 행사했지만, 결국 파업이라는 수단을 쓸 수밖에 없는 상황이 되는 것입니다. 그리고 노동자들이 파업에 나서고 마트에서 점거 농성을 시작하자, 사용자 측에서도 마지못해 협상에 나서게 됩니다.

실제로 노동자들이 오랫동안 택해 왔던 최후의 수단이 바로 일을 중단하는 것이었습니다. 노동운동 초기에는 파업권이 법으로 보장된 것이 아니라, 그냥 맨몸을 던져 싸웠겠죠. 공장을 멈추고 공장을 점령하여 사용자와 맞서 싸웠던 것입니다. 그리고 그런 오랜 투쟁 끝에 파업이 노동자의 권리로 인정된 것입니다. 이것을 단체행동권이라고 합니다. 단체행동권 중 가장 강력한 수단은 파업이지만, 태업 등 다른 방식으로 사용자를 압박하는 것도 단체행동권에 포함됩니다. 단체행동권을 방해하는 것도 역시 금지되어 있습니다. 단체 행동을 했다는 이유로 해고하거나 불이익을 주는 것을 금지하고 있는 것이죠(노동조합법 제81조 5호). 이렇게 노동3권의 행사를 방해하는 행위를 통칭하여 **부당노동행위**라고 합니다. 노동자나 노조는 부당노동행위를 당했을 때 노동위원회에 그 구제를 신청할 수 있고, 부당노동행위를 한 자는 2년 이하의 징역 또는 2천만 원 이하의 벌금에 처하게 됩니다.

파업권의 무력화

결국 단결권, 단체교섭권, 단체행동권이 결합되어 기울어진 운동장을 바로잡고, 노동자들이 대등하게 사용자와 협상을 할 수 있게 하는 것입니다. 특히 단체행동권이 없다면 단결권과 단체교섭권이 무력화될 수밖에 없기 때문에 단체행동권의 보장이 결국 노동3권에 있어서는 결정적이라고 할 수 있습니다.

여기서 파업이 남용되어 사용자가 회사 운영을 제대로 할 수 없게 되면 어떻게 하나 걱정하시는 분들도 있을 겁니다. 그런데 노동조합법에는 파업이 남용되지 않게 하기 위한 장치들이 충분히 있습니다. 파업이 법적으로 정당화되려면, 1) 파업의 주체가 노동조합이어야 하고, 2) 파업의 목적이 근로조건 결정과 관련된 사항이어야 하며, 3) 조합원의 직접, 비밀, 무기명 투표에 의해 파업이 결정되어야 하며, 4) 파업을 하더라도 폭력을 행사하거나 파괴행위, 주요 생산시설 점거 등을 해서는 안 됩니다. 또한 파업에 참가한 노동자에게는 쟁의행위에 참가하여 근로를 제공하지 아니한 기간에 대해서는 임금이 지급되지 않습니다. 파업이 마냥 길어지기 힘든 이유죠. 사용자 측이 단체협약에 의하여 중재를 신청하면, 15일간은 쟁의행위를 할 수 없습니다. 이외에도 국민경제에 미치는 영향이 큰 필수 공익사업이라고 하여, 1) 정기노선 여객운수사업 및 항공운수사업 2) 수도사업, 전기사업, 가스사업, 석유정제사업 및 석유공급사업 3) 공중위생사업, 의료사업 및 혈액공급사업 4) 은행 및 조폐사업 5) 방송 및 통신사업 등에서는 단체행동권이 상당 부

분 제약을 받습니다. 이러한 공익사업에 대해서는 파업을 하더라도 필수 업무는 유지되도록 하고 있기 때문에 파업을 해도 사용자 측을 압박하기 어려운 것이죠.

물론 파업이 무력화되지 않도록 하는 규정도 있습니다. 파업 기간 중에는 그 업무 수행을 위해 다른 대체 인력을 투입할 수 없습니다. 파업으로 인한 손해에 대해서는 노조나 개별 노동자에게 그 배상을 청구할 수도 없고요. 노동조합법은 한편으로 이렇게 불리한 지위에 있는 노동자들이 협상력을 발휘할 수 있게 노동3권을 보장하면서도, 그 권리가 남용되지 않도록 적절한 통제 장치를 두어 힘의 균형이 적절하게 유지될 수 있게 하고 있습니다.

그런데 현실에서는 파업으로 힘의 균형을 유지하는 것은 결코 쉬운 일이 아닙니다. 〈카트〉에서도 사측이 다양한 방법으로 개별 노동자들을 회유하는 장면이 나옵니다. 노동자들이 노조를 뭉쳐 싸우더라도, 사측이 개별 노동자들에게 승진 등을 약속하며 개별적으로 파업 참가를 막아 파업이 무력화되는 경우가 있습니다. 〈카트〉에서는 노조를 하면 다른 마트에 취직도 못 할 거라며 회유하는 장면도 나오는데요. 실제로 한국에서 취업을 할 때 이전 직장에서 노조 활동을 했다는 사실이 알려지면 불이익을 겪는 경우가 있다고 하죠. 노조 간부로서 파업을 주도했다면 더더욱 그러하겠고요. 〈카트〉에서도 파업이 길어져 임금을 못 받는 기간이 늘어지자 노조원들이 동요하기 시작하고, 노조 결성을 주도하며 싸우던 혜미가 결국 파업 대열에서 이탈하는 모습도 나옵니다. 파업을 이어 가는 것이 얼마나 어려운지를 보여 주는 장면이라고 할 수 있을 겁

니다.

또한 앞에서 말씀드린 파업의 정당성 요건 중 하나라도 충족되지 않으면 그다음부터 힘의 균형은 걷잡을 수 없이 무너지게 됩니다. 영화 〈카트〉에서는 대체 인력이 투입되고 경찰이 농성을 강제해산하고 노조원들이 손해배상청구까지 당하는 장면이 나오는데요. 그것이 가능했던 이유는 파업이 불법으로 간주되었기 때문입니다. 어떤 식으로든 파업이 불법으로 간주되면, 파업권을 보장하기 위한 조치들이 다 무력화됩니다.

실제로 한국에서의 파업은 〈카트〉에서처럼 강제해산을 당한다거나, 대체 인력이 투입된다거나, 노조가 거액의 손해배상을 지게 되어 무력화되는 경우가 꽤 있는데요. 그것은 모두 불법 파업으로 간주되었기 때문입니다. 〈카트〉에서처럼 사업장의 주요 생산 시설을 점거해서 불법이 되는 경우도 있고요. 자회사 설립 반대나 언론 독립 쟁취 같은 것을 내세워 파업을 했다가 '근로조건 개선과 관계 없다'는 이유로 불법이 되기도 합니다. 총파업과 같은 연대 파업도 같은 이유에서 불법이 되는 경우가 있고요. 또 공익사업 범위가 너무 넓어, 운수, 전기, 은행, 방송, 통신 등의 회사에서 일하는 노동자들은 파업을 했다가 불법 판정을 받기 일쑤입니다. 여러분들도 철도노조나 통신사노조 파업이 '불법'으로 간주되어 진압되는 장면을 여러 번 보셨을 겁니다.

특히 불법으로 간주된 파업에 대해 노조와 노조원들에게 손해배상책임을 물리고 가압류를 하는 것은 심각한 문제로 대두되고 있습니다. 〈카트〉에서는 주인공 선희(염정아 분)가 사용자 측이 보

내온 손해배상 내용증명우편을 보고 충격에 빠지는 장면이 나오는데요. 실제 현실은 영화에서 묘사되는 것보다 훨씬 더 심각합니다. 개별 노동자에게 수억 원, 수십억 원의 손해배상을 청구하는 경우도 흔합니다. 실제로 사회적 기구 '손배·가압류를 잡자, 손에 손잡고'에 따르면, 2014년 2월 기준으로 노동계에 청구된 손해배상 금액이 총 1691억 6000만 원에 달하며, 노조 간부나 노동자의 동산·부동산 가압류한 액수만 182억 8000만 원이라고 합니다.[2] 엄청난 액수죠. 2019년 김승섭 연구팀은 손배·가압류 피해 노동자에 대한 노동권 침해와 건강 실태조사 결과를 발표했는데요.[3] 여기에 따르면, 손해배상·가압류 피해 노동자 남성의 절반이 넘는 59.7%(120명)가 우울 증상을 경험한 것으로 나타났고, 남성 피해자의 30.9%, 여성 피해자의 18.8%가 '자살을 진지하게 생각'했다고 합니다. 그래서 국제노동기구(ILO)와 유엔사회권규약위원회에서는 한국 정부에 대해 손배해상·가압류 문제를 해결하라고 권고하기도 했습니다.

 요컨대, 헌법과 노동법에는 파업을 통해 노동자가 사용자에 맞서 대등한 권리를 행사할 수 있도록 나름의 근거 조항들이 마련되어 있습니다. 하지만 합법 파업의 요건을 충족시키기가 어려워 쉽게 불법 파업으로 간주되고, 불법 파업으로 간주되면 파업권이 무력화될 뿐만 아니라, 손해배상·가압류 등을 통해 노조의 존립 자체를 위협받게 되는 결과로 이어지는 경우가 빈번하다는 것입니다. 이런 식으로는 노동법을 통해 노동자의 권리를 보장한다는 헌법적 이념이 제대로 구현될 수 없는 것입니다. 영화 〈카트〉는 노동자들

에게 여러 법적 권리가 있지만, 그것이 쉽게 무력화되는 현실을 잘 보여 주고 있습니다.

개별적인 노동권 보장과 앞으로의 과제

지금까지 주로 말씀드린 것은 노동자들이 '집단적'으로 권리를 보장받는 방법에 대한 것이었는데요. 개별 노동자를 보호하는 조치도 있습니다. 이것은 '근로기준법'에 규정되어 있는데요, 최소한의 근로조건을 정하고 이것에 위배되는 근로계약을 금지하고 있습니다. 구체적으로는 강제 근로 금지, 균등한 처우, 폭행 금지, 중간 착취 배제, 최소 근로조건의 보호, 해고 제한, 임금 보호, 근로시간/휴게시간, 휴가의 보호, 여성과 소년의 보호 등이 규정되어 있고요. 근로기준법 역시 노동자와 사용자가 기울어진 운동장에 놓여 있다는 점을 전제합니다. 그래서 노동자를 보호하거나 노동자에게 유리하도록 강제적인 조치를 취해서 근로계약의 자유를 제한하고 있는 것입니다. 예컨대, 최저임금 이하의 임금을 받기로 계약을 체결하거나, 정해진 근로시간을 초과하는 계약을 체결했다면, 설사 노동자가 진정으로 원해서 한 계약이라고 해도 모두 무효가 됩니다. 심지어 사용자가 형사처벌을 받을 수도 있습니다.

그러니까 우리 법은 한편으로는 노동3권을 통해서 '집단적'으로, 다른 한편으로는 개별 노동자의 최소한의 근로조건을 보장하여 '개별적'으로, 노동자의 권리를 보호하고 있는 것이죠.

〈카트〉가 보여 주고 있는 또 다른 문제는 바로 비정규직 노동

자의 문제입니다. 지금까지 설명드렸던 내용은 전통적인 노사 관계에서 노동법이 어떻게 노동자의 권리를 보장하고 있는지에 관한 것이었습니다. 그런데 현대사회에서는 노사 관계의 틀 자체가 변하면서 이러한 전통적인 관점에서 해결하기 어려운 노동문제들이 다양하게 등장하고 있습니다.[4] 〈카트〉에서 노조를 통한 투쟁이 계속 무력화되는 중요한 이유 중 하나가 바로 '더 마트' 노동자들이 비정규직 노동자라는 점입니다. 노조 탈퇴의 회유, 손해배상의 압박 등 모든 면에서 정규직 노동자들보다 취약할 수밖에 없는 상황에 내몰리게 됩니다. 통계청 통계에 따르면 2019년 8월 기준으로 비정규직 노동자가 전체의 36.4퍼센트에 이른다고 합니다. 노동법의 보호에 취약한 노동자가 상당한 숫자라는 얘깁니다.

우리가 처해 있는 현실 사회는 영화 속 상황보다 더 복잡합니다. 기간제 근로, 시간제 근로, 파견 근로, 용역 근로, 특수 형태 근로, 재택 근로 등 다양한 근로 형태가 점점 더 확대되고 있고, 최근에는 대리운전이나 배달 대행 어플리케이션 등의 디지털 플랫폼을 이용한 새로운 플랫폼 노동도 나타나고 있습니다. 이러한 일에 종사하는 노동자는 개별적으로 최소한의 근로조건을 보장받기도 어렵지만, 집단적으로 노조를 결성하여 권리 투쟁에 나설 여지도 극도로 제한되어 있어, 전통적인 노동법에 의해 노동권을 보장받기 어렵습니다. 이러한 새로운 노동형태에 조응할 수 있도록 노동법을 개선하는 것이 우리 시대의 새로운 과제로 떠오르고 있습니다.

11장 영화에 비친 장애인
──── 장애인의 권리와 법

'차별하면 안 된다'는 말에 동의하지 않는 사람은 아마 없을 겁니다. 장애를 가졌다는 이유로 차별받아선 안 된다는 말에도 다들 동의하겠지요. 하지만 실제 현실은 다릅니다. 오히려 장애인에 대한 혐오와 차별을 노골적으로 이야기하는 사람이 없기 때문에, 다들 '나는 장애인 차별에 반대한다'고 생각하기 때문에 그 현실이 더 숨겨져 있는지도 모릅니다. 하지만 잘 드러나지 않는다고 해서 없는 것은 아니겠죠.

영화와 미디어 속 장애인의 모습

한국 사회에서 장애인이 미디어나 영화에 어떻게 등장하는지를 살펴보는 것은 한국에서 장애인이 처한 현실을 이해하는 데 큰 도움이 됩니다. 장애인을 다룬 영화 중에는 유독 '감동적인' 영화

가 많습니다. 장애가 있었지만 불굴의 의지로 장애를 '극복'하는 인간 승리를 그린 영화나, 장애가 있음에도 불구하고 비범한 재주를 발휘하여 사회에서 인정받게 되었다는 식의 이야기 말이죠. 지적장애인 아버지의 따뜻한 부정을 감동적으로 그린 〈7번방의 선물〉(2013)이 제일 먼저 떠오릅니다. 지적장애인인 주인공이 마라톤을 완주하는 이야기를 그린 〈말아톤〉(2005)이라는 영화도 있고, 지적장애인이 마라톤 대회에 도전하는 과정을 소재로 한 〈맨발의 기봉이〉(2006)도 생각나고요. 청각장애인 야구부의 성장 과정을 그린 영화 〈글러브〉(2011)도 있습니다. 〈나의 특별한 형제〉(2018)는 지체장애인과 지적장애인 형제가 나누는 우정을 다룬 이야기입니다. 외국 영화 중에는 〈포레스트 검프〉(1994), 〈아이 엠 샘〉(2001), 〈레인 맨〉(1988) 같은 영화들이 비슷한 감동 스토리를 가진 영화들이라고 할 수 있습니다. 유독 정신장애인이 등장하는 영화가 많은 것도 특기할 점입니다. 정신장애인의 스토리가 영화의 감동을 전하기에 더욱 적합해서일까요?

아무튼 이 영화들은 보는 사람들의 마음을 확실히 움직입니다. 우연인지 몰라도 하나같이 명작이기도 하고요. 저도 이 영화들을 보면서 흐르는 눈물을 참을 수 없었던 기억이 있습니다. 그런데 왜 장애인이 나오는 영화는 유독 '감동' 스토리를 담고 있는지 한번 생각해 볼 필요가 있습니다. 비장애인이 나오는 영화는 그렇지 않습니다. 비장애인은 감동을 주는 주인공으로 등장하기도 하지만, 그중에는 인면수심의 악인도 있고, 희대의 사기꾼도 있고, 평범하게 일상을 살아가는 사람들도 있습니다. 그런데 왜 영화에서 장애인

은 획일화된 모습으로 등장하는 걸까요? 물론 이 영화들이 나쁜 편견을 조장하는 것은 아닙니다. 12장에서 언급할 중국 동포들에 대한 나쁜 이미지를 조장하는 영화와는 달리 장애인 영화가 장애인을 나쁘게 그리는 경우는 거의 없습니다. 오히려 장애인을 긍정적으로 그리는 경우가 대부분이죠. 장애인을 주제로 한 방송 프로그램 또한, 장애인의 선한 모습을 보여 주거나, 불굴의 의지로 장애를 극복한 감동적인 이야기를 전하는 경우가 많습니다. 그런데 누군가를 꼭 '나쁘게' 대해야 차별인 것은 아닙니다. 오히려 '좋은 이미지'로만 그려 내는 것도 차별일 수 있습니다. 특별한 이유 없이 '다르게' 대하는 것 자체가 차별이라는 것입니다.

실제로 비장애인들이 살아가는 모습을 보면, 불굴의 의지로 고난을 극복해서 크게 성공하는 경우도 있지만 그렇지 않은 경우도 있습니다. 장애인 중에는 좋은 사람도 있고 나쁜 사람도 있습니다. 물론 그냥 평범하게 살아가는 사람도 많고요. 장애인이라고 해서 비장애인과 다르지 않습니다. 장애인에 대해 '불굴의 의지를 가진 사람' 혹은 '천사'라는 이미지가 형성되면 그렇지 않은 장애인을 만났을 때 실망하게 됩니다. "왜 이 장애인은 의지가 강하지 않지?", "이 장애인은 별로 착한 것 같지 않은데?" 하고 말이죠. 거꾸로, 장애인은 이런 '좋은 이미지'를 유지하고자 늘 좋은 모습을 보여 줘야 한다는 강박을 느낄 수 있습니다. 다른 사람들은 안 해도 되는 노력을 굳이 추가로 해야 한다는 것 자체가 바로 차별받고 있음을 말해 주는 것입니다.

이것을 **우호적 편견**benevolent discrimination 또는 **우호적 형태**

의 **차별**benevolent form of discrimination이라 합니다. 어떤 집단에 대해 긍정적인 이미지를 고착화시키는 것도 차별이 될 수 있다는 것이죠. 여성을 '보호 대상'으로 여기거나, 동성애자는 늘 '유쾌하다'고 생각하는 것, 흑인들은 모두 운동과 음악을 잘한다고 생각하는 것도 마찬가지입니다. 그러한 스테레오타입이 그 집단을 어떤 이미지에 '갇히게' 만들고 불평등한 지위를 만들어 냅니다. 그리고 대부분의 우호적 편견은 좋은 이미지지만 열등한 위치에 놓게 만듭니다. 여성을 보호 대상으로 여긴다면 여성에게 '관리자'의 지위는 부적하다고 여길 수 있을 것입니다. 불굴의 의지가 없는 장애인은 장애인답지 않다고 간주되어 평등한 기회를 누릴 수 없게 될 수도 있습니다.

　장애인을 지칭하는 말로, '장애우'라는 말을 쓰는 것도 문제의 소지가 있습니다. 물론 장애우라는 말은 나름 우호적이고 친근한 느낌을 담아 사용되고 있을 겁니다. 장애인에게는 유독 '사랑'이라는 말을 많이 붙입니다. 장애인 사랑 센터, 장애인 사랑 대회, 장애인 사랑 협회, 장애인 사랑 봉사 같은 식으로 말이죠. 장애인을 비하하는 표현들도 많은데 이게 뭐가 문제냐는 생각이 들 수도 있습니다. 하지만 장애인을 굳이 '사랑'의 대상으로 여기거나 굳이 '친구(友)'로 대할 필요는 없습니다. 장애인에게도 비장애인과 동일한 삶의 조건에서 평등하게 살아갈 권리가 있는 것이고, 동료 시민으로 그들을 정당하게 대우하면 될 뿐입니다. 중립적인 표현으로 '장애인'이라고 하면 충분한 것이고요. 이런 말들까지 시비를 거는 것은 과도하다고 생각하는 분들도 있을 겁니다. 하지만 이런 용어들을

통해 장애인이 평등하고 존엄한 삶을 살아간다는 것의 진정한 의미를 생각해 볼 수 있습니다.

장애인의 인권과 평등은 장애인이 비장애인과 똑같은 방식으로 살아갈 수 있어야 한다는 원칙입니다. 당연히 부당한 차별을 받아서도 안 되겠고, 사회에 참여할 수 있는 기회가 제한되어도 안 될 겁니다. 그리고 나쁜 편견으로 고통받아도 안 되겠지만, 굳이 좋은 이미지로만 생각되는 것도 문제일 수 있습니다. 그런데 어떤 조건이 충족되어야 차별 없는 상태라고 할 수 있을지를 가늠해 보는 것은 그렇게 쉬운 일이 아닙니다. 여기서 장애인 인권 보장을 위한 두 가지 원칙이 참고가 될 수 있습니다. **차별금지원칙**과 **정상화원칙**이 바로 그것입니다.

차별금지원칙

첫 번째 원칙은 차별금지원칙입니다. 장애인을 차별하면 안 된다는 것이죠. 그런데 이게 그렇게 간단하지는 않습니다. 세계의 주요 국가들에는 장애인에 대한 차별을 금지하는 법이 마련되어 있고, 한국에도 2008년에 장애인차별금지 및 권리구제 등에 관한 법률이 제정되어 시행되고 있습니다. 이 법에서 금지하는 장애인 차별은 크게 네 가지인데요. 직접차별, 간접차별, 편의제공거부, 차별적 광고 등입니다.[1] **직접차별**이란 장애를 이유로 불리하게 대하는 경우를 말합니다. 장애를 가졌다는 이유로 채용이나 승진에서 배제하는 경우, 교육 기회를 주지 않은 경우 같은 것이 대표적이

죠. **간접차별**은 장애를 이유로 직접 차별한 것은 아니지만 어떤 기준이 결과적으로 장애인에게 불리하게 작용하는 경우입니다. 예를 들어, 특별히 달리기 능력이 요구되지 않는 사무직 채용을 할 때, 100미터를 20초 안에 달린 사람만 채용한다면, 걷기가 불편한 장애인은 채용될 수 없을 겁니다. 형식적으로는 장애를 언급하지 않았지만, 실질적으로 장애인의 채용을 배제하는 결과를 가져오기 때문에 차별에 해당한다고 보는 것입니다. **편의제공거부**란 정당한 사유 없이 장애인에게 편의 제공을 하지 않은 경우를 말합니다. 고용이나 교육에서 장애인이 비장애인과 마찬가지로 똑같이 일하고 교육받을 수 있게 조치를 취해야 한다는 것입니다. 장애로 인해 불편을 겪지 않도록 편의시설, 설비, 도구, 서비스 등의 인적·물적 수단과 조치를 제공해야 할 의무가 있다고 할 수 있습니다. 마지막으로 **차별적 광고**는 장애인에 대한 불리한 대우를 표시하고 조장하는 광고를 하면 안 된다는 것입니다.

물론 장애 때문에 불가피하게 구별되거나 접근이나 이용이 어려운 경우도 있을 겁니다. 장애인차별금지법에서는 그래서 "정당한 사유" 없이 차별하는 것을 금지한다고 규정하고 있고, 구체적으로 1) 차별 행위를 하지 않으면 과도한 부담을 지게 되거나 현저히 곤란한 사정이 있는 경우 2) 특정 직무나 사업 수행의 성질상 불가피한 경우에는 차별로 보지 않는다고 규정하고 있습니다. 일종의 '예외'라고 할 수 있을 텐데요. 한국 사회에서는 이러한 예외를 너무 광범위하게 적용하는 경향이 있습니다. 예외는 말 그대로 예외입니다. 정말 어쩔 수가 없는 경우에만 적용되어야 하는 것이겠죠.

'T익스프레스'라는 롤러코스터가 있습니다. 시각장애인은 이 놀이기구에 탑승을 할 수 없었습니다. 에버랜드 측에서는 '안전 문제'를 근거로 내세웠습니다. 특히 시각장애인은 비상 상황이 발생했을 때 대피하기가 어렵다는 점을 들었습니다. 6명의 시각장애인은 탑승 거부가 장애인차별금지법 위반이라며 에버랜드를 상대로 소송을 제기했습니다. 재판부는 정말 안전 문제가 있는지 확인하기 위해 현장검증을 실시했습니다. 36명의 탑승객을 태우고 롤러코스터가 실제로 공중에서 멈추는 상황을 연출하여 시각장애인이 안전하게 대피할 수 있는지 실험을 해 본 거죠. 결과는 안전한 대피가 가능하다는 것이었습니다. 이런 결과를 반영하여, 법원은 원고 승소 판결을 내렸습니다. 시각장애인도 롤러코스터를 탈 수 있는 길이 열린 겁니다. 차별의 예외는 막연히 '어려울 거다', '불편할 거다', '위험할 거다'라는 추론으로 정당화되는 것은 아닙니다. 사실, 에버랜드가 장애인 문제에 대해서 무관심했던 것은 아닙니다. 다른 놀이기구에 대해서는 장애인 우선 탑승 제도를 운영하는 등 나름대로 장애인 편의를 위해 노력하기도 했고, 롤러코스터 탑승 거부도 '안전' 문제를 고려한 것이지 장애인을 노골적으로 차별하려는 의도가 있었던 것은 아닐 겁니다. 하지만 시각장애가 있으면 구체적으로 어떤 어려움이 발생할 수 있는지에 대한 충분한 이해는 없었던 것입니다.

이런 사례도 있습니다. 약지가 절단된 한 경찰 지망생이 '사지四肢가 완전한 자'라는 신체 기준 때문에 경찰이 될 기회를 갖지 못했다며, 국가인권위원회에 진정을 제기한 것입니다. 물론 경찰관

이 되기 위해 일정한 체력 조건은 반드시 필요합니다. 하지만 약지가 없는 것은 총기나 경찰 장구 사용에 별 문제가 없습니다. 엄지나 검지라면 얘기가 다를 수 있겠죠. 힘을 주는 데 필요한 손가락이니까요. 군대 갈 때도 약지가 없다고 해서 면제 판정을 받지는 않습니다. 즉, 약지가 없으면 경찰 업무를 수행하기에 불편할 것이라는 것은 근거 없는 선입관이라는 것입니다. 이러한 점을 세세하게 고려하여 기준을 마련하지 않고, 막연히 '사지의 완전성'을 신체 기준으로 제시하는 것은 정당화될 수 없습니다. 이런 취지에서 국가인권위원회는 '사지의 완전성'을 요구한 경찰공무원 신체 기준이 차별이라고 판단했습니다.

정상화원칙

두 번째 원칙은 **정상화원칙**normalization입니다. 정상화원칙이란 장애인의 일상적인 삶과 비장애인이 살아가는 삶의 차이가 없어야 한다는 것입니다. 장애가 있건 없건 인간이라면 누려야 할 자유와 권리를 충분히 누릴 수 있어야 한다는 것이죠. 차별금지원칙의 연장선상에 있다고 할 수도 있지만, 좀 더 적극적으로 평등한 상태를 추구하는 것이라고 할 수 있습니다.

예를 들어, 한국의 장애인 중 상당수는 '시설'에 수용되어 있습니다. 일반적인 주택에 살더라도, 영화〈오아시스〉(2002)에 나오는 주인공 한공주처럼 아파트에 갇혀 자유롭게 밖으로 다니기 어렵습니다. 물론 시설이나 아파트에 갇혀 있어도 생존은 유지될 수 있습

니다. 어떤 분들은 장애인이 '안전하게' 시설에서 보호받는 모습을 긍정적으로 보기도 합니다. 하지만 비장애인은 그렇게 수용되어 있지 않습니다. 자유롭게 가고 싶은 곳을 가고 직장을 구하고 연애를 하고 취미 활동을 합니다. 장애인 시설이 제아무리 고급스럽고 좋은 프로그램을 갖추고 있다고 하더라도, 비장애인의 삶과 동일하다고 할 수는 없는 것입니다. 영화 〈오아시스〉의 주인공 공주가 종두와 아파트 밖으로 나와, 함께 놀러 다니고 지하철도 타고 음식점도 가면서 사랑을 나누는 모습이 특별하게 느껴지는 것은 그만큼 갇혀 있는 삶이 문제라는 것을 잘 보여 줍니다.

단편영화 〈대륙횡단〉(2013)▶2에서는 정상화원칙이 어떻게 구현되어야 하는지를 잘 보여 줍니다. 영화의 주인공은 목발을 짚고 다니는 장애인입니다. 그런데 길을 건널 수가 없습니다. 교차로가 지하도로만 연결되어 있거든요. 결국 위험천만한 도로를 횡단하게 됩니다. 다행히 지하도에 리프트가 설치되었습니다. 이제 그 리프트를 이용해서 길을 건널 수 있게 된 것입니다. 하지만 리프트는 언뜻 보기에도 위험해 보이고, 무엇보다 사이렌 소리를 크게 울리며 주위 사람들의 이목을 집중시킵니다. '안전'을 위해 관리실에서 사람이 와서 도움을 줘야 합니다. 장애인 이동권을 '위하여' 설치된 것이고 장애인도 비로소 길을 건널 수 있게 되었지만, 그 누구도 이것이 '평등'이라고 생각할 수 없습니다. 영화는 이러한 측면을 잘 포착해 냈습니다. 단순히 길을 건널 수 있게 되었다는 것만으로는 정상화되었다고 할 수 없다는 것입니다.

영화 〈도가니〉는 장애인 시설과 장애인 학교에서 일어난 장애

인에 대한 인권침해 문제를 다루고 있습니다. 많은 분들이 영화를 보고 분노했고 영화가 개봉되면서 일명 '도가니법'이라고 하는, 장애인 시설이 투명하게 관리될 수 있도록 하는 법이 통과되기도 했습니다. 물론 장애인 시실에서 장애인 인권이 보장되는 것은 중요합니다. 그런데 이 영화의 교훈이 '장애인 시설에서의 장애인 인권이 잘 보장되어야 한다'는 것으로만 귀결되어서는 곤란합니다. 그 이전에 "왜 장애인이 시설에 갇혀야 되는가?"라는 질문을 던져야 합니다. 당장의 목표는 장애인 시설에서의 인권 문제를 해결하는 것일 수 있지만 결국에는 장애인이 비장애인과 마찬가지로 시설 밖에서 자유롭게 삶을 영위할 수 있도록 해야 하는 것입니다.

장애인 인권이 잘 보장된 해외에 간 사람들이 거리에서 쉽게 장애인을 마주칠 수 있다는 것에 놀랍니다. 심지어 "한국보다 장애인이 많다"라고 생각하는 사람도 있죠. 하지만 실상은 장애인 인구가 많은 것이 아니라 자유롭게 거리를 활보하는 장애인이 많은 것뿐입니다. 장애인이 그렇게 자유로운 삶을 영위하려면 다양한 사회적 조건들이 마련되어야 합니다. 장애인이 일할 수 있는 직장이 있어야 하고, 사회생활을 할 때 어떠한 차별도 받아서는 안 되며, 또한 교통수단이나 접근성 확보 등 정상적인 삶이 가능하도록 하는 장치들이 마련되어야 합니다.

정상화원칙이라는 관점에서 보면, 영화에서의 장애인도 그런 모습으로 그려져야 합니다. 박경희 감독의 단편영화 〈언니가… 이해하셔야 해요〉(2005)[3]를 보면, 다운증후군이라는 장애를 가진 은혜가 주인공으로 나옵니다. 은혜는 불굴의 의지를 가지고 있지

도 않고, 한없이 착하기만 한 천사도 아닙니다. 놀리는 친구에게 화를 내기도 하고, 악기도 배우고, 학교도 가고, 친구·이웃·가족들과 우정을 나누는 평범한 이웃으로 묘사됩니다. 장애인이 주인공인 영화지만 장애인을 특별한 존재로 여기지 않게 만듭니다. 이 영화가 가지고 있는 시선이 바로 차별 없이 장애인을 대하는 시선일 겁니다.

유명한 로맨틱 영화 〈노팅힐〉(1999)에서도 장애인의 모습이 자연스럽게 그려집니다. 〈노팅힐〉은 휴 그랜트(윌리엄 태커 역)와 줄리아 로버츠(애나 스콧 역)의 로맨틱 코미디로 유명하지만, 장애인의 삶이 자연스럽게 녹아 들어가 있는 점이 또한 인상적입니다. 태커의 친구 벨라는 사고로 척추를 다쳐 휠체어를 타고 다니는 장애인입니다. 한 작은 파티에서 한 친구가 이렇게 제안합니다. "가장 불행해 보이는 사람에게 상으로 마지막 브라우니를 주자." 그리고 각자 왜 자기가 가장 불쌍한 사람인지 얘기를 꺼내기 시작하죠. "난 무능력하고 직장에서도 구박받고 아무도 날 안 좋아해.", "너는 월급이라도 제대로 받지, 난 주급도 제대로 못 받는 음반 가게에서 일하고 (…) 아무도 나랑 결혼하려고 하지 않을 거야." 베라는 이렇게 말합니다. "넌 몸이 건강하잖아. 난 휠체어에 늘 매여 있어. 아기도 가질 수 없고…." 그러자 태커가 장사도 잘 안 되는 데다가, 이혼했고, 외모도 엉망이 된 자신이 가장 불행한 사람이라며 케이크를 가져가려고 합니다. 하지만 할리우드의 인기 영화배우로, 불행하고는 가장 거리가 먼 것 같은 애나가 자신도 다이어트 때문에 힘들고, 남자 친구한테 폭력을 당한 적도 있고, 신문은 자신의 개인적인

상처를 떠들어 대고, 또 성형수술로 예뻐졌지만 고통 끝에 얻은 것이었고, 아름다움을 잃고 인기가 시들게 되면 퇴물 배우가 되어 사람들에게서 잊힐 거라며 다소 억지스럽게 자신의 불행을 이야기하는 것으로 유쾌하게 자리가 마무리됩니다. 장애로 인한 어려움을 분명히 드러내지만 이를 동정적인 시선으로 담아내지 않는 것이죠. 장애도 사람들이 저마다 겪는 다양한 고충 중에 하나일 뿐이라는 것을 자연스럽게 드러낸다는 느낌을 받았습니다. 그런데 많은 분들이 〈노팅힐〉에 장애인이 등장했다는 것을 잘 기억하지 못하더군요. 얘기를 하면 그제서야 "아, 태커의 친구 중에 장애인이 있었지" 하고 떠올리죠. 그만큼 장애인인 벨라는 영화 속에서 여러 등장인물 중 하나로 자연스럽게 한 자리를 차지하고 있던 것입니다. 우리 사회에서 장애인이 서 있는 자리도 그래야 하지 않을까요? 불평등하지도 않지만 그렇다고 특별하지도 않은 그런 자리 말입니다.

장애인의 사랑을 그린 영화

영화 〈오아시스〉를 둘러싸고 벌어졌던 논쟁을 보면, 장애인을 편견 없이 영화에 담아내는 것이 결코 쉬운 일이 아니라는 것을 알 수 있습니다. 앞에서 말했듯이 〈오아시스〉는 장애인 여성 한공주(문소리 분)와 잉여 인생을 사는 한 남자 홍종두(설경구 분)의 사랑을 그리고 있습니다. 영화 보도 자료에는 "아무도 사랑하지 않는 남자와 누구도 사랑할 수 없는 여자의 사랑"이라고 쓰여 있습니다.

한공주는 아파트에 갇혀 살아가는 장애인이고, 홍종두는 교통사고를 낸 형 대신에 교도소를 가야 하는 인생을 살고 있습니다. 둘 다, 사회는 물론 가족들로부터도 버림받은 존재죠.

이 영화를 좋게 보는 분들은 장애 여성의 삶과 사랑을 영화에 담았다는 점을 높게 평가합니다. 중증 장애인에게도 사랑하는 사람이 있고, 사랑할 수 있다는 것을 보여 줌으로써, 장애인에 대한 편견을 깬 영화라는 것이죠. 영화 속 가족들은 그들의 사랑을 이해하지 못합니다. 공주는 종두와 함께 바깥나들이를 나가지만 사회도 그들을 환영하지 않습니다. 그리고 영화 말미에 형사는 종두에게 이렇게 말합니다. "쟤를 보고도 성욕이 생기냐, 너 변태냐?" 이렇게 누구에게도 환영받지 못하는 사랑이지만 그들이 나누는 진솔한 사랑이 무척 감동적입니다. 영화에서 그려지는 그들의 사랑은 영화에 흔히 담기는 익숙한 모습이 아닙니다. 무척이나 낯설고 당혹스럽기까지 합니다. 하지만 이창동 감독의 절묘한 연출은 관객들이 그들의 사랑을 이해하게 만듭니다. 영화는 관객들에게 "이래도 이들의 사랑을 사랑이 아니라고 할 수 있나?"라고 묻고 있는 듯합니다.

그런데 정반대로 이 영화가 장애 여성에 대한 왜곡된 시선을 담고 있다는 비판도 제기되었습니다.[4] 영화에서는 공주가 비장애인이 되는 환상이 몇 번 나옵니다. 그 부분이 장애인이 비장애인이 되고자 하는 꿈을 가진 것처럼 묘사하고 있고, 장애를 극복의 대상으로 여기는 전형적인 장애인 편견이 반영되어 있다는 지적입니다. 또한 종두가 공주를 성폭력한 이후에 둘이 연인 관계가 되는데,

어떻게 그렇게 될 수 있는지 이해가 안 됩니다. 강간을 당한 여성이 결국 그 강간범을 사랑하게 된다는 전형적인 '강간 신화'를 답습하고 있다고 비판할 수 있는 대목입니다. 전반적으로 종두는 적극적인 주체로 등장하는 반면, 공주는 수동적이고 소극적인 존재로서 종두에 의해 구원을 받는 존재로 그려지는 측면이 있는 것이죠. 이것은 오히려 사랑의 한 주체로서의 장애인의 모습을 왜곡하고 있다고 할 수 있고, 장애인에 대한 전형적인 편견이 반영되었다는 지적입니다.

앞에서는 그동안 한국 영화나 미디어가 장애인을 불굴의 의지를 갖고 장애를 극복하는 모습 또는 순수하고 착한 천사의 이미지를 주로 담았다는 점을 말씀드렸습니다. 그에 비하면 〈오아시스〉는 지금까지와는 다른 시선에서 장애인의 사랑을 그려 내고 있고, 나름의 진지한 성찰을 담고 있는 영화라고 할 수 있습니다. 하지만 여전히 장애인에 대한 편견을 극복하지 못했다는 지적도 충분히 일리가 있습니다. 〈오아시스〉를 둘러싼 논쟁을 통해, 단순히 장애인을 우호적으로 대하거나 차별하지 않는다는 것을 넘어, 장애인을 진정한 동료 시민으로서 평등하게 대우한다는 것이 그리 만만한 일이 아니라는 것을 알 수 있습니다.

그래도 우리의 목표는 보다 높은 곳에 두어야 할 것입니다. 생존조차 어려운 상황보다는 장애인 시설에서 안전하게 보호되는 것이 나을지 모르지만, 시설에서의 삶이 인간으로서 존엄한 대우를 받는 삶이라고 할 수는 없을 겁니다. 지하도 리프트를 통해 교차로를 건너갈 수 있게 되었다고 해도 길을 건널 때마다 요란한 사이렌

소리와 함께 누군가의 도움을 얻어야만 한다면, 그 상황을 두고 '평등하다'라고 말할 수는 없을 것입니다. 영화 〈오아시스〉를 둘러싼 논쟁은 장애인이 차별당하지 않아야 한다는 것을 넘어, 존엄한 삶을 영위하기 위해서는 무엇이 충족되어야 하는지, 우리가 풀어야 할 과제를 던져 주고 있습니다.

12장 영화가 편견을 조장한다면
———— 편견과 혐오표현

최근 가장 뜨거운 이슈 중 하나가 혐오표현hate speech입니다. 혐오표현은 소수자 집단에 대한 편견을 드러내어 차별을 조장하거나 강화하는 표현을 통칭합니다. 그동안은 주로 방송, 인터넷 등 미디어에서의 혐오표현이 문제가 되어 왔습니다. 그런데 영화에 담긴 사회적 편견이 문제가 된 적이 있었습니다. 바로 2017년에 개봉한 〈청년경찰〉, 〈범죄도시〉를 둘러싼 논란이었습니다.

먼저 전제해야 할 것은 '표현의 자유'의 중요성입니다. 표현의 자유는 자신의 생각과 의사를 자유롭게 표현할 수 있는 자유를 말합니다. 표현의 자유는 언론·출판의 자유나 집회·결사의 자유, 예술의 자유 등을 통해 실현됩니다. 특히 이 장에서 말씀드리려고 하는 주제는 '예술의 자유'와 관련이 있습니다. 예술의 자유는 헌법에 아주 간략하게 정의되어 있습니다.

헌법 제 22조 1항
모든 국민은 학문과 예술의 자유를 가진다.

예술의 자유는 음악, 미술, 연극, 문학, 영화 등을 자유롭게 창작하고 표현할 자유를 뜻합니다. 예술의 자유는 우리의 삶을 더욱 풍요롭게 하고, 좀 더 나은 사회를 만드는 데에도 일정한 역할을 하기 때문에 매우 중요한 헌법상의 기본권 중 하나입니다. 하지만 예술의 자유가 절대적인 권리로서 그 어떠한 경우에도 제한받아서는 안 되는 불가침의 권리는 아닙니다. 예를 들어, 어떤 예술 작품이 개인의 사생활을 침해하거나 명예를 훼손한다면, 당연히 규제 대상이 될 것입니다. 그런 경우가 아니라면 되도록 자유에 맡겨져야죠. 하지만 어떤 영화가 편견과 혐오를 조장하고 있다면, 그럼에도 불구하고 그 영화를 예술의 자유로서 보호해야 할까요?

편견과 혐오를 강화하는 영화

2017년 8월 재한동포총연합회, 중국 동포한마음협회 등 47개 단체가 '중국 동포, 다문화, 지역사회와 함께하는 한국 영화 바로 세우기 범국민공동대책위원회'를 결성했습니다.▶[1] 그리고 대림역 앞에서 기자회견을 열어 〈청년경찰〉 상영중단'과 '제작진 사과'를 요구했습니다.▶[2] 나중에는 〈청년경찰〉 제작사를 대상으로 손해배상청구소송을 내기도 했습니다.▶[3] 왜 중국 동포들은 영화 〈청년경찰〉에 이렇게 분노했을까요?

여기에는 몇 가지 충분히 납득할 수 있는 이유가 있습니다. 첫 번째는, 무엇보다 그동안 참다 참다 못해 이제는 도저히 두고 볼 수가 없어서 시위도 하고 소송까지 간 것이라고 할 수 있습니다. 영화 속의 중국 동포는 〈황해〉(2010)에서부터 등장하기 시작하는데요. 〈황해〉에서는 연변에서 택시를 몰던 조선족 주인공이 살인 청부업자의 제안을 받고 한국으로 건너가 살인을 시도합니다. 〈공모자들〉(2012)에서는 조선족이 인신매매를 하고요, 〈신세계〉(2012)에서도 조선족은 연변 거지로 등장해 불결하고 위험한 인물로 그려집니다. 〈차이나타운〉(2015)에서는 김혜수 씨가 연기한 주인공이 조선족 폭력 집단의 대장으로 나옵니다. 〈아수라〉(2016)에서는 조선족이 검사 일행들까지 무자비하게 공격하는 것으로 나오죠. 〈악녀〉(2017)에서 무자비한 폭력을 휘두르는 주인공도 출신 지역이 연변으로 나옵니다.

그리고 여러분들이 잘 아는 〈범죄도시〉와 〈청년경찰〉이 개봉했습니다. 말씀드렸듯이 그동안 한국 영화들은 하나같이 조선족·중국 동포를 조직폭력배나 깡패로 묘사해 왔습니다. 그것도 돈을 위해서는 무자비하게 사람을 죽이거나 인신매매를 일삼는 무서운 이미지로 말이죠. 이제는 분노할 수밖에 없는 지경에 이른 것입니다. 게다가 두 영화 모두 흥행에도 대성공을 거두고 나니까 이제는 더 이상 가만히 보고 있을 수 없던 것입니다.

한국인이 등장하는 할리우드 영화가 십여 편이 나왔는데, 하나같이 한국인은 개고기나 먹는 야만인인 것처럼 묘사되어 있다면, 한국인 입장에서 화가 나겠죠. 특히 재미 동포들은 어떻겠습니까?

해도 해도 너무한다는 생각이 들지 않을까요?

그리고 이 두 영화는 조선족을 그린 기존의 영화와는 좀 다른 측면이 있습니다. 그 이전의 영화에서 조선족은 중국에서 건너오거나 특정 지역에 거주하는 것은 아니었는데 이 두 영화에서는 대림동과 가리봉동이 명시되어 있습니다. 실제로 〈청년경찰〉에는 영등포구 대림동을 두고, "범죄가 많이 일어나 경찰이 손대지도 못하는 위험한 곳"이라고 설명을 하죠. 그렇다 보니까 중국 동포들, 특히 대림동에서 생업을 하고 있는 중국 동포들 입장에서는 삶의 터전을 그렇게 묘사한 것에 더 화가 난 것이죠. 대책위 관계자는 "이 거리의 이미지 개선을 위해 우리 수많은 동포들이 활동하고 10년 동안 애쓴 보람을 영화가 한순간에 무너뜨리는 게 너무나 억울합니다"라며 분통을 터뜨리기도 했습니다.▶4

중국 동포들은 시위뿐만 아니라, 손해배상청구소송도 제기합니다. 〈청년경찰〉 때문에 정신적인 손해를 입었다며 소송을 제기한 것입니다. 결과적으로 이 소송은 패소했습니다. 하지만 영화에서 특정한 집단에 대한 편견을 조장하는 것이 소송 대상이 됐다는 점에서는 의미가 있었다고 생각합니다. 별 생각 없이 영화를 만들었다가 손해배상소송에 휘말릴 수 있다는 경고를 한 셈입니다.

사실 〈범죄도시〉와 〈청년경찰〉, 두 영화에서 조선족이 묘사되는 방식은 좀 다릅니다. 실제로 중국 동포들이 특히 문제 삼은 것은 〈범죄도시〉보다는 〈청년경찰〉이었습니다. 왜 그랬을까요?

일단 두 영화는 모두 대림동 일대를 배경으로 하고 있습니다. 〈범죄도시〉에서는 장사를 하며 평범하게 살아가는 중국 동포와 조

폭인 중국 동포가 모두 나옵니다. 영화의 결말은 조폭인 중국 동포를 몰아내고 중국 동포들이 다시 평화롭게 일상을 살게 되었다는 것이고요. 반면 〈청년경찰〉에서는 그런 구도가 없습니다. 그냥 중국 동포 범죄 조직이 가출 소녀들을 납치한 후 난자를 강제 적출하고 매매하는 설정만 나오거든요. 마치 대림동에 사는 모든 중국 동포가 그러한 것처럼 말이죠.

그래서 '중국 동포, 다문화, 지역사회와 함께하는 한국 영화 바로 세우기 범국민공동대책위원회'에서도 영화 〈청년경찰〉을 두고, "지금까지 제작된 한국 영화 중에서도 중국 동포에 대한 잘못된 편견과 악의적인 혐오가 가장 심각하게 그려진 영화"이며, "영화는 우리가 살고 있는 마을이자 일터, 생활 터전인 이곳을 아무 개연성 없이 범죄의 소굴로 묘사한다"고 비판했던 것이죠.▶5

편견의 무게

편견은 어떤 집단을 마치 동일한 하나처럼 묘사하는 것입니다. 예컨대, "~~나라 사람은 게으르다", "~~출신들은 약삭빠르고 거짓말을 잘한다" 등의 말이나 '김치녀', '맘충' 등으로 표방되는 이미지를 한번 떠올려 보면, 대부분 부정적이죠.

이러한 편견은 대부분 거짓말입니다. 어떤 집단이든 실제로 하나하나 보면 모두 다양하기 마련이죠. 물론 어떤 경향성이 있는 경우는 있습니다. 그런데 그러한 경향성도 그 집단의 책임이 아니라 사회의 책임인 경우가 많습니다. 예컨대 어떤 집단이 범죄를 많이

저지르고 있다면, 그 집단의 책임이 아니라 범죄로 내몰린 결과인 경우가 대부분입니다. 그런 상황에서도 그 집단에 대해 범죄를 많이 저지른다고 묘사한다면 부당한 것일 겁니다.

그런데 편견은 그러한 차이들을 다 제거하고 마치 그 집단이 하나의 속성을 가진 것처럼 몰고 갑니다. 그럼 그 집단에 속한 사람들은 늘 그런 편견 때문에 고통을 받게 됩니다. 예를 들어, 어떤 집단에 대해 '게으르다'라는 편견이 덧씌워지면 그 집단의 구성원들은 게으르지 않다는 것을 입증하지 않는 한 늘 게으른 사람으로 간주되어 버립니다. 그 과정에서 직장이나 학교에서 차별을 받게 되는 거죠. 편견에서 벗어나려면 다른 사람들은 하지 않는 추가적인 노력을 해야 합니다. 그렇게 해서 게으르다는 편견을 간신히 벗게 되면 사람들은 이렇게 말하겠죠. "너는 네가 속한 집단과 다르게 게으르지가 않네." 그런 '좋은' 평가를 받으면 과연 기분 좋을까요?

편견은 사람의 이성을 마비시키기도 합니다. 대림동은 술집도 있고 음식점도 있는 평범한 번화가입니다. 강남역이나 신촌역과 비슷합니다. 다만 그 술집, 음식점, 잡화 가게들이 대부분 중국 가게라는 점만 다를 뿐이죠. 어느 날 제가 대림동을 둘러보는데, 어떤 술 취한 사람이 비틀거리며 제 앞을 지나갔습니다. 그런데 순간 겁이 좀 났어요. 저도 대림동 하면 '무서운 동네'라는 이미지가 영화를 통해 형성되어 있었거든요. 그런 경험을 한 뒤 만약에 제가 다른 친구들한테 "너 대림동 가 봤냐? 며칠 전에 대림동에서 술 취한 사람이 내 앞을 휙 지나가는데 정말 무섭더라." 그러면 친구들이 뭐라고 답하겠습니까? "아. 그래? 정말 무서운 동네구나. 가지 말아야

겠다."라고 하겠지요.

　얼핏 자연스러워 보이지만, 사실 아주 황당한 대화입니다. 술 취한 사람이 지나다니는 것은 대한민국 모든 번화가에서 다 있는 일입니다. 또 술 취한 사람 한 명이 지나갔다고 그 동네가 특별히 위험하다는 것은 말도 안 되는 얘깁니다. 그런데 이 얘기가 왜 통했을까요? 제 친구도 대림동에 대한 편견을 가지고 있었고, 제 말을 아무런 의심 없이 받아들인 거죠. 만약 편견이 없었다면 친구는 "야, 술 취한 사람 지나가는 게 뭐가 어쨌다고. 그게 그 동네가 위험하다는 근거가 될 수 있어?"라고 대꾸했겠지요. 그렇습니다. 편견은 이렇게 우리의 이성을 마비시킵니다.

　2010년 즈음부터 외국인 노동자들이 일자리를 빼앗아 간다거나 범죄율이 높다고 비난하는 목소리가 높아졌습니다. '다문화 정책을 폐기하라', '범죄 확산 증가 외국인 밀집 지역 치안 부재 책임져라', '무분별한 외국인 대량 유입에 대한민국 서민들은 죽어 간다' 등의 주장을 내걸고 시위를 합니다. 그런데, 실제로 외국인 범죄율이 사람들이 우려하는 만큼 높을까요?

　실제로 외국인 범죄 건수를 보면, 2004년 이후 꾸준히 증가해 왔지만 가장 큰 이유는 체류 외국인의 증가입니다. '범죄율'이 늘어난 것이 아니라 외국인 주민 숫자가 늘어나다 보니 외국인 범죄도 그만큼 늘어난 것입니다. 실제로 외국인 범죄율은 여전히 내국인 범죄율보다 낮습니다. 외국인의 범죄 발생률은 내국인의 절반이 채 안 되는 것으로 나타나고 있습니다.▶6 그러니까 외국인이 범죄를 많이 저지른다는 것은 막연한 편견에 불과합니다.

그런데 제가 여기까지만 말씀드리면 오해가 생길 수 있습니다. 만약 특정 집단의 범죄율이 높으면, 그건 사실이기 때문에 얘기해도 상관없는 건가요? 그것은 편견을 야기하는 게 아닐까요? 아까도 잠깐 언급했지만, 설사 어떤 집단의 범죄율이 높다고 해도 그 사실을 함부로 얘기하는 것은 편견을 조장할 수 있습니다. 왜냐하면 어떤 집단의 범죄율이 높은 것은 대개 그 집단의 책임이 아니기 때문입니다. 그 집단이 사회적으로 배제되고, 소외되고, 좋지 않은 사회적 환경에 노출되고, 그러다 보면 범죄로 내몰리는 경우가 대부분이죠. 그렇게 만들어진 결과인데, 그러한 이유와 배경을 다 제쳐두고 범죄율이 높다는 결과만 얘기하는 것이 과연 정당한가 생각해 볼 필요가 있습니다. 대림동의 경우에도 과거에는 범죄율이 실제로 높았지만, 지금은 범죄율이 높지 않습니다. 지금 대림동에 중국 동포들이 많이 살아 범죄율이 높다고 누군가 말한다면, 그것은 허위 사실입니다. 그렇다고 과거에는 실제로 범죄율이 높았으니까 그때는 그런 말을 해도 괜찮은 거냐고 한다면 그것은 아니라는 겁니다.

요즘은 이렇게 편견을 드러내는 것을 '혐오표현'이라고 합니다. 영어로는 hate speech입니다. hate라는 뜻이 누군가를 미워한다는 뜻이잖아요. 한국어 '혐오'도 그렇고요. 말하는 입장에서는 편견을 드러내는 것이 평소 가진 생각을 드러내는 것에 불과할 수도 있지요. 무의식적으로 별다른 문제의식을 못 느낄 수도 있습니다. 그런데 그것을 듣는 입장, 즉 편견의 대상이 되는 쪽의 입장에서는 문제가 매우 심각합니다. 그리고 대부분의 편견은 그 대상이 되는 집단

을 싫어하고 미워한다는 것과 연결됩니다. 발화자의 의도와 상관없이 듣는 사람은 그렇게 느낄 수밖에 없습니다. 조선족을 부정적으로 묘사하는 영화들에 대해 중국 동포들은 자신들을 싫어하고 혐오한다고 느낄 수밖에 없는 거죠.

무엇이 혐오표현?

혐오표현에서 혐오는 대체로 특정 소수자 집단에 대한 부정적인 관념이나 감정으로서 인종주의, 동성애 혐오homophobia, 외국인 혐오xenophobia, 반유대주의, 성차별주의 등의 이데올로기에 기반하는 것이고, 소수자를 차별하고 배제하는 태도나 인식을 뜻합니다. 그러니까 혐오표현은 이미 불평등한 처우를 받고 있고 차별을 받고 있는 소수자 집단에 대한 부정적인 편견을 드러냄으로써 상황을 더욱 악화시키는 데 기여하는 말이라고 할 수 있습니다.

그렇다면 다수자 집단은 혐오표현의 대상이 될 수 없을까요? 이런 가정을 한번 해 봅시다. 만약, 한국 영화가 한국에 거주하는 백인들을 폭력배로 묘사했다면, 이태원에 백인들이 모여서 "영화 상영 중단하라"는 시위를 벌였을까요? 아마 그런 일이 벌어지진 않았을 것 같습니다. 왜냐하면 한국 사회에서 백인들이 특별히 차별받거나 배제되어 있는 소수자 집단이라고 보긴 어렵거든요. 백인이 범죄를 저지른다는 편견이 만연해 있지도 않죠. 그런 상황에서는 '영화를 영화로 볼 수 있는' 여유가 생기는 것입니다. 그런 영화가 나온다고 해서, 백인들에 대한 편견이 강화되거나 백인들이 폭력배

로 의심받는 일이 생길 거라는 걱정은 안 한다는 것입니다.

하지만 중국 동포는 그렇지 않습니다. 이미 조선족에 대해서는 좋지 않은 이미지가 덧씌워져 있는 상황이죠. 사회적으로 차별받고 있는 집단이라고 해도 무리가 없을 것입니다. 그런 상황에서 영화가 조선족에 대한 편견을 그대로 묘사하는 것은 '혐오표현'이 될 수 있는 여지가 있습니다.

다시 돌아와서, 혐오표현이란 무엇인지 살펴보겠습니다. 2019년 10월 국가인권위원회가 발간한 「혐오표현 리포트」에는 혐오표현의 개념을 이렇게 정의하고 있습니다.

> 혐오표현: 성별, 장애, 종교, 나이, 출신 지역, 인종, 성적 지향 등을 이유로 어떤 개인/집단에게 1) 모욕, 비하, 멸시, 위협 또는 2) 차별/폭력의 선전과 선동을 함으로써 차별을 정당화/조장/강화하는 효과를 갖는 표현

성별, 장애, 종교, 나이, 출신 지역, 인종, 성적 지향 등을 보통 차별금지사유라고 하는데요. 그런 사유를 이유로 차별을 정당화하거나 조장 및 강화하는 효과를 갖는 표현이 바로 혐오표현이라는 것입니다. 혐오표현에는 크게 두 가지가 있는데, 하나는 모욕, 비하, 멸시, 위협하는 표현이고, 다른 하나는 차별이나 폭력을 선전하거나 선동하는 표현이 있는 것이죠. 그런 점에서 조선족을 부정적으로 그려낸 영화들은 조선족을 모욕하거나 비하, 멸시하는 내용을 담은 것이고, 결과적으로 조선족에 대한 차별을 정당화, 조장, 강화하는 효과

를 냈다고 할 수 있습니다. 그래서 혐오표현이라는 것이고요.

　이러한 문화 콘텐츠의 영향력은 실증적으로 입증됩니다. 2019년 「조선족에 대한 의사사회 상호작용과 유사현실 인식 연구: 〈청년경찰〉(2017)을 중심으로」라는 연구논문이 발표되었는데요. 이 연구에서 〈청년경찰〉을 시청한 서울·경기 지역 고등학생 374명을 대상으로 설문 조사를 실시했습니다. 대부분의 응답자들은 중국 동포와 직접 접촉한 적이 없었는데, 조선족을 부정적으로 그리는 콘텐츠에 많이 노출된 이용자일수록 부정적인 편견을 많이 가지고 있다는 결론이 나왔습니다.▶7

　아래의 그림도 참고해 볼 수 있습니다. '혐오의 피라미드'라고 합니다. 편견이 어떻게 확대되어 가는지 보여 주는 것인데요. 제일 아래에는 '편견'이 있죠. 편견이 밖으로 드러나면 혐오표현이 되는 것이고요. 실제로 불이익을 주거나 하면 차별이 됩니다. 편견을 가

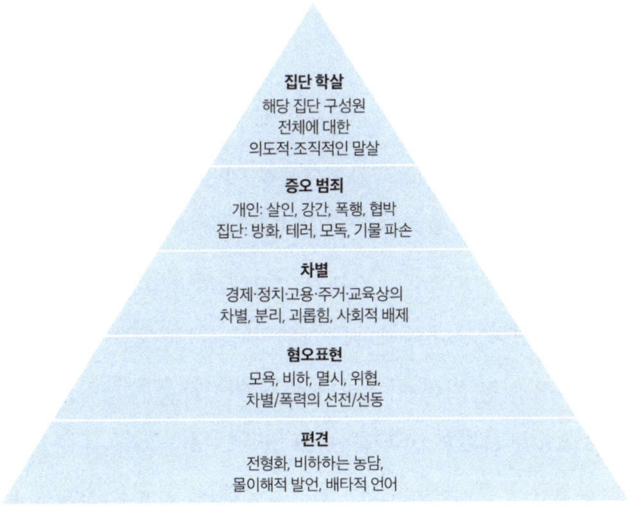

집단 학살
해당 집단 구성원
전체에 대한
의도적·조직적인 말살

증오 범죄
개인: 살인, 강간, 폭행, 협박
집단: 방화, 테러, 모독, 기물 파손

차별
경제·정치·고용·주거·교육상의
차별, 분리, 괴롭힘, 사회적 배제

혐오표현
모욕, 비하, 멸시, 위협,
차별/폭력의 선전/선동

편견
전형화, 비하하는 농담,
몰이해적 발언, 배타적 언어

혐오의 피라미드▶8

지고 실제로 범죄를 저지르는 경우도 생깁니다. 혐오표현과 차별의 대상이 되는 집단들은 대개 폭력에도 노출됩니다. 그리고 극단적으로는 집단 학살의 피해자가 되기도 하고요. 편견은 가장 아래에 위치해 있습니다. 편견을 내버려 두었다가는 언제 그것이 혐오표현이 되고, 차별이 되고, 범죄가 될지 알 수 없습니다. 편견 단계에서 적극적인 조치를 취하지 않았다가는 걷잡을 수 없는 문제로 번져 나갈 수 있습니다.

그래서 해외 각국에서도 편견을 해소하기 위한 노력을 많이 합니다. 쉽지는 않습니다. 한 사람의 인식을 바꿔 놓는 게 어렵기 때문이죠. 그래서 초·중·고, 아니 유치원 때부터 편견을 갖지 않도록 지속적으로 교육을 시키고, 대학교와 직장에서도 거듭 강조합니다. 정치 지도자나 사회 지도층에서도 편견을 가지면 안 된다는 메시지를 지속적으로 전달하고, 공공 기관이나 교육기관 등 공공성을 가진 곳에서는 더욱더 강력한 편견 해소 정책을 펼칩니다. 유튜브나 페이스북처럼 영향력이 큰 인터넷 사업자들도 사회적 책임을 다하기 위해 노력합니다.

그렇다면 한국은 어떨까요? 한국에서도 특정 종교, 특정 인종 등에 대한 이런저런 혐오가 많습니다. 그런데 제대로 대처하고 있다고 할 수 있을까요? 언제 차별이 되고 범죄가 될지 모르는 편견을 너무 방치하고 있는 건 아닐까요? 바로 지금이 진지한 반성을 시작해야 할 때입니다.

혐오표현에 대응하기

그렇다면 혐오표현 또는 편견에 어떻게 대응해 나가는 것이 좋을까요?

아래에 있는 표는 다각적인 대응 방법이 있다는 것을 보여줍니다. 편견과 혐오는 쉽게 해결될 수 없지만, 이렇게 다양한 방법들을 동원해서 꾸준히 노력한다면 조금씩 나아질 수 있을 거라고 생각합니다. 다만 혐오표현을 '금지'하는 것보다는 우리 사회가 스스로 자정 능력을 발휘하는 것이 우선시되어야 합니다.

금지하는 규제		형사규제	형사처벌
		민사규제	손해배상
		행정규제	차별구제, 방송심의
형성적 규제 (지지하는 규제)	국가·법적 규제	교육	공무원 인권 교육과 시민 인권 교육
		홍보	국가적 차원의 홍보·캠페인, 영화·영상물 제작을 통한 인식 제고 활동
		정책	공공(교육)기관에서의 반차별적 시행
		지원	소수자(집단)에 대한 각종 지원
		연구	차별 문제에 대한 조사·연구
	자율적 규제		스포츠·온라인 영역에서의 자율 규제, 사기업·대학에서의 자율 규제, 인권·시민 단체의 반차별운동

혐오표현 규제 방법 ▶9

자정이 되기 위해서는 정치 지도자나 사회 지도층의 역할이 무척 중요합니다. 다음은 반기문 유엔UN 사무총장이 유엔 재직 시절에 했던 말입니다.

레즈비언, 게이, 양성애자, 성전환자에게 말합니다. 당신들은 혼자가 아닙니다. 폭력과 차별을 끝내기 위한 투쟁은 우리 모두가 함께하는 투쟁입니다. 당신들에 대한 모든 공격은 유엔과 내가 수호하고 지키기로 맹세한 보편적 가치들에 대한 공격입니다. 오늘, 저는 당신들의 편에 섭니다. 그리고 모든 국가들과 사람들에게 당신들 편에 함께 서라고 요청합니다.▶10

내용을 보면, 성소수자들의 고립을 막아야 한다며 본인이 그 편에 함께 서겠다는 의지를 밝히고 있습니다. 이런 사회 분위기가 확고하다면 성소수자에 대한 편견을 드러내는 영화나 콘텐츠가 있다고 하더라도 든든할 것 같습니다.

미국의 오바마 대통령은 소수자들이 폭력에 희생되는 사건이 일어나면 즉각 달려가 위로하고 연대하는 모습을 자주 보였습니다.

오늘은 우리 친구들 레즈비언, 게이, 바이섹슈얼, 트랜스젠더들에게 특히 더 가슴 아픈 날입니다. 총격범은 사람들이 친구를 맺고, 살아가기 위해 찾는 나이트클럽을 노렸습니다. 공격받은 장소는 단순한 클럽이 아닙니다. 이곳은 사람들이 함께 모여 의식을 고양하고 그들의 생각을 말하며 시민권을 주장하던 연대와 자율의 공간입니다.▶11

이것은 미국의 한 게이 클럽에 성소수자를 혐오하는 이가 벌인

총기 난사 사건이 일어나자 오바마가 직접 가서 낭독했던 연설문의 한 대목입니다. 이렇게 정치 지도자들이 편견과 혐오에 맞서서 결연한 태도를 보여 준다면, 설사 사회 한구석에서 편견과 혐오가 드러나더라도 우리는 그것을 이겨 낼 힘을 가질 수 있습니다. 그것이 바로 자정작용이죠.

최근 몇 년 동안 일본에서는 재일 조선인에 대한 노골적인 혐오가 사회문제로 떠올랐습니다. 심지어 일부 혐오 단체는 재일 조선인 밀집 지역에 가서 시위를 하기도 했죠. 하지만 다행히도 이러한 재일 조선인 혐오에 반대하는 일본 시민들이 있었습니다. 재일 조선인 상점에서 위협적인 시위를 하려는 일본인들에 대항해 다른 일본인들이 맞불 시위를 놓아서 한국 상점들을 보호해 주기도 했습니다. 일본의 조선인 혐오가 심각한 수준이지만, 다른 한편으로는 혐오에 대항하는 흐름이 있는 것이죠. 그러한 대항이 잘 작동한다면, 혐오가 발화되더라도 대처할 수 있습니다.

그럼 〈청년경찰〉 문제를 어떻게 하면 좋을까요? 〈범죄도시〉나 〈청년경찰〉 제작진들은 편견을 조장할 의도는 없었다고 해명한 바 있습니다. 하지만 의도가 없다는 것이 면죄부가 될 수는 없습니다. 나쁜 의도가 없더라도 나쁜 효과를 야기했다면 그 자체로 문제가 되는 것입니다. 그렇다고 해서 영화 상영을 금지하거나 저런 영화를 만든 사람을 처벌하여 문제가 해결된다고 생각하지는 않습니다. 그보다는 영화계의 자정 능력에 기대를 걸어 보면 어떨까요? 해명만 할 것이 아니라 편견, 혐오 문제를 의제로 삼아 영화계 내외부에서 토론도 하고 공감대도 형성하다 보면, 해결책을 찾을 수 있

을 것이라고 생각합니다.

〈V.I.P.〉(2017)는 여성 혐오 영화라는 문제 제기가 있었습니다. 그런데 이 영화는 노골적으로 여성을 차별하자고 선동하거나 여성에 대한 편견을 조장하고 있지는 않습니다. 그런데 영화에는 여성이 시체 1, 시체 2로만 등장합니다. 이름도 없습니다. 그저 폭력에 희생당하는 수동적인 피해자로만 등장하는 것이죠.

이 영화를 만든 박훈정 감독은 〈악마를 보았다〉(2010)와 〈신세계〉(2013)를 만든 감독이기도 한데, 두 작품에서 그려지는 여성의 이미지와 〈V.I.P.〉에서 그려지는 이미지는 크게 다르지 않습니다. 하지만 두 영화가 상영될 때와는 다르게 〈V.I.P.〉 때는 완전히 다른 양상이 전개됐습니다. 그동안 한국의 관객들 수준이 많이 올라가, 〈V.I.P.〉 같은 영화에 문제 제기를 하는 수준까지 발전한 것이죠. 한편, 박훈정 감독은 2018년에 〈마녀〉라는 작품을 내놓는데, 이 영화는 페미니즘 영화라는 평가까지 받습니다. 본인은 전작 〈V.I.P.〉의 여혐 논란의 영향을 부정하진 않았지만 오래전부터 구상하던 작품이라는 설명을 했고요. 감독이 〈V.I.P.〉를 만들 때도 여성을 비하하려는 의도를 일부러 가졌던 것은 아닐 겁니다. 하지만 의도하진 않았더라도 여성 혐오의 '효과'를 가진 영화가 될 수 있는 거죠.

영화뿐만 아니라 사회 각계에서 내 안의 혐오와 편견에 대해 반성하고 성찰하는 분위기를 만들어 나가는 것은 무척 중요합니다. 그것이 편견과 혐오로부터 내성을 가진 강한 사회를 만들어 가는 길이고요. 혐오표현을 엄벌에 처하거나 강력히 규제하는 것보다 훨씬 더 좋은 효과가 있을 것이라고 확신합니다.

사실 유럽 국가들 중에는 혐오표현을 형사처벌하는 경우도 있습니다. 예술을 그렇게 규제하는 것은 아니고요. 차별과 폭력을 선동하는 행위, 즉, 다른 사람에게 차별과 폭력에 동참하라고 유도하는 행위에 대해서 처벌을 합니다. 만약 이러한 해법에 동의한다고 해도 영화 같은 콘텐츠를 형사처벌로 해결할 수는 없습니다. 편견을 드러내는 행위 중 극단적인 경우는 처벌할 수 있을지 몰라도 〈청년경찰〉이나 〈범죄도시〉 같은 영화를 처벌로 해결할 수는 없다는 것이지요. 사회 전반에 뿌리박힌 편견과 혐오의 문제는 시간이 걸리더라도 우리 사회의 건강한 담론을 통해 해결해 나가야 할 것입니다.

이건 언론계 종사자들이 기사를 쓸 때 활용할 수 있는 체크리스트인데요. 의도치 않은 혐오표현까지도 잡아낼 수 있도록 만든 체크리스트입니다. 영화계에서도 이런 체크리스트를 한번 만들어 보는 것은 어떨까 생각합니다.

언론용 혐오표현 체크리스트 [12]

1. 소수자에 대한 부정적인 편견이나 특성에 대한 불필요한 언급과 묘사가 있는가?
2. 소수자에 대한 차별이나 편견을 조장하고 정당화하는 자료를 무비판적으로 인용하고 있지 않은가?
3. 혐오표현 발화자의 사실 주장에 대하여 확인 없이 인용하거나, 중립적 기사 구성을 위해 찬반의견을 형식적 혹은 무리하게 포함

> 시키고 있지 않은가?
>
> 4. 소수자에 대한 부정적이거나 편향된 인상을 심어 주는 제목, 사진·삽화·인포그래픽 등 이미지가 포함되어 있는가?
>
> 5. 혐오표현을 직접 인용할 경우, 그로 인하여 소수자 집단 구성원의 심리적 고통 및 혐오표현으로 인한 차별·폭력 선동이 이루어질 위험성이 명백한가?
>
> 6. 혐오표현 발화자의 지위·동기·배경·영향력을 포함하여 혐오표현 발생의 사회적·경제적·정치적 맥락을 파악하기 위해 다양한 정보원을 참고하고 있는가?

더 이상 어떤 예술이라도 의도하지 않았다는 이유로 문제가 정당화될 수는 없습니다. 어떤 작품이 편견을 조장하는 효과를 가지고 있다면 늘 문제가 될 수 있습니다. 그런 부분들을 지적하고 개선해 나가는 성찰적 자세가 필요하다고 생각합니다.

주

1부 국가와 형벌

1장 법정에서 정의가 실현될 수 있을까 – 국민참여재판

1) 손아람, 『소수의견』, 들녘, 2015, 101쪽.
2) 참여연대, 「이슈리포트: 재정신청사건에서 모순에 빠진 검찰」, 참여연대, 2009, 2쪽.
3) 손아람, 『소수의견』, 들녘, 2015, 86~87쪽.
4) 같은 책, 374쪽.

2장 사법 불신은 어디에서 비롯되었을까 – 법률가 집단

1) "'사법부, 국민 위해 있는 거 맞나': 숙명여대 법대 교수와 제자들의 〈부러진 화살〉 관람기", 『한겨레21』, 896호, 2012년 2월 6일 자 참조.
2) OECD 대한민국 정책센터, 「한눈에 보는 정부 2015」(한국어판), 2015.
3) 대법원 사법정책연구원, 「국민의 사법절차에 대한 이해도 및 재판에 관한 인식 조사 결과의 분석」, 2015.
4) 미래한국재단, 『2015 국민의식조사』, 2015.
5) "'사법부 판결 못 믿겠다' 63.9% vs '신뢰한다' 27.6%", <CBS 김현정의 뉴스쇼>, 2018년 6월 4일 자. (https://www.nocutnews.co.kr/news/4979706)
6) "판사들 정치적 발언 적절하지 못한 행동", 『중앙선데이』, 2012년 1월 29일 자.
7) 같은 인터뷰.
8) "판사 결원율 10.6%… 업무부담, 재판에 악영향", 『법률신문』, 2019년 9월 27일 자.

3장 국가가 괴물이 되지 않도록 – 형사 절차

1) 피터 라인보우, 『마그나카르타 선언 - 모두를 위한 자유권들과 커먼즈』, 정남영 옮김, 갈무리, 2012, 333쪽.
2) 대검찰청, 「변호인의 피의자 신문 참여 운영 지침」(2005. 6. 20. 시행).
3) 대한민국 법원, 『2019 사법연감』, 2019.
4) 나중에 이 사건을 본 결정적인 목격자가 나타나 미란다는 유죄판결을 받고 10년을 복역하게 된다.
5) "이용훈 대법원장, '검사의 수사기록 던져버려라'", 〈노컷뉴스〉, 2006년 9월 19일 자.
6) 대검찰청 검찰통계시스템 (http://www.index.go.kr/potal/main/EachDtlPageDetail.do?idx_cd=1728)

4장 징역, 가장 중요한 권리의 박탈 - 형벌

1) 법무부 교정본부 홈페이지 참조. (http://www.corrections.go.kr/corrections/1193/subview.do)
2) World Prison Brief(WPB) www.prisonstudies.org
3) '유엔피구금자최저기준규칙Standard Minimum Rules for the Treatment of Prisoners'은 1955년 제네바에서 개최된 제1회 유엔범죄방지 및 범죄자처우회의에서 결의되었고, 1957년 유엔경제사회이사회의 승인을 받은 권고recommendation 형식의 국제규범이다. 이 규칙은 법적인 구속력은 없으나 수용자에 대한 '처우의 지침'으로서 중요한 역할을 담당해 왔다. 이러한 수용자 처우의 최소기준에 관한 국제기준으로 언급되는 것들은 다음과 같다. 시민적 및 정치적 권리에 관한 국제규약 (International Covenant on Civil and Political Rights), 경제적·사회적 및 문화적 권리에 관한 국제규약 (UN Covenant on Economic, Social and Cultural Rights), 아동의 권리에 관한 협약 (UN Convention on the Rights of the Child), 고문방지위원회 (UN Convention against Torture), 장애인의 권리에 관한 협약 (UN Convention on the Rights of Persons with Disabilities), 수감자의 처우를 위한 UN 표준 최소 규칙 개정(Revised UN Standard Minimum Rules for the Treatment of Prisoners, Nelson Mandela Rules) 2015, 수감자의 처우와 여성 범죄자에 대한 비양육권 제재에 관한 규칙 (UN Rules for the Treatment of Women Prisoners and Non-Custodial Sanctions for Women Offender, 'the Bangkok Rules') 2001, 모든 형태의 감금과 구금에 처한 모든 사람의 보호를 위한 UN 원칙 (UN Body of Principles for the Protection of All Persons under Any Form of Detention or Imprisonment), 소년사법운영에 관

한 유엔최저기준 규칙. (UN Rules for the Protection of Juveniles deprived of their Liberty, 'the Havana Rules')

4) 권인숙·이화연, 「성폭력 두려움과 사회통제 : 언론의 아동 성폭력 사건 대응을 중심으로」, 아시아여성연구, 50권 2호, 2011, 85-118쪽 참조.

5) "처벌 강화는 잡초 뽑으려다 농사 망치는 셈: 김준호 고려대 명예교수 '범죄는 개인 아닌 사회의 문제'", 〈오마이뉴스〉, 2012년 9월 7일 자.

6) "'야동 보는 외계인'만 없으면 성범죄 사라질까? 가장 센 형벌 내리는 미국, 범죄율도 가장 높아: 이호중 서강대 교수 '가장 좋은 범죄정책은…'", 〈오마이뉴스〉, 2012년 9월 7일 자.

5장 과연 누구를 위한 형벌일까 - 사형제도

1) "[취재파일] 여덟 번째 사형제 폐지 법안, 이번에는?" SBS, 2019년 10월 10일 자 참조. (https://news.sbs.co.kr/news/endPage.do?news_id=N1005473126&plink=ORI&cooper=NAVER)

2) 한영수 외, 「사형제도 폐지 및 대체형벌 실태조사」, 국가인권위원회 연구용역 보고서, 2018, 참조.

3) 국제앰네스티 한국지부 웹사이트 https://amnesty.or.kr/campaign/2018-death-sentences-executions/

4) 같은 웹사이트.

5) M. Radelet & T. Lacock, "Do Executions Lower Homicide Rates? The Views of Leading Criminologists," 99 Journal of Criminal Law & Crimonology 489, 2009 참조.

6) "[인터뷰] '사형수들의 어머니' 조성애 수녀", 『가톨릭신문』, 제2933호 6면, 2015년 3월 1일 자.

7) DPIC, "Facts about the Death Penalty" (https://files.deathpenaltyinfo.org/documents/pdf/FactSheet.f1572963662.pdf)

8) '사형제도 존치 의견 53%, 폐지 의견 47%', 「사형폐지에 관한 특별법안」 발의 후 실시한 설문조사 보도자료」, 대한변호사협회, 2015년 9월 13일 자.

9) 여기서 피해자는 미수에 그쳐 살아남은 피해자일 수도 있고, 피해자 가족일 수도 있지만, 이 글에서는 피해자로 통칭했다.

10) 스콧 터로, 『극단의 형벌 - 사형의 비인간성에 대한 인간적 성찰』, 정영목 옮김, 교양인, 2004, 8장 참조.

6장 역사 부정을 법으로 처벌할 수 있을까 - 역사 부정죄

1) "김진태가 펴준 멍석에서 한국당 의원들과 지만원 '5·18 망언 잔치'", 〈경향신문〉, 2019년 2월 9일 자.
2) 홍성수, 〈역사부정죄의 정당성 근거: 혐오표현으로서의 역사부정죄의 의의와 역사부정죄 법안에 대한 비판적 고찰〉, 『법학논총』 23권 2호, 전남대학교 법학연구소, 2019, 173~201쪽.

2부 권리와 자유

7장 법으로 시민의 권리 찾기 - 민사소송

1) 에린 브로코비치 공식 홈페이지(https://www.brockovich.com)
2) "[갈등, 중재로 풀자⑤]소송 없이 타협 '해결사 기관' 이미 50곳 있다", 〈뉴시스〉, 2018년 1월 23일 자.
3) 대법원 2004. 3. 12. 선고 2003다16771 판결.
4) 징벌적 배상법안 (박영선의원 외 11인, 의안번호 283, 발의연월일 2016.6.16)
5) "'담배 소송', KT&G 거부로 조정 결렬", 〈노컷뉴스〉, 2005년 6월 27일 자.

8장 자유로운 개인들의 약속 - 계약법

1) 〈베니스의 상인〉 (감독 마이클 래드포드, 2004)
2) 안경환, 『법, 셰익스피어를 입다』, 서울대학교출판문화원, 2012, 14쪽 이하 참조.
3) 켄지 요시노, 『셰익스피어, 정의를 말하다』, 김수림 옮김, 지식의 날개, 2012, 81쪽.
4) 윌리엄 셰익스피어, 『베니스의 상인』 이경식 옮김, 문학동네, 2011. 28쪽
5) 같은 책, 30쪽.
6) 같은 책, 119~120쪽.
7) 같은 책, 124쪽.
8) 같은 책, 31쪽.
9) 같은 책, 30쪽.
10) 같은 책, 120~121쪽.
11) 켄지 요시노, 『셰익스피어, 정의를 말하다』, 김수림 옮김, 지식의 날개, 2012, 91쪽 이하 참조.

9장 도덕을 법으로 강제할 수 있을까 - 법 규제의 딜레마

1) Hahm Pyong-Choon, "Decision Process in Korea", Korean Jurisprudence, Politics and Culture, *Yonsei University Press*, 1986, 95-96쪽.
2) "법학도 65%, '래리 플린트와 장정일은 무죄'", 〈연합뉴스〉, 1997년 6월 24일 자. (http://news.naver.com/main/read.nhn?mode=LSD&mid=sec&sid1=001&oid=001&aid=0004247888)
3) 헌법재판소 2015.2.26. 선고 2009헌바17 결정.
4) 헌법재판소 2009.11.26.선고 2008헌바58 결정. (관련 기사: http://www.donga.com/news/article/all/20091127/24411888/1)
5) 대법원 1995.6.16. 선고 94도2413 판결.
6) 대법원 2011.9.2 선고 2009도 17237 판결. (관련 기사: http://www.mediaus.co.kr/news/articleView.html?idxno=19446)
7) 변호사 앨런은 나중에 래리가 받게 될 판결(Hustler Magazine v. Falwell, 1988)의 해당 구절을 미리(!) 가져와서 거의 비슷하게 말한다.
8) Hustler Magazine v. Falwell, 1988

10장 노동권이 보장되어야 하는 이유 - 노동법

1) 국립국어원 표준국어대사전
2) "노동자를 위한 노동법은 없다", 시사IN, 339호, 2014. 3. 19. (https://www.sisain.co.kr/news/articleView.html?idxno=19653)
3) "갚을 길 없는 돈, 죽음 택하려 했다", 시사IN, 594호, 2019. 2. 8. (https://www.sisain.co.kr/news/articleView.html?idxno=33883)
4) 이철수·이다혜, 『영혼 있는 노동: 한국의 노동법과 일의 미래』, 스리체어스, 2019, 참조.

11장 영화에 비친 장애인 - 장애인의 권리와 법

1) 장애인차별금지 및 권리구제 등에 관한 법률 (약칭: 장애인차별금지법) [시행 2018. 6. 20.] [법률 제15272호, 2017. 12. 19., 일부개정] 「장애인차별금지 및 권리구제 등에 관한 법률」 제4조
2) 국가인권위원회 기획 옴니버스 영화 〈여섯 개의 시선〉(박찬욱, 박진표, 여균동, 박광수, 임순례, 정재은 감독, 2003) 중 여균동 감독, 〈대륙횡단〉
3) 국가인권위원회 기획 옴니버스 영화 〈다섯 개의 시선〉(박경희, 류승완, 정지

우, 장진, 김동원 감독, 2005) 중 박경희 감독, 〈언니가… 이해하셔야 해요〉
4) "오아시스는 없다"(박주희), "영화 오아시스에서 보여주지 않은 것에 관하여"(홍성희), 「매체비평: 장애여성이 본 이창동 감독의 <오아시스>」, 장애여성공감, 『공감 2003.여섯 번째』, 장애여성공감, 2003. 참조.

12장 영화가 편견을 조장한다면 - 편견과 혐오표현

1) 중국 내에는 56개의 민족이 있다. 그중 하나가 조선족이다. 길림성에는 조선족 자치구가 있고, 한국어를 쓰고 살아간다. 조선족은 중국 정부가 민족을 구분할 때 쓰는 말이지만 우리 입장에서는 중국에 사는 우리 동포기 때문에 재미 동포, 재일 동포처럼 중국 동포라고 부르는 게 맞는다는 의견이 많다. 조선족이라는 말은 비하적인 의미로도 쓰인다. 그래서 국립국어원에서는 2010년 조선족 대신 재중동포, 중국 동포를 사용할 것을 권고했고, 서울시에서도 2018년부터 행정 용어로 조선족 대신 중국 동포를 쓰기로 했다. 이에 따라 이 책에서도 되도록 중국 동포라는 표현을 사용했다.
2) "중국 동포들 '영화 청년경찰 상영 중단하고 제작진 사과하라'", 〈연합뉴스〉, 2017년 8월 28일 자.
3) "[판결] 조선족, 영화 '청년경찰' 상대 손배訴 패소", 〈법률뉴스〉, 2018년 11월 8일 자.
4) "중국 동포 혐오 영화 '청년경찰' 상영 중지하라"…동포사회, 법적 대응까지 검토", 『경향신문』, 2017년 8월 28일 자.
5) 같은 기사.
6) 한국형사정책연구원, 『외국인 폭력범죄에 관한 연구』, 2017.
7) 신정아·조인숙·한희정, 「조선족에 대한 의사사회 상호작용과 유사현실 인식 연구: 〈청년경찰〉(2017)을 중심으로」, 경성대학교 사회과학연구소사회과학연구 제35집 제1호, 2019.02 143~165쪽.
8) Anti-Defamation League, "PYRAMID OF HATE"(https://www.adl.org/sites/default/files/documents/pyramid-of-hate.pdf)을 참조하여 재구성.
9) 홍성수, 『말이 칼이 될 때』, 어크로스, 2018, 171쪽.
10) 2012년 3월 7일 유엔 인권이사회 연설문, 저자 직접 번역(https://www.unfe.org/ban-ki-moon-something-say/).
11) "올랜도 테러에 대한 버락 오바마의 성명, '혐오나 폭력이 우리를 바꾸지 못할 것입니다'", <허프포스트코리아>, 2016년 6월 13일 자.
12) 홍성수 외, 「혐오표현 예방·대응 가이드라인 마련 실태조사」, 국가인권위원회 연구용역보고서, 2018, 187쪽.

법률 용어

1장

국민참여재판國民參與裁判 | 전문가가 아닌 국민이 배심원으로 구성된 재판제도. 우리나라에서는 2008년 1월부터 실시되었으며, 법적인 구속력은 없다.

민사소송民事訴訟 | 사법司法기관이 개인의 요구에 따라 사법적私法的인 권리관계의 다툼을 해결하고 조정하기 위하여 행하는 재판 절차.

배심제陪審制 | 재판제도의 하나. 법률 전문가가 아닌 일반 국민 가운데서 선출된 배심원으로 구성된 배심에서 기소나 심판을 하는 제도. 기소를 행하는 것을 대배심, 재판을 행하는 것을 소배심이라고 한다. (=배심 제도)

배심재판陪審裁判 | 일반 국민 가운데서 선출된 배심원陪審員으로 구성된 배심에서 행하는 재판.

불기소처분不起訴處分 | 사건이 죄가 되지 않거나 범죄의 증명이 없을 때 또는 공소의 요건을 갖추지 못하였을 때 검사가 피의자를 기소하지 않는 처분.

사법시험司法試驗 | 판사, 검사, 변호사, 군 법무관이 되려는 사람에게 필요한 학식과 능력을 검정하기 위한 시험.

사실관계事實關係 | 사람과 사람 또는 사람과 사물 사이의 사실상의 관계.

사실인정事實認定 | 법원이 사실의 존재 여부를 판단하는 일. 재판의 기초가 된다.

선고宣告 | 공판정에서 재판장이 판결을 알리는 일. 이로써 재판의 효력이 생기며 판결 원본을 낭독하고 필요한 경우에는 이유의 요지를 설명하여야 한다.(≒언도)

압수수색押收搜索 | 영장이 있거나 당사자의 동의가 있을 때에, 증거물 따위를 거두어 가는 일. 또는 압수할 물건이나 체포할 사람을 구석구석 뒤지어 찾는 일.

위법행위違法行爲 | 법률질서에 위배되는 것으로 평가되는 행위. 형법에서의 범죄행위, 민법에서의 불법행위나 채무불이행 따위이다.

의사표시意思表示 | 일정한 법률효과를 발생시킬 목적으로 그 의사를 외부에 나타내는 행위. 계약의 청약·승낙·해제, 유언 따위이다.

재정신청裁定申請 | 검사가 고소 사건이나 고발 사건에 대하여 독단적으로 불기소 결정을 내렸을 때에, 그 결정에 불복하는 고소. 10일 이내에 그 결정을 내린 검사가 소속된 고등검찰청과 그에 대응하는 고등법원에 그 결정의 옳고 그름을 묻는다.

정당방위正當防衛 | 자기 또는 남에게 가하여지는 급박하고 부당한 침해를 막기 위하여 침해자에게 어쩔 수 없이 취하는 가해행위.(≒긴급 방위, 정당방어)

집단소송集團訴訟 | 어떤 행위나 사건으로 많은 사람들이 비슷한 피해를 입었을 때, 그 가운데 일부 피해자가 전체 피해자를 대표하여 소송 당사자로서 소송을 수행하는 일. (≒집합대표소송)

최후진술最後陳述 | 형사 공판절차에서, 증거조사와 검사의 의견 진술이 끝나고 피고인과 변호인이 마지막으로 진술하는 일.(≒최종진술)

형사재판刑事裁判 | 형사사건에 관한 재판. 범죄자에게 형벌을 과하기 위하여 형사소송법이 정하는 절차에 따라 행한다.

2장

공판중심주의公判中心主義 | 모든 소송 자료를 공판에 집중하여 공판에서 얻은 심증만으로 재판을 하는 태도.

구두변론주의口頭辯論主義 | 형사소송에서, 법원이 당사자가 말로 하는 공격과 방어를 바탕으로 심리하고 재판해야 한다는 태도나 견해. 형사소송법상 공판기일에 하는 변론은 말로 해야 하며, 특히 판결은 법률에 다른 규정이 없으면 구두변론으로 해야 한다는 원칙을 말한다.

민사재판民事裁判 | 민사사건에 대하여 민사소송법에 의거하여 법원에서 행하는 재판.

법률관계法律關係 | 사회생활 가운데 법률에 의하여 규정되는 관계.

부장판사部長判事 | 법관 직명의 하나. 고등법원의 민사부·형사부·특별부, 지방법원의 민사부·형사부, 민사·형사 지방 법원의 각 부의 우두머리 판사이다.

소송당사자訴訟當事者 | 법원에 대하여 재판권의 행사를 자기의 이름으로 요구하는 사람 및 그 대상자. 제일심에서의 원고와 피고, 제이심에서의 항소인과 피항소인, 상고심에서의 상고인과 피상고인을 이른다.

요건사실要件事實 | 법률효과는 권리의 발생, 장애, 소멸 따위의 모습으로 나타나는데, 그 요건에 해당하는 구체적인 사실을 이르는 말.

자유심증주의自由心證主義 | 증거의 가치를 법관의 자유로운 판단에 맡기는 태도.

증거신청證據申請 | 법원에 대하여 당사자가 증거의 조사를 요구하는 신청. 민사소송

법에서는 당사자가 증명할 사실을 표시하여 신청하며, 형사소송법에서는 검사·피고인·변호인이 서류나 물건을 증거로 제출하거나, 증인·감정인·통역인·번역인의 신문訊問을 신청한다.

증명력證明力 | 증거로서 믿을 만한 실질적인 가치. 형사소송에서는 증거가 주요 사실을 인정하는 자료로 사용될 수 있는 법률적인 능력인 증거능력을 전제로 하여 그 증거가 가지는 신빙성의 정도를 가늠한다.(≒증거력)

특별검사特別檢事 | 고위 공직자의 비리나 위법 혐의에 대하여 수사하는 임시 수사 기구. 또는 그 수사를 담당하는 검사. 비리 사건 따위가 발생할 때 국회의 요청으로 구성되어 독자적인 권한을 가지고 수사한다.

형사소송법刑事訴訟法 | 형사소송의 절차를 규정한 절차법.

3장

공소公訴 | 검사가 법원에 특정 형사사건의 재판을 청구함. 또는 그런 일.

공소사실公訴事實 | 공소 제기의 대상이 되는 범죄 구성 사실. 검사가 공소장에 제시하여 심판을 구하는 범죄 사실이며, 형법권의 존재 여부를 인정하는 구체적 사실이다.

공소장公訴狀 | 검사가 공소를 제기하고자 할 때 관할법원에 제출하는 문서.(≒기소장)

공판公判 | 기소된 형사사건을 법원이 심리하는 일. 또는 그런 절차. 검사, 피고인, 변호인 들이 입회하여 증거를 제출하면 법원이 유죄·무죄를 판단하는 형사소송의 중심 절차이다. 공개심리주의, 구두주의, 변론주의의 원칙에 의하여 진행된다.

공판정公判廷 | 공판을 행하는 법정.(≒공정)

구금拘禁 | 피고인 또는 피의자를 구치소나 교도소 따위에 가두어 신체의 자유를 구속하는 강제처분. 형이 확정되지 않은 사람에 대하여 집행하며, 형이 확정되면 구금 일수를 계산하여 형을 집행한 것과 동일하게 취급한다.(≒구류)

구두주의口頭主義 | 소송 심리의 방식에서, 당사자 및 재판관의 소송행위가 말로 행해져야 한다는 견해.(≒구술주의)

구속영장拘束令狀 | 피의자의 신체를 구속할 수 있는 명령서. 검사의 신청으로 판사가 발부한다.

국선변호인國選辯護人 | 가난 따위의 이유로 변호사를 선임할 수 없는 형사피고인을 위하여, 법원이 선임하여 붙이는 변호인. 예전의 '관선변호인'을 고쳐 이르는 말이다.

권리조항權利條項 | 세계 여러 나라의 헌법에 원칙적으로 포함되어 있는, 국민이나 인간의 자유에 대한 권리를 선언하고 보장하는 규정.

기소起訴 | 검사가 특정한 형사사건에 대하여 법원에 심판을 요구하는 일.(≒공소의

제기, 기송)

긴급체포緊急逮捕 | 중대한 죄를 범했다고 의심할 만한 상당한 이유가 있고 긴급할 때 체포 영장 없이 체포하는 일.

무죄판결無罪判決 | 피고사건이 법적으로 죄가 되지 아니하거나 범죄 사실의 증거가 없을 때에 선고하는 재판.

묵비권默祕權 | 피고인이나 피의자가 수사기관의 조사나 공판의 심문에 대하여 자기에게 불리한 진술을 거부할 수 있는 권리.

미란다원칙Miranda原則 | 피의자를 체포할 때 피의자에게 알려야 할 헌법상의 권리를 지키는 원칙.

민사소송民事訴訟 | 사법司法기관이 개인의 요구에 따라 사법적私法的인 권리관계의 다툼을 해결하고 조정하기 위하여 행하는 재판 절차.

변론주의辯論主義 | 민사소송법에서, 소송의 해결 또는 심리審理 자료의 수집을 당사자의 권능과 책임으로 하는 주의. 또는 형사소송법에서, 당사자 쌍방의 변론에 의하여 재판하는 주의.

변호인辯護人 | 형사소송에서, 피의자나 피고인의 이익을 보호하는 보조자로서 변호를 담당하는 사람.

보석保釋 | 보석보증금을 받거나 보증인을 세우고 형사피고인을 구류에서 풀어 주는 일.(≒보방, 보수, 조건부보석)

사법연수원司法研修院 | 사법시험에 합격한 사람들을 교육하는 기관. 교육 기간은 2년이다.

사실관계事實關係 | 사람과 사람 또는 사람과 사물 사이의 사실상의 관계.

서면주의書面主義 | 민사소송에서, 당사자의 변론이나 법원의 증거조사 따위를 서면으로 할 것을 주장하는 태도. 민사소송법은 구두주의의 결점을 보충하기 위하여 이 주의를 많이 채용하였다.(≒서면심리주의)

석방釋放 | 법에 의하여 구속하였던 사람을 풀어 자유롭게 하는 일. 체포나 구류 기간의 만료, 구류의 취소, 구류의 집행정지, 보석 따위에 의하여 이루어진다.(≒방석)

소송기록訴訟記錄 | 민사 및 형사소송 사건에 관하여 법원에서 보존하여야 할 서류를 묶어 놓은 장부.

소송자료訴訟資料 | 소송에서 심판의 자료가 되는 사실 및 그 사실을 확정하는 데 필요한 증거.

수형자受刑者 | 죄인으로서 형벌을 받았거나 받고 있는 사람.(≒기결수)

신문訊問 | 법원이나 기타 국가기관이 어떤 사건에 관하여 증인, 당사자, 피고인 등에게 말로 물어 조사하는 일.

연쇄살인범連鎖殺人犯 | 한 명이 연쇄적으로 사람을 죽임으로써 성립하는 범죄. 또는

그런 범죄를 저지른 사람.

유죄판결有罪判決 | 형사 피고 사건에 대하여 범죄의 증명이 있을 때에 선고하는 판결. 적법한 증거에 의하여 충분한 심증이 있어야 하며, 형의 선고가 대표적이나 그 밖에 형의 면제, 선고유예의 판결 따위가 있다.

인권침해人權侵害 | 인권을 침해하는 일. 특히, 공권력이나 권력을 가진 사람이 인간의 기본적 인권을 침해하는 일을 이른다.(≒인권유린)

접견교통권接見交通權 | 신체의 구속을 받고 있는 피의자, 피고인, 수형자와 면회하고 서류, 서신, 물건을 주고받을 수 있는 권리. 변호인 또는 변호를 맡으려는 사람은 피고인, 피의자와 제한 없이 직접 접견하고 서류 따위를 주고받을 수 있다.

증거인멸證據湮滅 | 범인이 증거될 만한 것을 모조리 감추거나 없애 버리는 일.

증거자료證據資料 | 법원이 증거조사를 하여 얻은 자료. 이것에서 사실 주장의 타당성에 관하여 법관이 확신을 얻었을 때에는 증거원인이 된다.

증거조사證據調査 | 법원이 어떤 사실의 있고 없음을 확인하려고 증인이나 증거물을 검증하고 조사하는 일.

직접심리주의直接審理主義 | 소송을 맡은 법원이 직접 변론을 듣고 증거조사를 하는 태도.

진술거부권陳述拒否權 | 피고인, 피의자, 증인, 감정인이 신문이나 질문에 대하여 진술을 거부할 수 있는 권리.

집중심리주의集中審理主義 | 소송사건에서, 하나의 사건이 끝날 때까지는 그 사건을 짧은 기일에 계속적으로 집중하여 심리하는 태도.(≒계속심리주의)

피고인被告人 | 형사소송에서, 검사에 의하여 형사책임을 져야 할 자로 공소 제기를 받은 사람.

피의자被疑者 | 범죄의 혐의가 있어서 정식으로 입건되었으나, 아직 공소 제기가 되지 아니한 사람.

필요적변호必要的辯護 | 피고사건을 심리하기 위하여 반드시 변호인의 출석을 요구하는 일.(≒강제변호)

하급심下級審 | 하급 법원에서 하는 소송의 심리審理.

현행범現行犯 | 범죄를 실행하는 중이거나 실행한 직후에 잡힌 범인. 누구든지 영장 없이 체포하여 사법 관리에게 인계할 수 있다.(≒현행범인)

형사소송刑事訴訟 | 형벌 법규를 위반한 사람에게 형벌을 부과하기 위한 재판 절차. 유죄판결을 요구하는 검사와 방어하는 입장의 피고인이 대립하고, 제3자인 법원이 판단한다.

형사재판刑事裁判 | 형사사건에 관한 재판. 범죄자에게 형벌을 과하기 위하여 형사소송법이 정하는 절차에 따라 행한다.

4장

병역거부兵役拒否 | 종교적 신조나 반전사상적 입장에서 병역의무를 거부하는 일.

응보주의應報主義 | 형벌은 죄에 대한 정당한 보복을 가하는 데 목적이 있다고 보는 사상.(≒응보형주의, 형벌보응주의, 형벌응보주의)

일반예방一般豫防 | 형벌의 목적은 잠재적 범죄인인 사회의 일반인에게 경고를 주어 범죄를 예방하는 데 있다고 생각하는 태도.

탈리오원칙 | 피해자가 당한 손해를 가해자도 같은 정도로 당하게 한다는 보복의 원칙. 무제한의 보복을 제한하기 위한 것이다.

행형법行刑法 | 예전에, 행형에 관한 기본적 사항을 규정하였던 법률. 징역형, 금고형 및 노역장 유치와 구류형을 받은 자를 격리·교정·교화하여 건전한 국민사상과 근로 정신을 함양하게 하고 기술 교육을 실시하여 사회에 복귀시키는 것을 목적으로 하였다. 또한, 형사 피의자 또는 형사피고인으로서 구속영장의 집행을 받은 자의 수용에 관한 사항을 규정하는 일을 하였다. '형의 집행 및 수용자의 처우에 관한 법률'로 대체되었다.

행형行刑 | 자유형의 집행 방법 및 사형수의 수용, 노역장 유치, 미결 수용 따위의 절차를 통틀어 이르는 말.

형사정책刑事政策 | 범죄의 실태나 원인, 형벌 제도의 기능 따위의 연구를 바탕으로 범죄의 예방 및 범죄인의 교정을 위하여 취하는 정책.

형사처벌刑事處罰 | 위법한 행위를 한 자에게 법률적으로 형사책임을 묻는 일. 또는 처벌을 받기 위해 정식으로 사고 조사 및 처리가 이루어지는 일.

5장

사형선고死刑宣告 | 공판정에서 사형에 처한다는 판결 내용을 알리는 일.

적법절차適法節次 | 영미법에서 발달된 정의 관념에 맞는 법 절차와 법 내용.

죄형법정주의罪刑法定主義 | 어떤 행위가 범죄인가 아닌가, 또는 그 범죄에 대하여 어떤 형벌을 내릴 것인가 하는 것은 법률에 의해서만 정할 수 있다는 원칙. 형벌권의 자의적 행사를 방지하는 인권 보장의 표상이며, 근대 자유주의 형법의 기본 원칙이다.

확정판결確定判決 | 확정된 효력을 지니는 판결. 보통의 불복신청으로 취소할 수 없는 판결이다.(≒확정재판)

6장

모욕죄侮辱罪 | 다른 사람을 경멸하는 의사를 공공연히 표시함으로써 성립하는 범죄.

범죄구성요건犯罪構成要件 | 형벌 법규에 규정되어 있는 범죄의 정형(定型)에 해당하는 요건.
재판 관할裁判管轄 | 각 법원이 나누어 관장하는 재판권의 범위에 관한 규정.
집행유예執行猶豫 | 3년 이하의 징역 또는 금고의 형이 선고된 범죄자에게 정상을 참작하여 일정한 기간 동안 형의 집행을 유예하는 일. 그 기간을 사고 없이 넘기면 형의 선고 효력이 없어진다.
징역懲役 | 죄인을 교도소에 가두어 노동을 시키는 형벌. 자유형 가운데 가장 무거운 형벌이다.

7장

공동소송인共同訴訟人 | 한 소송에서 원고나 피고의 어느 한쪽 또는 양쪽의 당사자가 2인 이상이 되는 소송 형태.
과실치상죄過失致傷罪 | 과실로 인하여 사람의 신체를 상해하는 죄(형법 266조 1항).
무과실책임無過失責任 | 고의나 과실이 없더라도 손해의 결과에 대하여 책임을 지는 일.(≒결과책임)
법질서法秩序 | 법에 의하여 유지되는 질서.
불법행위不法行爲 | 고의나 과실에 의하여 타인의 권리를 침해하여 손해를 발생시키는 행위. 손해배상책임과 더불어 채권 발생의 2대 원인이 된다.
사법私法 | 개인 사이의 재산, 신분 따위에 관한 법률관계를 규정한 법. 민법, 상법 따위가 있다.
심신상실자心神喪失者 | 의식은 있으나 정신 장애의 정도가 심하여 자신의 행위 결과를 합리적으로 판단할 능력을 갖지 못한 사람. 형법에서는 책임무능력자로서 처벌되지 않으며, 민법에서는 금치산자가 된다.
원고原告 | 법원에 민사소송을 제기한 사람.
위자료慰藉料 | 불법행위로 인하여 생기는 손해 가운데 정신적 고통이나 피해에 대한 배상금.
인과관계因果關係 | 어떤 행위와 그 후에 발생한 사실과의 사이에 원인과 결과의 관계가 있는 일. 민법, 형법에서 행위자에게 책임을 지우는 근거가 된다.
입증책임立證責任 | 소송에서, 자기에게 유리한 사실을 주장하기 위하여 법원을 설득할 만한 증거를 제출하는 책임. 형사소송에서는 검사가, 민사소송에서는 원고가 책임을 진다.(≒거증책임)
주의의무注意義務 | 어떤 행위를 함에 있어서 일정한 주의를 하여야 할 법률상의 의무.

책임능력責任能力 | 법률에서의 책임을 질 능력이 있는 상태. 형법에서는 만 14세 이상인 사람을 이른다.

피고인被告人 | 형사소송에서, 검사에 의하여 형사책임을 져야 할 자로 공소 제기를 받은 사람.

8장

강행규정強行規定 | 당사자의 의사와 상관없이 강제적으로 적용되는 규범. 일반적으로 공법에 속하는 규정이 해당되며, 사법에서도 물건의 종류·내용에 관한 규정 따위가 속한다.

공증公證 | 국가나 공공단체가 직권職權으로 어떤 사실을 공적으로 증명하는 일. 등기, 등록, 영수증 교부, 증명서 발급, 여권 발급 따위이다.

공증인公證人 | 당사자나 관계자의 부탁을 받아 민사에 관한 공정증서를 작성하며, 사서증서에 인증認證을 주는 권한을 가진 사람.

구두계약口頭契約 | 증서 따위를 만들지 아니하고 말로만 맺는 계약.

구속력拘束力 | 자유행동을 구속하는 효력.

국제법國際法 | 공존공영의 생활을 도모하기 위하여, 국가 간의 협의에 따라 국가 간의 권리·의무에 대하여 규정한 국제사회의 법률.(≒국제공법)

근로계약勤勞契約 | 근로자와 사용자 사이에 노무 제공과 임금 지급을 약속하는 계약.

등기登記 | 국가기관이 법정 절차에 따라 등기부에 부동산이나 동산·채권 등의 담보 따위에 관한 일정한 권리관계를 적는 일. 또는 적어 놓은 것.

등기부登記簿 | 부동산이나 동산·채권 등의 담보 따위에 관한 권리관계를 적어 두는 공적 장부.

변경등기變更登記 | 이미 있는 등기 사항의 일부를 변경하는 등기.

의사표시意思表示 | 일정한 법률효과를 발생시킬 목적으로 그 의사를 외부에 나타내는 행위. 계약의 청약·승낙·해제, 유언 따위이다.

임대차계약賃貸借契約 | 당사자 가운데 한쪽이 상대편에게 물건을 사용하게 하고, 상대편은 이에 대하여 일정한 임차료를 지급할 것을 내용으로 하는 계약.(≒임대차)

임의규정任意規定 | 당사자의 의사에 따라 적용하지 아니할 수도 있는 규정. 사적私的 자치를 원칙으로 하는 사법私法에 속하는 규정이 많다.

임차인賃借人 | 임대차 계약에서, 돈을 내고 물건을 빌려 쓰는 사람.

재판정裁判廷 | 법원이 소송절차에 따라 송사를 심리하고 판결하는 곳.(≒법정)

9장

가중처벌加重處罰 | 형을 더 무겁게 하여 내리는 벌.

공연음란죄公然淫亂罪 | 공공연히 음란한 행위를 하여, 성적인 도덕 감정을 해침으로써 성립하는 범죄.

명예훼손名譽毁損 | 공공연하게 다른 사람의 사회적 평가를 떨어뜨리는 사실 또는 허위 사실을 지적하는 일.

벌금형罰金刑 | 범죄인에게 일정한 금액의 지급 의무를 부과하는 것을 내용으로 하는 형벌.

비준批准 | 조약을 헌법상의 조약 체결권자가 최종적으로 확인·동의하는 절차. 우리나라에서는 대통령이 국회의 동의를 얻어 행한다.

손해배상損害賠償 | 법률에 따라 남에게 끼친 손해를 물어 주는 일. 또는 그런 돈이나 물건.

실정법實定法 | 경험적·역사적 사실에 의하여 성립되고, 현실적인 제도로서 시행되고 있는 법. 입법기관의 입법 작용이나 사회적 관습 또는 법원의 판례 따위에서 볼 수 있다.(≒성법, 실증법)

헌법재판소憲法裁判所 | 법령의 위헌 여부를 일정한 소송절차에 따라 심판하기 위하여 설치한 특별재판소. 법원의 제청에 의한 법률의 위헌 여부, 탄핵, 정당의 해산, 국가기관 상호 간 또는 국가기관과 지방자치단체 간 및 지방자치단체 상호 간의 권한 쟁의, 헌법소원에 관한 것을 심판한다.

혼인빙자간음죄婚姻憑藉姦淫罪 | 혼인을 핑계로 내세우거나 그 밖의 위계(僞計)로, 음행(淫行)을 상습적으로 하지 않는 부녀를 속여서 간음함으로써 성립하는 범죄. 2012년 폐지되었다.

10장

강제해산強制解散 | 모인 사람이나 조직 또는 단체를 그 의사와는 상관없이 강제로 흩어지게 하거나 없애는 일.

근로기준법勤勞基準法 | 헌법에 의거하여 근로조건의 기준을 정하여 놓은 법률. 근로자의 기본적 생활을 보장하고 향상시키며 균형 있는 국민경제의 발전을 목적으로 한다.

내용증명內容證明 | 우체국에서 우편물의 내용을 서면으로 증명해 주는 제도. 발신자가 우편물의 기재 내용을 소송상의 증거자료로 삼으려고 할 때 이용된다.

내용증명우편內容證明郵便 | 우편물의 내용과 그 발송 사실에 대하여 우체국에서 증명하는 우편물.

노동삼권勞動三權 | 헌법에 명시된 근로자의 세 가지 기본 권리. 단결권, 단체교섭권, 단체행동권을 이른다.

노동조합법勞動組合法 | 예전에, 노동조합의 설립과 그 활동에 관한 일을 규정하던 법률. '노동조합 및 노동관계 조정법'으로 통합되면서 폐지되었다.

단결권團結權 | 노동자가 노동조건을 유지·개선하기 위하여 단체를 결성하고 이에 가입할 수 있는 권리이다.

단체교섭권團體交涉權 | 노동조합 대표자가 노동조건의 유지, 개선 또는 노동협약의 체결에 관하여 직접 교섭할 수 있는 권리이다.

단체행동권團體行動權 | 노동자가 노동조건의 유지, 개선을 위하여 사용자에 대항하여 단체적인 행동을 할 수 있는 권리이다.

단체협약團體協約 | 노동조합과 사용자 또는 사용자 단체 사이에 체결하는 자치적인 법규. 노동조합 및 노동관계 조정법에 따라 서면書面으로 작성하여 당사자 쌍방이 서명하고 날인하여야 하며, 체결일부터 15일 이내에 행정관청에 신고하여야 한다. (≒노동협약)

불법파업不法罷業 | 법 규정을 무시하고 전개되는, 정당성을 가지지 못하는 파업.

11장

장애인차별금지법障礙人差別禁止法 | 장애를 이유로 한 모든 차별을 금지하고, 그러한 차별과 관련된 사람의 권리를 회복시킴으로써 장애인과 비장애인의 구별 없이 모든 사람에게 평등권을 실현하려는 법.

12장

기본권基本權 | 인간이 태어날 때부터 가지고 있는 기본적인 권리. 자유권, 참정권, 사회권 따위가 있다.

손해배상청구소송損害賠償請求訴訟 | 법에 어긋나는 행위로 자신이 입은 손해에 대하여 배상해 달라고 청구하는 소송.

차별금지사유差別禁止事由 | 성별, 종교, 사회적 신분과 같이 헌법 제11조 후단의 개별적 평등 원칙과 관련해서 예시되고 있는 법상 금지되는 차별 사유.

법의 이유 영화로 이해하는 시민의 교양

1판 1쇄 발행 2019년 11월 15일
1판 9쇄 발행 2025년 4월 30일

지은이 홍성수
펴낸이 김영곤
펴낸곳 아르테

책임편집 전민지 김은솔
기획편집 장미희 김지영 최윤지
정리 김유경 **디자인** this-cover.com
마케팅 남정한 나은경 한경화 권채영 최유성 전연우
영업 한충희 장철용 강경남 황성진 김도연
제작 이영민 권경민

출판등록 2000년 5월 6일 제406-2003-061호
주소 (10881) 경기도 파주시 회동길 201 (문발동)
대표전화 031-955-2100
팩스 031-955-2151
이메일 book21@book21.co.kr
ISBN 978-89-509-9611-6 03300

아르테는 (주)북이십일의 문학·교양 브랜드입니다.

(주)북이십일 경계를 허무는 콘텐츠 리더

아르테 채널에서 도서 정보와 다양한 영상자료, 이벤트를 만나세요!
인스타그램 instagram.com/21_arte   유튜브 www.youtube.com/@sgmk    홈페이지
        instagram.com/jiinpill21   www.youtube.com/@book21pub   arte.book21.com
페이스북 facebook.com/21arte   포스트 post.naver.com/staubin   book21.com
        facebook.com/jiinpill21   post.naver.com/21c_editors

· 책값은 뒤표지에 있습니다.
· 이 책 내용의 일부 또는 전부를 재사용하려면 반드시 (주)북이십일의 동의를 얻어야 합니다.
· 잘못 만들어진 책은 구입하신 서점에서 교환해 드립니다.

정되고 운영되어야 하는 '이유'가 반드시 있습니다. 그리고 그 근간에는 인간의 존엄한 삶을 가능하게 하고 삶을 더욱 풍요롭게 만들겠다는 숭고한 법의 이념이 깔려 있습니다. 이렇게 법을 이해할 때 시민들은 진정한 법의 '주인'으로 거듭날 수 있을 것입니다. 『법의 이유』가 법의 근본이념을 이해하는 데 조금이라도 도움이 되길 바랍니다.

마지막으로 수년 전 제 수업에 찾아와 책을 내자고 제안해 주시고 전 출판 과정을 총괄해 주신 장미희 선생님, 거친 수업 자료들이 책으로 다듬어지기까지 온갖 정성을 다해 주신 전민지 선생님께 진심으로 감사하다는 말씀을 전합니다. 두 분의 수고가 없었다면 이 책은 여전히 컴퓨터 하드디스크 어딘가에서 파일로 떠돌아다니고 있었을 겁니다. 학부에서 제 수업을 들었고 지금은 사회 각계에서 활약 중인 제자들, 복지국가청년네트워크 문유진 대표, CBS 정다운 기자, 설경 변호사, 신나리 노무사가 초고를 읽고 유익한 조언을 해 주었습니다. 감사드립니다. 마지막으로, 늘 무한한 힘이 되어 주는 가족들, 소현, 서진, 서우에게도 감사하고 사랑한다는 말씀을 전합니다.

2019. 11. 4.

홍성수

은 자신의 생각을 날것 그대로 적어서 냅니다. 한 학기 내내 기록하다 보니 제법 두꺼운 노트를 내는 학생들도 있습니다. 매 학기 말 책상 위에 산더미처럼 쌓여 있는 학생들의 노트를 읽는 것은 적잖은 공력을 요구하는 일이지만 늘 즐거운 일입니다. 좋은 구절이 눈에 띄면 메모를 해 두기도 합니다. 특별히 기억에 남는 학습 노트의 주인은 방학 때 따로 불러 밥도 사 주고 얘기를 나누기도 합니다. 그런 과정을 통해 저도 많이 배웠고 다음 학기 수업을 개선하는 데도 활용할 수 있었습니다. 그런 의미에서 이 책은 그동안 제 강의를 들었던 수천 명의 수강생들과 나눈 대화의 산물이기도 합니다. 이 자리를 빌려 수강생 여러분들에게 감사의 말씀을 전하고 싶습니다.

이러한 수업 방식의 한계도 있습니다. 아무래도 방대한 법 지식을 체계적으로 전달하기에는 효율적인 방법이 아닙니다. 만약 실생활에 유용한 법 지식을 알고자 한다면 다른 방법을 찾아야 할 겁니다. 하지만 법이 제정되고 운영되는 '근본원리'를 이해하기 위한 것이라면, 영화를 통해 법의 세계에 입문하는 것은 꽤나 매력적인 방식입니다. 법을 더 깊이 알아야겠다는 의욕을 불러일으킬 수도 있고, 추후에 여러 실정법의 구체적인 내용을 공부할 때 훌륭한 기초가 될 수도 있을 것이라고 생각합니다. 이 책 역시 그러한 차원에서의 '법 입문서'가 될 수 있기를 기대해 봅니다.

이 책에서 다루는 법에 관한 내용은 주로 법의 이념과 정신에 대한 '기초' 또는 '근본원리'라고 할 수 있습니다. 책의 제목을 『법의 이유』라고 지은 것도 그래서입니다. 모든 법의 근저에는 그렇게 제

에서는 영화를 다루되 영화를 평론하지는 않습니다. 영화는 철저하게 제가 하고 싶은 얘기를 하기 위한 도구 또는 소재로 활용될 뿐입니다.

앞서 말씀드린 헌법 제12조의 의미를 제대로 이해하려면 본인이 직접 형사 절차의 당사자가 되어 보는 것이 가장 확실한 방법일 수 있겠지만 그런 경험을 일부러 해 볼 수는 없겠죠. 그런데 영화를 보는 것이 일종의 간접 체험이 될 수 있습니다. 영화가 헌법 제12조의 구체적인 의미를 하나하나 친절히 설명해 주는 것은 아니지만, 제12조가 얼마나 중요한 조문인지 가슴으로 느끼는 데 영화가 꽤 유용한 도구라고 생각합니다. 이런 취지에 맞는 영화를 고르며 수업을 준비했고, 매년 조금씩 수정·보완했습니다. 그러다 언젠가부터 매년 수백 명의 학생들이 수강하는 인기 강좌가 되었습니다. 학생들의 강의 평가도 좋아서 수업을 하는 저도 더욱 고무되었고요. 2016년에는 전 국민에게 무료로 제공되는 K-MOOC 온라인 강의로 〈문학과 영화를 통한 법의 이해〉라는 과목을 개설하게 되었고, 이 플랫폼을 통해 또 한 번 여러 수강생들을 만날 수 있었습니다.

이 책은 그 수업의 강의안과 강의 녹취록을 기반으로 집필된 것입니다. 수강생들과 나눈 이야기도 책 내용에 반영되어 있습니다. 이 수업에서는 늘 '학습 노트'라는 과제를 내줍니다. 영화를 보고 강의를 듣고 난 후 본인의 생각을 자유롭게 노트에 적어서 제출하는 것입니다. 정연한 에세이 형식을 갖출 필요 없이 문득문득 드는 생각을 메모 형식으로 기록하는 것이 취지이기 때문에 학생들

하는 것은 그렇게 어려운 일은 아닙니다. 한두 시간이면 이 조문의 구체적 의미를 사례를 들어 가며 꽤 풍부하게 설명할 수 있습니다. 그런데 늘 아쉬움이 있었습니다. 사실 저 조문은 근대 시민들이 피를 흘려 가며 쟁취해 온 투쟁의 산물입니다. "재판이나 국법에 의하지 않으면 체포·감금할 수 없다"는 내용이 마그나카르타(영국 대헌장)에 담긴 것은 1215년이지만, 그 내용이 현실의 규범으로 살아 숨 쉬게 될 때까지는 수백 년의 세월이 더 필요했습니다. 그리고 지금 신체의 자유는, 그 권리가 제대로 보장되었는지 여부에 따라 한 나라의 민주주의와 인권 수준을 가늠해도 무방할 정도로 중요한 헌법 이념으로 확고하게 자리 잡았습니다. 이러한 취지를 단순히 머리로 이해하는 것으로는 충분치 않습니다. 이것이 얼마나 중요한 권리인지 마음속 깊이 새겨야 합니다. 그리고 호시탐탐 공권력을 남용하려는 국가에 맞서 저항하고, 감시하면서 정당한 시민의 권리를 지킬 수 있어야 합니다. 이것이 자연스럽게 삶의 일부가 된다면, 이것이야말로 '민주시민교육'이라고 할 수 있을 겁니다.

이런 고민이 계속되던 중 〈영화를 통한 법의 이해〉라는 교양 수업을 담당하게 되었습니다. 처음에는 영화를 통해 '쉽고 재미있게' 법을 가르칠 수 있겠다는 생각으로 수업을 준비했습니다. 그런데 수업을 하다 보니 영화를 통한 법 공부가 단순히 쉽고 재밌는 방법이라기보다는, 법의 정신을 이해하는 데 무척 효과적인 방법이라는 생각을 하게 되었습니다. 실용적 법 지식의 전달이 목표라면 영화를 활용하는 것이 그다지 효율적인 방법은 아닙니다. 하지만 법의 이념과 정신이라면 영화는 꽤 좋은 도구가 될 수 있습니다. 수업

법의 내용은 워낙 방대하기 때문에 특정 분야를 맛보기로 조금 배우는 것은 큰 의미가 없습니다. 전체적인 맥락을 모른 채 지엽적인 내용만 단편적으로 알고 있으면 아예 모르니만 못한 경우도 있습니다. 법조문 몇 줄을 읽었다고 법을 알 수 있는 것도 아닙니다. 법조문 행간에 있는 의미를 알지 못한다면 법조문 자체는 아무 의미가 없는 검은 글자의 나열에 불과합니다.

> 제12조 제1항 모든 국민은 신체의 자유를 가진다. 누구든지 법률에 의하지 아니하고는 체포·구속·압수·수색 또는 심문을 받지 아니하며, 법률과 적법한 절차에 의하지 아니하고는 처벌·보안처분 또는 강제노역을 받지 아니한다.
> 제3항 체포·구속·압수 또는 수색을 할 때에는 적법한 절차에 따라 검사의 신청에 의하여 법관이 발부한 영장을 제시하여야 한다. 다만, 현행범인인 경우와 장기 3년 이상의 형에 해당하는 죄를 범하고 도피 또는 증거인멸의 염려가 있을 때에는 사후에 영장을 청구할 수 있다.
> 제4항 누구든지 체포 또는 구속을 당한 때에는 즉시 변호인의 조력을 받을 권리를 가진다. 다만, 형사피고인이 스스로 변호인을 구할 수 없을 때에는 법률이 정하는 바에 의하여 국가가 변호인을 붙인다.

근대 헌법에서 가장 중요한 내용 중 하나인 '신체의 자유'를 규정한 제12조의 1항, 3항, 4항입니다. 이 조문의 의미를 간단히 설명

서문

저는 법학을 연구하고 가르치는 법학자입니다. 그중에서도 기초법학을 전공합니다. 기초법학은 특정 실정법이 아니라 법철학, 법사회학 등 법에 대한 일반적인 연구를 하는 분야입니다. 법에 대한 기초연구를 하고 있는 셈인데요. 이런 공부를 하다 보니 늘 법에 대한 기본적인 이념과 정신을 가르치는 것이 중요하다고 생각해 왔습니다. 요즘 많이 이야기되는 '민주시민교육'에서의 법 교육도 그러한 법의 이념과 정신을 가르치는 것이 중심에 놓여야 한다고 생각하고요.

〈생활 법률〉이라는 수업을 잠시 가르쳐 본 적이 있습니다. 실생활에 필요한 법 지식을 전달하는 수업인데, 제가 추구하는 법학 교육의 방향과는 잘 맞지 않았습니다. 실용적 법 지식보다는 민주시민에게 필요한 법의 이념과 정신을 쉽고 알차게 가르칠 수 있는 방법은 없을까? 이러한 고민이 이 책을 쓰게 된 계기가 되었습니다.

2부   권리와 자유

7장	법으로 시민의 권리 찾기 — 민사소송	159
8장	자유로운 개인들의 약속 — 계약법	181
9장	도덕을 법으로 강제할 수 있을까 — 법 규제의 딜레마	203
10장	노동권이 보장되어야 하는 이유 — 노동법	227
11장	영화에 비친 장애인 — 장애인의 권리와 법	243
12장	영화가 편견을 조장한다면 — 편견과 혐오표현	258

— 주
— 법률 용어

차례

서문

1부　국가와 형벌

1장	법정에서 정의가 실현될 수 있을까 — 국민참여재판	15
2장	사법 불신은 어디에서 비롯되었을까 — 법률가 집단	41
3장	국가가 괴물이 되지 않도록 — 형사 절차	57
4장	징역, 가장 중요한 권리의 박탈 — 형벌	97
5장	과연 누구를 위한 형벌일까 — 사형제도	117
6장	역사 부정을 법으로 처벌할 수 있을까 — 역사 부정죄	137

법의 이유

영화로 이해하는 시민의 교양 　홍성수 지음

arte

일러두기

- 단행본, 희곡, 신문은 『 』, 장, 논문, 보고서는 「 」, 잡지는 《 》, 영화, 인터넷신문, 법령은 〈 〉, 단체는 ' '로 묶었다.
- 이 책에 부록으로 수록된 「법률 용어」는 국립국어원 『표준국어대사전』을 바탕으로 작성되었다. (https://stdict.korean.go.kr/main/main.do)

법의 이유